W. Otto
KATALOG
Herbst-Winter 1950/51

Text: Matthias Schmoock
Gestaltung: GDS GmbH, Gestaltungs-Agentur, Hamburg
Lektorat: Elisabeth Heise, Großhansdorf
Druck: KESSLER Druck + Medien GmbH & Co. KG
Printed in Germany 2010
2., durchgesehene und erweiterte Auflage
ISBN 978-3-7973-1242-6

Werner Otto

Der Jahrhundert-Mann

Matthias Schmoock

Vorwort
Matthias Schmoock
Seite 6

1909 — 1945 — 1960 — 2009

Wie alles begann
Seite 8

Kindheit und Jugend
Seite 10

Erste Berührung
mit dem Einzelhandel
Seite 24

Die Berliner Jahre:
Krieg und Widerstand
Seite 28

Der Aufstieg
Seite 38

Neubeginn nach dem Krieg
Seite 40

Der Aufbau des Otto Versands –
die Pionierjahre
Seite 49

OTTO – auf dem Weg
zum Weltunternehmen
Seite 64

Der Ausbau
Seite 84

Zu neuen Ufern
Seite 86

Einstieg ins internationale
Immobiliengeschäft
Seite 92

Die Sagitta Gruppe
Seite 94

Die Paramount Gruppe
Seite 97

Ein neuer Konzern entsteht:
die ECE
Seite 100

Die ECE auf Expansionskurs
Seite 116

Zeittafel
Seite *124*

Annäherung an den Jahrhundert-Mann
Seite 138

Der geborene Unternehmer
Seite 140

Zwischen Firma und Familie
Seite 149

Weggefährten erinnern sich
Seite 158

Die Jahre der Reife – Werner Otto als Mäzen
Seite 168

Einer muss ja was tun
Seite 170

Das Werner Otto Institut und die Werner Otto Stiftung
Seite 172

Das Werner Otto Haus
Seite 176

Ein Stück Kindheit wird gerettet: die Kirche von Seelow
Seite 179

Die Werner Otto Hall in Harvard
Seite 181

Der Werner-Otto-Saal
Seite 183

Schön wie einst: das Belvedere
Seite 185

Der Hamburger Jungfernstieg in neuem Glanz
Seite 188

Stifter sein – und Anstifter
Seite 190

Ein Leben wird betrachtet – Selbst- und Fremdzeugnisse
Seite 194

Kluge Worte zur Lage der Nation
Seite 196

Werner Ottos Weisheiten
Seite 200

Ehre, wem Ehre gebührt
Seite 206

Der 100. Geburtstag
Seite 212

Zeitgenossen über Werner Otto
Seite 216

Werner Ottos Unternehmerprinzipien
Seite 219

Anhang
Literatur- und Quellenverzeichnis
Seite 234

Bildnachweise
Seite 240

Vorwort

„Ihr seid das Salz der Erde"
Matthäus 5,13

Das Leben eines Hundertjährigen darzustellen, bedeutet nicht automatisch, dass man eine interessante Geschichte erzählen kann. Bei Werner Otto verhält sich das völlig anders: Sein Leben ist so faszinierend, so reich, so voller Abwechslungen verlaufen, dass es sich nur schwer zwischen zwei Buchdeckel pressen lässt. Es ist typisch für Werner Otto: Er hat sich immer Wohnsitze gesucht, die entweder im Einzugsgebiet pulsierender Großstädte liegen oder nicht weit entfernt von einem schönen, eindrucksvollen Stück Natur. So begleiteten ihn Journalisten bei Interviews häufig auf Strandspaziergängen und Bergwanderungen – oft konnten sie dabei kaum Schritt halten. Ein Ruheloser, ein Neugieriger – kein Hektiker – ist Otto auch in dieser Beziehung stets geblieben. Genau wie als Unternehmer verabscheut er auch privat Stillstand und Langeweile. Er will immer noch dort sein, wo es besonders reizvoll und interessant ist. Und einer wie er scheute sich auch nicht, seinen Lebensmittelpunkt noch im hohen Alter zu verlegen und gleich nach der Wiedervereinigung nach Berlin überzusiedeln. Als 95-Jähriger berichtete er voller Bedauern von einem jüngeren Schulfreund, der für einen Ausflug nicht mehr zu motivieren gewesen war. Schließlich sei der Freund, der sein Haus einfach nicht mehr verlassen wollte, ganz überraschend gestorben. Die Episode hat Werner Otto sehr berührt, aber immer auch ein wenig ärgerlich gemacht. „Man darf sich einfach nicht hängen lassen", so seine Erkenntnis, „das ist dann gleich der Anfang vom Ende." Als seine liebste Bibelstelle bezeichnete er einmal Matthäus 5,13: „Ihr seid das Salz der Erde. Wenn nun das Salz seine Wirkung verliert, womit soll man salzen?"

Er versteht den Satz als Ansporn, aber auch Mahnung für alle Menschen. „In ihnen allein liegt die Fähigkeit, eine harmonische Umwelt zu schaffen", so Werner Otto. Jahrtausendelang habe der Mensch Verantwortung auf sich genommen, die Erde urbar zu machen, politisch zu formen und geistig zu bereichern.

„Auf diesem Höhepunkt geistiger und technischer Entwicklung sind uns jedoch die Innovation und der Wille dazu verloren gegangen“, kritisiert Otto. „Im Gegenteil, wir arbeiten mehr und mehr an dem Ziel einer Harmonie zwischen Mensch und Natur vorbei.“ Seine Bilanz zu dieser Erkenntnis ist zugleich als Ansporn für andere gemeint: „Meine Sorge ist, dass wir nicht mehr das Salz der Erde sein werden.“ Seit Jahrzehnten wirkt Otto trotz dieser inneren Unruhe insgesamt milde und ausgeglichen. Immer wieder wurden ihm von jungen Journalisten dieselben Fragen gestellt, immer wieder hat er sie geduldig beantwortet. Die unendliche Kette an Anfragen und Bitten – mal ging es um Spenden, mal um eine Schirmherrschaft, hat er zäh und zuverlässig abgearbeitet.

Werner Ottos Leben währt bereits sehr lange, und oft war es Kampf. Aber es hat keine negativen Spuren hinterlassen. Der Mann, der viel mehr ist als der viel zitierte „Versandhauskönig“, ist weder erschöpft noch übermäßig altersmilde. Er ist mit sich und seiner Umgebung im Reinen, denn er hat alles erreicht, und er kann das Erreichte genießen. Während ihn Fotos aus den frühen 70er Jahren als kernigen Unternehmer mit straffer Haltung, Bürstenhaarschnitt und tadellos sitzendem Anzug zeigen, wirkt er im Alter auch optisch aufgelockert. Die Haare fallen weicher, der Blick ist milder, und die immer noch tadellose Kleidung verrät, dass er sich jetzt auch gerne in ungezwungener Runde oder eben in der Natur aufhält. Werner Otto hat viele Berge erklommen und die Aussicht genossen. Dabei wird er immer wieder über sein Leben nachgedacht haben. Er ist kein Mensch, der sentimental zurückblickt und vergangenen Zeiten nachtrauert. Aber die Natur war für ihn schon immer ein Ort der Reflexion, wo er Entscheidungen traf, Beschlüsse fasste, Krisen bewältigte.

Wenn Werner Otto einmal seine lange Lebensspanne Revue passieren lässt, geschieht das unsentimental und ohne Wehmut. Im Geiste von Werner Otto wird die Vergangenheit in diesem Buch daher als abgeschlossen angesehen und in den entsprechenden Zeitformen beschrieben. Er selbst denkt auch mit 100 Jahren lieber nach vorne. Wir hingegen blicken zurück auf eine Lebensgeschichte, die in jeder Beziehung einmalig ist.

Matthias Schmoock

Aufgeweckt und entschlossen blickt der zehnjährige Werner in die Kamera. Vor ihm liegt ein langer, reicher Lebensweg.

Wie alles begann

Kindheit und Jugend *Seite 10*
Erste Berührung mit dem Einzelhandel *Seite 24*
Die Berliner Jahre: Krieg und Widerstand *Seite 28*

1945

1909

Kindheit und Jugend

„Ich hätte mir keine besseren Eltern wünschen können"

Werner Otto ist ein Jahrhundert-Mann. Sein Leben umfasst die wohl aufregendsten Jahrzehnte der deutschen Geschichte – von der Kaiserzeit über die Weimarer Republik, von den Jahren des nationalsozialistischen Regimes bis zur heutigen Bundesrepublik. Anders als viele andere seiner Generation hat er den Zusammenbruch des Kommunismus, das Ende des Kalten Krieges und die deutsche Wiedervereinigung nicht nur miterlebt, sondern sich noch viele Jahre lang an den enormen Veränderungen erfreut, die dieser Umbruch mit sich brachte. Mehr noch: Er war dabei, als die von ihm aufgebauten Unternehmen unter der Führung seiner Söhne Michael und Alexander ihre Geschäftstätigkeiten erfolgreich in die Länder hinter dem einstigen Eisernen Vorhang ausdehnen konnten, um sie so für den europäischen Markt mit zu erschließen.

Krisen und Kriege haben Werner Ottos Leben geprägt, aber ebenso Kampf und Erfolg, Glück und Zufriedenheit. Die vielen Wechselbäder des Lebens hatten ganz entscheidenden Einfluss auf die immense Erfolgsstory des Werner Otto. Sie haben ihn nachdenklich, vorsichtig, vielleicht auch misstrauisch gemacht. Gleichzeitig haben sie seinen unabhängigen Geist, seinen Ehrgeiz und seine visionäre Kraft geformt. Werner Otto konnte die Dinge früher und besser als andere überblicken. Ein langes Leben voller Eindrücke und Erfahrungen hat seine Sinne geschärft. Früh musste er erfahren, dass scheinbar beständige Werte quasi über Nacht ihre Gültigkeit verlieren können, dass behütete Welten zusammenfallen können wie ein Kartenhaus.

Werner Otto hat diese Erkenntnisse nutzen können – für sich selbst und seine Familie, aber auch für die Gesellschaft nach 1945. Er ist nie Heilsversprechungen falscher Propheten erlegen. Im Gegenteil. Immer wieder hat er seine ganz eigenen Pläne und Ideen in die Tat umgesetzt – oft genug gegen den Rat seiner Umgebung. Das Leben hat aus Werner Otto eine starke Persönlichkeit gemacht – so stark, dass es ihm gelang, der deutschen Wirtschaft seinen unverwechselbaren Stempel aufzudrücken. Wenn ein Mensch eine Gesellschaft so stark prägt, wie das Werner Otto getan hat, dann bewirkt das Veränderungen, die sich in alle möglichen Bereiche des Lebens ziehen. Otto hat nicht nur den Versandhandel neu definiert und das moderne Einkaufszentrum nach Deutschland gebracht, sondern er hat weit mehr getan und bewirkt. Er hat unzähligen Menschen Arbeit gegeben und jungen Unternehmern Chancen eröffnet, die sie sonst nie gehabt hätten. Die praktischen, unkomplizierten Mechanismen des Versandhandels und das Bummeln durch moderne Ladenpassagen haben aber auch das Kauf- und Freizeitverhalten der Menschen geprägt – viel stärker, als es den meisten bewusst sein dürfte.

Werner Otto liebte das Leben. Und auch wenn er immer wieder Phasen großer Entbehrungen und empfindlicher Niederlagen ertragen musste, hat er sich selbst als Glückskind empfunden.

Im Jahr 1909 in Seelow scheint die Welt in Deutschland noch unverrückbar in Ordnung. Die Industrie entwickelt sich dynamisch, die Städte wachsen jährlich um viele tausend Menschen. Alleine zwischen 1871 und 1910 steigt die Bevölkerungszahl um 58 Prozent auf 65 Millionen Menschen. Das Bürgertum erlebt einen nie gekannten Aufschwung. Im Zuge der Industrialisierung werden überall im Reich Arbeiter gebraucht, die es vielfach in die Städte zieht. In Hamburg und vor allem Berlin wachsen die Mietskasernen, in denen viele Menschen auf engem Raum zusammenleben. Im Jahr 1870 hatte der Anteil der Städter an der Gesamtbevölkerung 36 Prozent ausgemacht, 1910 sind es bereits 60 Prozent. In den Hafenstädten finden viele Menschen Arbeit, denn auch der Schiffbau boomt. Zur See wird kräftig aufgerüstet, zugleich beginnt in der Passagierschifffahrt um die Jahrhundertwende der Trend zu Luxusreisen mit Riesendampfern.

Um 1900
Das deutsche Kaiserreich erlebt einen bisher noch nie dagewesenen industriellen und kulturellen Aufschwung.

Die Landwirtschaft wird von Großagrariern, vor allem von den „ostelbischen Junkern“ geprägt. Zugleich gibt es aber auf dem Land noch überall archaische Dorfgemeinschaften mit unverrückbaren Strukturen. Familie,

Arbeit, Kirche sind feste Größen, und über allem steht der Kaiser. Das Gefühl, jeder habe „seinen Platz gehabt" wird von vielen, die diese Zeit miterlebt haben, beinahe automatisch erwähnt.

Letztlich erweist sich das Wilhelminische Zeitalter als eine Epoche voller grundlegender Widersprüche. Der politische Alltag ist einerseits in vielen Bereichen von Stillstand geprägt: In Preußen gibt es das Dreiklassenwahlrecht, Frauen dürfen überhaupt nicht wählen und am Heer der Arbeiter wird praktisch vorbeiregiert. Andererseits ist das öffentliche Leben von einem geradezu modernen Vertrauen in die Technik geprägt.

Vom benzinbetriebenen Auto über den Dieselmotor bis zum Zeppelin – den Deutschen scheint alles zu gelingen, was sie anpacken. Binnen weniger Jahre erlangen Firmen wie Siemens und AEG Weltgeltung, und ein fast naiver Fortschrittsglaube hat die gesamte Gesellschaft erfasst. Wenige Monate vor Werner Ottos Geburt war in Berlin der Deutsche Bauernbund gegründet worden, kurz nach dem Richterbund. In der Wissenschaft wird Deutschland seinem Ruf als Volk der Dichter und Denker gerecht. Im Jahr 1909 erringen die deutschen Forscher Karl Ferdinand Braun und Wilhelm Ostwald Nobelpreise. Im selben Jahr entdeckt Paul Ehrlich zusammen mit dem Japaner Sahachiro Hata das Salvarsan als Heilmittel gegen die Syphilis. Fritz Haber und Carl Bosch gelingt die Haber-Bosch-Synthese, Start für die Produktion von Kunstdünger.

In der kleinen Gemeinde Seelow, rund 80 Kilometer entfernt von der pulsierenden Millionenmetropole Berlin, wird Werner Otto als Sohn des Kaufmanns Wilhelm Otto und seiner Frau Frieda die ersten Jahre seiner relativ unbeschwerten Kindheit verbringen. Im Stammbaum der Familie finden sich für das 19. Jahrhundert zahlreiche Hinweise auf Kleinhandwerker, die überwiegend in der Mark Brandenburg beheimatet waren. Sein Großvater väterlicherseits, August Edmund Otto war – genau wie der Urgroßvater Samuel Heinrich Otto und dessen Vater David Otto – Schlossermeister und Kunstschmied im brandenburgischen Friesack. Die Großmutter väterlicherseits, Ida Emma Hermann, stammte ebenfalls aus Friesack, ihre Vorfahren waren Töpfer, Tischler oder Schuhmachermeister. Übrigens erreichten auch schon einige Verwandte Werner Ottos, zum Beispiel seine Tante Elsbeth Prause, ein stattliches Alter.

Werner (r.) mit seinen Eltern und den Geschwistern Elisabeth, Margarete und Hans (v. l.) beim Urlaub an der Ostsee.

Werner Ottos Mutter Frieda, eine geborene Mühlbach, stammte aus dem brandenburgischen Hathenow, Kreis Lebus, wo ihr Vater einen Gutshof unterhielt. Seine Verwandten mütterlicherseits hat Werner Otto als entschlossene, dynamische Unternehmer in Erinnerung. Die Großeltern mütterlicherseits hat er allerdings – anders als die Eltern seines Vaters – nicht mehr kennen gelernt. Wilhelm Otto betreibt einen kleinen Lebensmittelladen, wie es sie damals hunderttausendfach im Deutschen Reich gibt. Er gilt als freundlicher und umgänglicher Mann, allerdings scheint ihm eine gewisse Härte als Geschäftsmann zu fehlen.

13. August 1909
Werner Otto wird in der Gemeinde Seelow, etwa 80 Kilometer entfernt von Berlin, geboren.

Am 13. August 1909 wird Werner Arthur Arnold Otto in Seelow, fast in der Mitte des Kaiserreiches, geboren. Menschen, die wie er unter dem Sternzeichen Löwe das Licht der Welt erblicken, werden Charisma und Willensstärke nachgesagt, zugleich gelten sie als glänzende Unterhalter, die auch für die schönen Dinge des Lebens aufgeschlossen sind und gerne im Mittelpunkt stehen. Werner Ottos Mutter Frieda ist bei der Geburt 22 Jahre alt – sechs Jahre jünger als ihr Ehemann. Nur ein knappes Jahr später wird die kleine Familie von einem erschütternden Schicksalsschlag heimgesucht. Frieda Otto stirbt am 5. Oktober 1910, nur knapp zwei Wochen nach der Geburt der Tochter Elli. Das kleine Mädchen lebt nur zwei Jahre und stirbt 1912. Wilhelm Otto, beruflich stark eingespannt, kann seinen kleinen Sohn nicht alleine aufziehen. Nach der Trauerzeit heiratet er Marie Gertrud Roquette aus Prenzlau, die fünf Jahre älter ist als seine verstorbene Frau. Kurz hintereinander werden dem Paar, das inzwischen in Prenzlau lebt, drei weitere Kinder geboren: im Jahr 1914 die Zwillinge Hans und Margarete (genannt Gretel), zwei Jahre später die Tochter Elisabeth. Werner Otto, der seine leibliche Mutter nie bewusst kennen gelernt hat, wird von der Stiefmutter liebevoll aufgezogen. „Ich hatte sehr liebe Eltern und hätte mir keine besseren wünschen können", erinnert er sich als alter Mann. In einer Zeit, in der viele Kinder mit unerbittlicher Strenge groß wurden, war das sicherlich keine Selbstverständlichkeit.

In der Kreisstadt Prenzlau bewohnt die Familie ein großes Haus in zentraler Lage, die Wohnräume liegen über dem Lebensmittelladen. Auf dem Hof gibt es mehrere Speicher, in denen die Waren lagern – verschiedene Getreidesorten, „Kolonialwaren", Mehl, Kartoffeln. Wilhelm Otto beliefert Kunden im weiten Umkreis, drei Pferdefuhrwerke stehen zur Verfügung. Es geht der Familie gut. Offenbar machen sich kaufmännische und künstlerische Einflüsse früh bemerkbar, prägen den Jungen aber unterschiedlich stark. Werner Otto erweist sich beizeiten als fantasievoll und naturverbunden, zugleich aber auch als ungewöhnlich diszipliniert – Eigenschaften, die er sein Leben lang nicht ablegen wird. Die Menschen dieser Gegend galten und gelten auch heute noch als nüchtern, widerstandsfähig und uneitel, Theodor Fontane schrieb von einem bodenständigen, konservativen und zurückhaltenden Menschenschlag. Ihre preußische Korrektheit, so heißt es über die Märker, gehe einher mit einer basisdemokratischen Lebenseinstellung, hinzu geselle sich noch ein wenig nordländische Sturheit. „Die Merkmale der Mark habe ich verinnerlicht", hat Werner Otto Jahrzehnte später im Rückblick auf sein langes Leben erkannt. Werner Ottos Taufkirche in Seelow, damals ein behütetes Kleinod in der weitläufigen Landschaft, sollte später zu einem traurigen Symbol für den Untergang dieser Welt, aber vor allem für den mörderischen Endkampf um Berlin in den letzten Tagen des Zweiten Weltkrieges, werden. Auf faszinierende Weise ist sie aber auch ein Symbol für die vielen Aufs und Abs im Leben des Werner Otto geworden. Viele Jahrzehnte nach dem Verlust der Heimat wird er „seiner" Kirche einen besonderen Dienst erweisen. Doch davon später.

Werner Otto liebte den Hof seines Onkels Arnold Mühlbach – hier ein Blick in den Kuhstall.

Werner Otto wächst in einem liebevollen, im besten Sinne kleinbürgerlichen Milieu auf. Es gibt einen großen Garten mit Obstbäumen, ganz in der Nähe dehnen sich die fast unendlichen Weiten der Mark aus. Die Sommerferien verbringt die Familie an der Ostsee, und die Kinder lieben das Strandleben zu einer Zeit, als es nur wenig Tourismus gibt. Erich Kästner schrieb später über seine erste Ostseereise, die er im Jahr 1914

Werner Otto (2. v. l.), zirka 1927, mit seinen Ruderkameraden.

erlebte, und Werner Ottos Eindrücke werden ganz ähnlich gewesen sein. „Der Horizont war wie mit einem Lineal gezogen. Die Welt war flach wie ein Brett mit Kühen drauf. Der Wind, der die Baumwipfel wiegte, roch und schmeckte schon nach der See. Die Welt war anders als daheim und genauso schön. Eine Stunde später stand ich, vom Strandhafer zerkratzt, zwischen den Dünen und sah aufs Meer hinaus. Auf diesen atemberaubend grenzenlosen Spiegel aus Flaschengrün und mancherlei Blau und Silberglanz."

Auch auf den Gütern seiner Familie mütterlicherseits verbringt Werner Otto gerne seine Ferien, wo er bei der Ernte und der Stallarbeit hilft. Die vitale, zupackende Art der Mühlbachs gefällt ihm. An den Wochenenden verirren sich Ausflügler aus Berlin in die Gegend, im Abstand von mehreren Stunden zuckeln die ersten Autos durch Prenzlau. Im Alter erinnerte sich Werner Otto daran, dass die Hunde aus der Nachbarschaft den Fahrzeugen unter großem Gekläffe folgten. Für manchen Hund, der sich, was immer wieder vorkam, in den Gummireifen verbiss, endete die Begegnung tödlich.

Der begabte Junge, der bereits den widerspenstigen, kurz geschnittenen Haarschopf hat, verbringt seine Freizeit mit Rudern und dem Schreiben kleinerer Geschichten. Er ist kein Stubenhocker und sollte zeitlebens keiner werden. Wie viele Jugendliche beteiligt er sich an Raufereien, seine erste Zigarette raucht er – natürlich heimlich – auf einem Heuboden. Später wird er sich in einem Interview daran erinnern, dass er schon damals durchsetzungsfähig und dickköpfig gewesen sei. Seine Freunde hätten schließlich eine Art Spielstreik gegen ihn verhängt. „Sie sagten mir plötzlich, dass sie nicht mehr mit mir spielen wollten, weil ich immer meinen Willen durchsetzen wollte", so Werner Otto, zu guter Letzt habe man sich dann aber doch noch gütlich geeinigt.

Der Beginn des Ersten Weltkrieges im Sommer 1914 ist für die meisten Menschen ein unerwarteter Schock, der sie aus einer scheinbar heilen Welt reißt. Doch das Deutsche Reich ist politisch schon lange isoliert. Obwohl das Verhältnis zu England und Russland über Jahrzehnte im Wesentlichen ungetrübt gewesen war, ist es den Deutschen nicht gelungen, sich dauerhaft einen starken Bündnispartner zu sichern. Statt eine Annäherung an seine Nachbarn zu betreiben, haben die aggressive Expansionspolitik und das unbedachte „Säbelrasseln" des Kaisers dazu beigetragen, die außenpolitische Lage seit Jahren weiter zu verschlechtern. Der Albtraum von der „Einkreisung" wird schließlich Realität, als sich „Bär" und „Walfisch" einander annähern und mit Frankreich ein Bündnis schmieden. Im Kampf um Kolonien und Ressourcen sind sich die europäischen Mächte im Laufe der Zeit immer stärker ins Gehege gekommen. Aus dem Gestrüpp der gegenseitigen Verdächtigungen und Schuldzuweisungen scheint es kein Entrinnen zu geben. Nicht wenige empfinden den Kriegsbeginn schließlich als einen Befreiungsschlag, zumal der „Waffengang" eine Sache von wenigen Monaten zu sein scheint. Die bösen Ahnungen der Skeptiker haben sich erfüllt, angesichts des wild ausufernden Hurrapatriotismus hatten sie sich zuletzt kaum noch Gehör verschaffen können. Etliche stürzen sich mit Verve in diesen Krieg, der – beileibe nicht nur in Deutschland – als „reinigendes Gewitter" gesehen wird. Dichter und Journalisten, die sich noch vor kurzem über Obrigkeitshörigkeit und das gesamte autoritäre Staatsgefüge lustig gemacht hatten, rufen ihre Leser nun zum Kampf auf, viele von ihnen melden sich freiwillig. Wer nicht sofort dabei sein will, gilt als unpatriotisch, ist „kein echter Deutscher".

Noch im Frühjahr 1914, wenige Monate vor Kriegsbeginn, hatte Werner Otto erlebt, wie Dragoner in prachtvollen Uniformen mit schmissiger Musik durch die Stadt ritten – nun ist das Bild ein anderes. Aus den oftmals romantisch verklärten Manövern und Paraden ist blutiger Ernst geworden. „Der Tod setzte den Helm auf", schrieb Erich Kästner, „der Krieg griff zur Fackel. Die apokalyptischen Reiter holten ihre Pferde aus dem Stall. Und das Schicksal trat mit dem Stiefel in den Ameisenhaufen Europa."

Als Fünfjähriger erlebt Werner Otto, der sich angesichts später folgender Schrecken gerne an das Leben im monarchistischen Deutschland erinnerte, Truppenverladungen im Raum Seelow. Viele Jahre später ruft er sich mit der ihm eigenen kritischen Nachdenklichkeit die Ernsthaftigkeit ins Gedächtnis, die dabei geherrscht habe. Vom Jubel, wie er in den Großstädten herrschte, sei damals in Seelow nichts zu spüren gewesen. „Unter den Jubelnden in Berlin und anderen Großstädten waren wahrscheinlich viele ohne Familien", so Otto später, „denn wer einen Angehörigen zum Fronteinsatz verabschieden musste, tat das schon wesentlich verhaltener." Auch ein Onkel Werner Ottos zieht als Offizier in den Krieg – zu Pferde.

Die Bilder sind bekannt: Soldaten sitzen in Eisenbahnwaggons, die mit Texten wie „Im Herbst sehen wir uns wieder" und „Bis bald auf dem Boulevard" beschrieben sind. Selbst viele derjenigen Deutschen, die jahrelang für Frieden und Völkerverständigung gekämpft hatten, werden 1914 von Kriegsbegeisterung erfasst, und viele glauben den Ankündigungen der Politiker, die ihnen eine Rückkehr „wenn die Blätter fallen" versprechen. „Meine Generation taumelte sozusagen begeistert in die Unordnung hinein und verwechselte sie mit Freiheit", schrieb der 1901 geborene Schriftsteller Hans Erich Nossack später, die Erwachsenen hätten sich verhalten „wie Kinder, die eben dem Schulzwang entronnen waren".

Der Erste Weltkrieg
Der Krieg beginnt am 28. Juli 1914 mit der Kriegserklärung Österreich-Ungarns an Serbien.

Zwar war Werner Otto bei Kriegsbeginn noch ein Kind, doch es ist nicht auszuschließen, dass er – wäre er einige Jahre älter gewesen – die Ereignisse voller Skepsis und Misstrauen beobachtet hätte. Der Junge war früh nachdenklich und vorausblickend, er kann die Tragweite von weit reichenden Entwicklungen schon damals ungewöhnlich schnell erfassen – eine Eigenschaft, die für sein Leben von entscheidender Bedeutung sein wird. Werner Otto besuchte nach dem Krieg das Prenzlauer Gymnasium, sein Schulweg führte an der Marienkirche vorbei. Die Liebe zu Berlin und der Mark Brandenburg wird ihn nie verlassen, aber der Junge kann damals nicht ahnen, auf welch verschlungenen Wegen er eines Tages wieder hierher zurückfinden wird.

Schon als Kind tut sich Werner Otto schwer mit langatmigen Vorträgen und weitschweifigen, komplizierten Erläuterungen. Am liebsten möchte er alles komprimiert zusammengefasst haben. Auch die Beschäftigung mit alten Sprachen und der Geschichte der Antike liegt ihm nicht sehr. Auf dem humanistischen Gymnasium muss er sich ausgiebig mit Latein und Griechisch befassen – was ihm keinen Spaß macht. „Da war ich ein schlechter Schüler, weil ich dachte, ‚den Mist brauchst du nie wieder'", berichtete Otto in einem Interview. Dabei fiel ihm das Lernen ansonsten ungewöhnlich leicht – ein Phänomen, das den Jungen zunächst sehr verblüffte. Eines Tages entdeckt er in der Berliner Staatsbibliothek dann das Buch „Gedächtnis und Denkfläche", das ihn rasch faszinierte. „Da merkte ich, dass mein Gedächtnis relativ schlecht, die Denkfläche aber in Ordnung war", so Werner Otto später. „Alles, was mich fesselte, hatte ich auf der Denkfläche gespeichert. Nach 14 Tagen hatte ich so zum Beispiel mein Jahrespensum in Mathematik durchgeblättert, in der restlichen Zeit langweilte ich mich." Insgesamt sei in der Schule die Denkfläche nie wirklich gefordert und gefördert worden, stellte Werner Otto fest, der seine „Denkfläche" später als Unternehmer überstark beanspruchen sollte. Die Schulnoten sind eher mittelprächtig. Werners Eltern wundern sich über die mageren Ergebnisse, schließlich sitzt der Sohn oft nächtelang am Schreibtisch. Was sie nicht ahnen: Er kanalisiert seine blühende Fantasie, indem er Geschichten schreibt. Zu den Autoren, die ihn früh fesseln, gehört Knut Hamsun. An dem bereits berühmten Norweger faszinieren ihn dessen Überhöhung der Natur und das Bild des Menschen als Wanderer, ja Landstreicher. Der bäuerliche Mensch, der schafft und kämpft und seine Kraft aus der Erde bezieht. Der Mensch auch, den es immer wieder zu Ortswechseln und Neuanfängen treibt – wird hier schon der spätere, der „große" Werner Otto vorweggenommen?

Der junge Werner kombiniert in seinen Schriften Ausgedachtes und Erlebtes, mal sind es Alltagsgeschichten, mal ist es eine Familiensaga. Werner Otto ist schon damals mit sich und seiner Umgebung im Einklang – trotz der gelegentlichen Rückzüge „nach innen". Die Eltern lassen den Kindern oft freie Hand, sie können nach Herzenslust durch den Garten toben und gemeinsame Ausflüge genießen. Behutsam macht Wilhelm Otto den ältesten Sohn mit geschäftlichen Dingen vertraut, ohne ihn gezielt auf eine Karriere als Kaufmann vorzubereiten. Nach der Schule hilft der Junge im Laden mit, und weil er mit Zahlen auffallend gut umgehen kann, hat er früh Interesse an Themen wie Inventur und Kassenprüfung. Ein Ritual, das sich Werner Otto bis ins hohe Alter eingeprägt hat, ist der regelmäßige Besuch, den die Eltern mit den Kindern in einem der Berliner Kaufhäuser absolvieren. Dabei wird mal ein neuer Anzug, mal ein neuer Mantel erstanden. Die ausführliche Beratung durch die Verkäufer und die völlig auf die Wünsche des Kunden ausgerichtete Atmosphäre haben ihn immer stark beeindruckt – nachhaltig, wie sich Jahre später zeigen sollte.

Das Bild des Jungen aus jener Zeit sieht damit so aus: Er ist genauso verspielt und unternehmungslustig wie seine Altersgenossen, zugleich wirkt er als ältestes von vier Geschwistern ernsthafter und erwachsener als seine Freunde. Wettkämpfe und Mannschaftssportarten liegen ihm sehr, aber er liebt es auch, sich in der Einsamkeit der Natur eigene, einsame Wege zu suchen. Kaufmännische Interessen sind bei ihm früh ausgebildet – der Grundstock dafür war zweifellos im Elternhaus gelegt worden. Zugleich hat der Junge aber auch künstlerische Neigungen, die von den Eltern nicht unterdrückt werden. Die deutsche Sprache liegt ihm – anders als die klassischen Sprachen Griechisch und Latein – sehr. Insgesamt ist er damit fortschrittlich orientiert, ohne seine traditionellen Wurzeln zu vergessen, und an Zahlen und Technik interessiert, ohne die schönen Künste zu vernachlässigen. Er arbeitet gerne im Team und ist auch sonst kein Eigenbrötler, zugleich erweist er sich als ein mit der Heimat und der Familie verbundener Junge.

Kriegsende
Am 11. November 1918 wird um fünf Uhr früh im Wald von Compiègne das Waffenstillstandsabkommen unterzeichnet.

Doch auf die heile Welt der Familie Otto – und auf die Millionen anderer – fallen bald dunkle Schatten. Die Zeitungen vermelden zwar nach wie vor jeden militärischen Sieg in riesigen Lettern, zugleich werden die Gefallenenlisten aber immer länger. Die Menschen merken, dass es „nicht gut läuft" für die deutschen Soldaten, und schließlich bekommen auch die Daheimgebliebenen die Folgen des Krieges immer stärker zu spüren. Der Schriftsteller Klaus Mann, drei Jahre älter als Werner Otto, schreibt in seinem Buch „Kind dieser Zeit": „Als ich 1916 ins Gymnasium kam, war es mit dem Essen schon ziemlich bitter bei uns bestellt. Die schlimmste Zeit der Dotschen [Anm.: Steckrüben] und der verfaulten Kartoffeln hatte noch nicht begonnen, aber wir fingen doch schon an zu begreifen, dass ein Butterbrot etwas ganz fantastisch Herrliches sein kann und dass eine Tafel Schokolade einfach ins Reich der Wunder gehörte."

Im Städtchen Prenzlau verbringt Werner Otto einen Teil seiner Kindheit.

Die Unruhen der Weimarer Republik hinterlassen in Berlin unübersehbare Spuren.

Der vier Jahre andauernde Krieg hat der Zivilbevölkerung schließlich schwer zugesetzt. Während der Blockade mussten die Menschen hungern und bittere Not leiden, Tausende waren, vor allem in den Städten, an Unterernährung, Kälte und Entkräftung gestorben. Im November 1918 unterzeichnet der deutsche Politiker Matthias Erzberger die von den Franzosen vorgelegten Waffenstillstandsbedingungen im Wald von Compiègne. Wenige Tage zuvor hatte der Kaiser abgedankt und in Berlin war die Republik ausgerufen worden. Die militärische Niederlage und der Untergang der Monarchie treffen die Menschen völlig unvorbereitet, weil die Propaganda bis zuletzt das Bild eines glorreichen Sieges gezeichnet hatte. „Die Menschen konnten überhaupt nicht glauben, dass es mit der Monarchie vorbei war", erinnerte sich Werner Otto Jahre später in einer Ansprache. Im Prenzlauer Haus der Ottos führen die Ereignisse zu einem kleinen Disput. Als Marie Otto das Schicksal des „armen Kaisers" bedauert, reagiert der neunjährige Werner kühn. „Wieso armer Kaiser – der hätte den Thron verteidigen müssen", ruft er zornig. „Millionen waren für Deutschland gefallen, da stellte ich mir als Kind vor, der Kaiser hätte auch mit dem Degen um sein Amt kämpfen müssen", so Otto später.

Weimarer Republik
Die junge Demokratie, die von 1918 bis 1933 besteht, wird von Extremisten von links und rechts massiv bekämpft.

Nur wenige Deutsche sehen den Umbruch von 1918 positiv. Sie glauben nicht, wie der Politiker Philipp Scheidemann bei der Ausrufung der Republik, dass „das Alte und Morsche" zusammengebrochen sei, sondern sie sehen vor allem, dass die „gute alte Zeit" mit Wirtschaftsblüte, Kaiserglanz und lieb gewonnenen Traditionen hinweggefegt wurde. Nicht ohne Sarkasmus haben Historiker darauf hingewiesen, dass es den an Glanz und Gloria gewöhnten Deutschen bei der Novemberrevolution von 1918 eben auch am Glanzvollen, am „Großen" fehlte, ja dass noch nicht einmal das Wetter gepasst habe. Die neue Regierung wird von vielen Menschen

– ganz gleich, welchen gesellschaftlichen Schichten sie angehören – mit Skepsis und Misstrauen beobachtet. Zahlreiche innenpolitische Krisen schütteln die junge Weimarer Republik, vor allem in den Städten versuchen militante Kräfte von Links- und Rechtsaußen das System mit allen Mitteln zu diskreditieren.

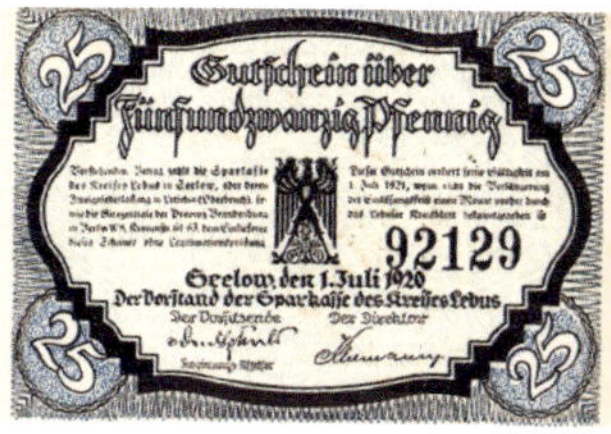

Mit Notgeld gegen die Inflation – hier herausgegeben in Werner Ottos Geburtsstadt Seelow.

Kurz nach Kriegsende schlittert das besiegte Deutschland in eine schwere Wirtschaftskrise. Ab dem Herbst 1922 steigt die Arbeitslosigkeit extrem an, hinzu kommen Engpässe bei der Versorgung mit Lebensmitteln. Das innenpolitische Klima verschlechtert sich zunehmend. Der Publizist Sebastian Haffner, knapp zwei Jahre älter als Werner Otto, erinnert sich in seiner „Geschichte eines Deutschen", wie Einbrüche und Diebstähle, aber auch Selbstmorde sprunghaft zunahmen und wie die Menschen jetzt hungerten. Auch diejenigen, denen es noch wenige Jahre zuvor gut gegangen war, mussten sich mit wenig bescheiden, und immer wieder verhungerten Menschen – manche starben sogar auf offener Straße an Entkräftung. Die Ermordung des Außenministers Walther Rathenau im Juni 1922 ist bereits der 354. politische Mord durch Rechtsradikale. Nüchterne Statistiken wie diese belegen, wie wenig gefestigt die junge Demokratie noch ist und auch bleiben wird.

Stärker noch als die politischen Kämpfe prägt die große wirtschaftliche Not den Alltag der Menschen. Nachts hört der Junge in seinem Zimmer das Gemurmel derjenigen, die bereits vor dem Laden seines Vaters Schlange stehen. Vagabundierende Freikorps – auch im einst so beschaulichen Prenzlau gehören sie bald zu einem vertrauten Bild.

Die deutsche Wirtschaft steckt nach dem verlorenen Krieg in einer schweren Krise. Nach der Umstellung auf die Kriegswirtschaft hat es zu lange an Investitionen in die zivile Produktion gefehlt. Zugleich wächst die Geldvermehrung rapide an. Eine Folge sind ständige Preiserhöhungen, unter anderem werden die Grundnahrungsmittel immer teurer. Als Folge nimmt die Verelendung zu, vor allem in den Städten kommt es zu Unruhen. Im Jahr 1923 erreicht die Hyperinflation ihren Höhepunkt – dieses Jahr macht Deutschland „fertig" (Sebastian Haffner). Im August gibt die Reichsbank täglich 46 Billionen Mark in neuen Banknoten aus. Arbeiter und Angestellte fahren die ihnen ausgezahlten Löhne mit Schubkarren zu den nächsten Läden oder schleppen das fast wertlose Geld in Säcken durch die Straßen. Die Preise für Milch und Brot steigen schließlich in Milliardenhöhe, eine Zeitung kostet morgens 50.000 und abends 100.000 Reichsmark. Ersparnisse, in vielen Jahren mühsam zusammengetragen, verlieren über Nacht an Wert. Renten und Versicherungspolicen werden im Handumdrehen fast wertlos, und die Menschen müssen Schmuck, Möbel und Tafelsilber gegen Lebensmittel eintauschen.

Nach der Stabilisierung der Währung durch Einführung der Rentenmark Ende 1923 fasst die Wirtschaft zunächst wieder Tritt, es folgen die flüchtigen „Goldenen Zwanzigerjahre". Doch unterschwellig setzt sich die Krise fort, und schließlich erfasst sie auch das Lebensmittelgeschäft von Wilhelm Otto. Unmittelbar nach der Währungsreform kommt es zwischen Werner und seinem Vater zu einer der wenigen lautstarken Auseinandersetzungen. Was die Reform inhaltlich denn nun bedeute, wollte der aufgeweckte Junge wissen. Als der Vater darauf keine Antwort geben kann, fährt der Junior ihn regelrecht an. Werner Otto: „Ich brüllte: ‚Du musst es doch wissen, du bist doch Kaufmann.'" Wilhelm Otto soll über diesen Ausbruch geradezu erschrocken gewesen sein.

Zu diesem Zeitpunkt scheint das Lebensziel des jungen Werner unabänderlich festzustehen: Der 14-Jährige will Schriftsteller werden, seine Vorbilder sind Balzac und Flaubert. „Ich träumte davon, meiner Umwelt meine Gedanken mitzuteilen", begründete Otto diese Passion später. Es wird Jahrzehnte dauern, bis er das schließlich nachholen kann – als Inhaber eines Weltkonzerns, dessen Rat überall gefragt ist.

Zwei Romanentwürfe hat er bereits fertig gestellt – „Lebensschicksale, was man halt so schreibt". Dass sie – obwohl druckfertig – in der Schublade verschwinden und dann nie erscheinen, wird er später ohne Sentimentalität berichten können. Auf etwas skurrile Weise macht sich sein inzwischen erwachter Geschäftssinn bemerkbar: Der ziemlich verwegene Junge lernt einen Waffenhändler kennen, dem er ein paar Revolver abkauft. „Ich habe sie dann für den doppelten Preis an meine Mitschüler verkauft", so Otto im hohen Alter lachend, „man sagt ja auch, dass die ersten Geschäfte meist krumme seien." Eine andere Leidenschaft wird in dieser Zeit ebenfalls geweckt, die Werner Otto sein Leben lang begleiten soll: Er hört im Radio Schlager der schrägen 20er Jahre und tanzt dazu in der Küche. Als er einer Haushaltshilfe den „Schieber" beibringen will, verpetzt ihn das Kindermädchen bei der Mutter. Die Aufregung ist groß. Der Tanz gilt als anzüglich, und Marie Otto will von der Tänzerin lautstark wissen, was sie denn da mit „dem armen Jungen" veranstalte.

Doch solche unbeschwerten Tage werden zunehmend seltener. Da die Geschäfte seines Vaters nicht gut laufen und schließlich ganz zusammenbrechen, entschließt sich Werner Otto als 17-Jähriger dazu, das Gymnasium noch vor dem Abitur zu verlassen, um eine kaufmännische Lehre in Angermünde zu absolvieren. Die Eltern hätten das Schulgeld schließlich nicht mehr bezahlen können, erzählte er später – auch das sicherlich ein prägendes Erlebnis. Der junge Mann wird einige innere Kämpfe ausgefochten haben – hin und her gerissen zwischen seiner Liebe zur Literatur auf der einen und dem früh bewiesenen Pflichtbewusstsein und der engen Beziehung zu den Eltern auf der anderen Seite.

Schneller als erwartet wird ihm klar, dass er auf eigenen Füßen stehen muss, für die „brotlose Kunst" als Schriftsteller bleibt kein Platz mehr in seinem Leben. Auf Werner Otto warten andere Aufgaben. Offenbar hatte Wilhelm Otto angesichts immer höher steigender Schulden schlichtweg die Nerven verloren. Er meldete Insolvenz an und zahlte die Banken sofort aus, obwohl seine Lager mit Lebensmitteln gut gefüllt waren. Faktisch stieg der Wert der Waren an, während die Schulden automatisch an Wert verloren. Wilhelm Otto hätte die Krise „aussitzen" müssen, wie das auch andere taten, aber dazu war er vermutlich zu sehr Ehrenmann. Ein bis zwei Jahre später hätten die Lagerbestände eine starke Wertsteigerung erfahren. Das Adressbuch von Prenzlau wird Wilhelm Otto in den 30er Jahren dann nur noch als Handelsvertreter führen – ein trauriger Absturz, wie ihn damals in Deutschland viele erlebten.

Liegt in Erlebnissen wie diesem der Schlüssel für Werner Ottos später so legendäre Nervenstärke?

Erste Berührung mit dem Einzelhandel

*„Am Kurfürstendamm da hocken zusamm'
die Leute von heut mit großem Tamtam …"*

Klabund, Dichter

Als Schüler habe er ein negatives Unternehmerbild gehabt, gesteht Werner Otto später, die „Chefs" schienen ihm alle nur auf Profit aus zu sein. Schließlich sei ihm klar geworden, dass derjenige, der viel besitzt, auch eine Verpflichtung gegenüber der Allgemeinheit hat.

Werner Ottos Vater hatte sich mit der Selbstständigkeit schwer getan. „Er war eben kein sehr unternehmerisch denkender Mensch", erinnert sich Otto als 95-Jähriger, „weil er sich nicht auf die Dinge einstellen konnte." Sein eigener unternehmerischer Impetus sei aus der Familie der Mutter gekommen – „die waren da alle so". In dieser Beziehung war der Bruder seiner leiblichen Mutter, der Gutsbesitzer Arnold Mühlbach, ein Vorbild Werner Ottos. Von der kraftvollen Persönlichkeit des Onkels wird in der Familie viel gesprochen, und Arnold Mühlbach verfolgt die Entwicklung seines Neffen aufmerksam. Zu welchen geschäftlichen Höhenflügen der junge Mann sich selbst eines Tages aufschwingen wird, kann damals freilich noch niemand ahnen.

Werner Otto hat die Lehre in Angermünde nicht einfach nur absolviert, sondern er hat hart gearbeitet und gelernt. Vieles gelernt. In dieser Zeit erwirbt er das Rüstzeug für spätere Jahre, und am Ende seiner Ausbildung wird er mit knapp 20 Jahren das, was zu sein er sich schon lange wünscht: ein Selbstständiger. Besser zu sein als die Konkurrenz lautet für den jungen Kaufmann, der inzwischen in Stettin arbeitet, das Gebot der Stunde.

In jedem Fall erkennt er früh, was es für ein florierendes Geschäft bedeutet, auf die Wünsche der Kunden einzugehen – ohne Wenn und Aber. Die ersten Jahre als Einzelhändler sind schwierig und für Werner Otto prägend. Er versteht schnell, wie wichtig es ist, Gewünschtes in überdurch-

Wirtschaftskrise: Der Sturm auf die Sachwerte führt zu einem Andrang auf Berliner Kaufhäuser und Läden, um 1930.

schnittlichem Umfang anbieten und rasch liefern zu können. Und er lernt, dass nur Qualität ihren besonderen Preis haben darf.

Doch die Zeiten sind schlecht, auch für einen, der schon damals mehr kann und mehr sieht als die anderen. Nach dem New Yorker Börsenkrach vom Oktober 1929 rutscht auch Deutschland in den Strudel der Weltwirtschaftskrise. Im Winter 1929 / 30 steigt die Arbeitslosenzahl auf 2,5 Millionen, Ende Februar 1930 sind bereits mehr als drei Millionen Menschen ohne Arbeit. Durch den Wegfall vor allem amerikanischer Kredite geraten immer mehr deutsche Banken in finanzielle Schwierigkeiten. Im Sommer 1931 bricht die Darmstädter und Nationalbank (Donat Bank), die zweitgrößte deutsche Bank, zusammen. Anfang 1932 sind bereits mehr als sechs Millionen Menschen erwerbslos – Deutschland hat mit 44 Prozent die höchste Arbeitslosenquote der Welt. Einem Arbeitslosen und seiner Familie stehen monatlich im Schnitt nur 52,83 Reichsmark zur Verfügung. Die Statistiken zeigen auch: Die Kapazitäten der deutschen Industrie sind nur noch zu 45 Prozent ausgelastet. Da die Krise die ganze Weltwirtschaft erfasst hat, brechen die Exporte rapide ein. Das Volkseinkommen pro Einwohner sinkt – von 1.131 Mark 1928 / 29 auf 656 Mark im Jahr 1932.

1929
Die auf den New Yorker Börsenkrach folgende Weltwirtschaftskrise stürzt Deutschland in eine tiefe Rezession.

„Manche jedoch verdienten das große Geld", so der Autor und Journalist Stefan Lorant im Rückblick auf diese Zeit, „die Spekulanten, jene, die Waren einkauften und mit großem Gewinn verkauften; die mit Nahrungsmitteln oder mit Grundbesitz handelten und erst später bezahlten; jene, die auf die Zeit spekulierten." Wilhelm Otto hatte, wie berichtet, nicht zu denjenigen Lebensmittelhändlern gehört, die „erst später zahlten", und es war diese Anständigkeit, die ihn sein Geschäft gekostet hatte.

Jetzt erwischte es noch viele andere Unternehmer. Lorant weiter: „Ausländer strömten nach Deutschland und führten mit ein paar Dollar ein fürstliches Leben. Nachtclubs, Kabaretts, Theater, Vergnügungsstätten waren gefüllt, nicht bloß mit Schiebern und Spekulanten, auch mit jenen, die an der Sinnlosigkeit des Lebens verzweifelten und bereit waren, alles was sie besaßen, für einen vergnüglichen Abend auszugeben. Wenn das Geld so wenig wert war – warum nicht ein paar schöne Stunden damit machen? Mädchen verkauften ihren Körper für ein Abendessen, junge Männer betäubten sich mit Kokain und Morphium." Und der Dichter Klabund schrieb: „Am Kurfürstendamm da hocken zusamm' / die Leute von heut mit großem Tamtam. / Brillanten mit Tanten, ein Frack mit was drin, / ein Nerzpelz, ein Steinherz, ein Doppelkinn."

Während der Regierung des „Hungerkanzlers" Heinrich Brüning erhält die Wirtschaft so gut wie keine Impulse. Statt die Kaufkraft mit Sonderprogrammen anzukurbeln werden den Menschen täglich neue Sparparolen angeboten. Brüning versucht, die Wirtschaftskrise durch eine Deflationspolitik in den Griff zu bekommen. Seine Notverordnungen verlangen der Bevölkerung viel ab. Die Renten, Beamtenbezüge und Gehälter werden gekürzt – genau wie Kinderzuschläge, Arbeitslosenunterstützung und andere Zuwendungen. Gleichzeitig erhöht Brüning die Steuern – unter anderem gibt es eine Mineralwasser- und eine Junggesellensteuer. Zwar kann der Staatsbankrott verhindert werden, aber die Krise verschärft sich. Durch einen verminderten Export steigt die Arbeitslosigkeit weiter, und wegen der schwindenden Kaufkraft lahmt auch die Inlandsnachfrage. Schließlich verlieren immer mehr Menschen ihre Arbeit.

1930
Reichskanzler Heinrich Brüning regiert ab 1930 mit Hilfe von Notverordnungen. Die wirtschaftliche Lage verschlimmert sich.

„Mit der Ausnahme Österreichs hat kein europäisches Volk derart massiv wie das deutsche nach 1918 unter dem Trauma der Niederlage, dem Versailler Frieden, der ‚Reparationsknechtschaft', der Hyperinflation und der großen Weltwirtschaftskrise seit 1929 gelitten", schrieb der bekannte Historiker Hans-Ulrich Wehler später.

Wenn es eine Zeit im Leben Werner Ottos gegeben hat, deren Schattenseiten seinen Instinkt als Geschäftsmann geschärft haben, dann waren es diese Jahre. „Man musste sich sehr genau anhören, wo man hingehörte", fasste Otto die Erfahrungen der Zeit später einmal in einem Interview zusammen. „Es wurde damals von allen Seiten auf einen eingehämmert. Die einen versprachen Glück auf nationaler Basis, die anderen auf internationaler Basis. Man hat damals gelernt, sehr kritisch mit der Umwelt und mit sich selbst umzugehen, es war eine Zeit, die uns zu großer Ernsthaftigkeit erzogen hat."

In Ansprachen und während zahlreicher Interviews ist er immer wieder auf die verfehlte Wirtschaftspolitik zurückgekommen. Nie hat Werner Otto vergessen, wie viele Geschäftsleute damals in den Konkurs getrieben wurden, etliche sogar in noch schlimmere Situationen. Man habe gar nicht mehr in die Zeitungen schauen mögen, erzählte Werner Otto einmal, weil täglich von Unternehmern zu lesen war, die den Freitod gesucht hatten – oft gemeinsam mit ihrer Familie. Werner Otto, der nie gerne über Vergangenes sinniert oder Untergegangenem nachgetrauert hat, nutzte Verweise auf diese Jahre häufig, um vor wirtschaftspolitischen Fehlentwicklungen zu warnen, aber auch, um die Menschen zu motivieren. So kam er zum Beispiel 1997 bei der Einweihung der neu errichteten Seelower Kirche auf die Ära Brüning zu sprechen. Angesichts der vielen Zuhörer aus der Mark Brandenburg – darunter mancher, der arbeitslos war oder andere Lebenskrisen zu bewältigen hatte, – verzichtete er auf kluge Ratschläge und sagte stattdessen unter anderem, wie falsch es sei, wenn Politiker immer nur ans Geld dächten. Erst müsse der Mensch kommen, so Werner Otto damals kategorisch, und seine Zuhörer verstanden, dass der mittlerweile berühmte Mann selbst einen langen, steinigen Weg gegangen war und genau wusste, wovon er sprach.

Eine gewisse Skepsis, ein gesundes Misstrauen – das sind Eigenschaften, die Werner Otto bei aller Dynamik aus den Jahren beibehalten hat, in denen er erstmals selbst mit dem Einzelhandel in Berührung gekommen war. Wenn er in den 1990er Jahren – früher und deutlicher als andere – vor einem unreflektierten Börsen-Hype warnte, haben die Erinnerungen an die Jahre um 1930 dabei klar eine Rolle gespielt. Doch die Wirtschaft ist damals nicht der einzige Krisenherd – die laufend wechselnden Reichskanzler und ihre Regierungen kämpfen auch mit anderen Problemen.

Die Berliner Jahre: Krieg und Widerstand

„Ich war ein Heißsporn und eine Art Nationalbolschewik“

Adolf Hitler, Chef der schnell wachsenden NSDAP, drängt mit immer massiveren Mitteln zur Macht. Im Oktober 1923 war sein Versuch gescheitert, mit seinen Truppen in München zu putschen und die Regierungsgeschäfte in Bayern an sich zu reißen. Zu fünf Jahren Haft verurteilt, musste er nur achteinhalb Monate auf der Festung Landsberg verbringen – unter reichlich moderaten Bedingungen. Nach seiner raschen Entlassung geht er sofort wieder auf totalen Konfrontationskurs zur demokratischen Regierung. Landauf und landab trommelt er nun für seine Organisation und erweist sich dabei als geschickter, unermüdlicher und skrupelloser Demagoge, dem es in zunehmendem Maße gelingt, die Unzufriedenheit der Menschen für seine Ziele auszunutzen. Das martialische, brutale Auftreten seiner Begleittrupps zwingt das Publikum geradezu in Gaststätten und andere Versammlungsorte, wo Hitler seinen Hasstiraden gegen die Regierung, gegen Juden und das internationale Großkapital freien Lauf lässt. Seine Agitation ist erfolgreich: Anfang der 1920er Jahre hatte die NSDAP 6.000 Mitglieder, im Jahr 1926 sind es schon 49.573. Vor den Wahlen zum Reichstag im Jahr 1930 lässt er sich zu Massenkundgebungen durch ganz Deutschland fahren, und die Blätter des nationalistischen Verlegers Alfred Hugenberg machen ihn zusätzlich überall bekannt. Aus der Wahl gehen die Nationalsozialisten als zweitstärkste Partei hervor, die Zahl ihrer Abgeordneten steigt von zwölf auf 107. Insgesamt 409.600 Wähler haben für Hitler gestimmt.

1931 formiert sich die Rechtsopposition in der „Harzburger Front“ gegen die Regierung, allerdings ist das Bündnis, dem die NSDAP und unter anderem auch Hugenbergs DNVP angehören, inhaltlich weniger geschlossen, als es zunächst erscheint. Innerhalb der „Bewegung“ haben sich längst verschiedene Strömungen mit unterschiedlichen Ansätzen und Zielen gebildet. Manchen Rechten geht Hitlers rücksichtslose Brutalität schon zu diesem Zeitpunkt zu weit. Sie merken, dass er über Leichen gehen wird, um seine Ziele durchzusetzen, und beim Griff nach der Macht auch vor der Ausschaltung von Weggefährten nicht Halt machen wird. Faktisch sind die anderen im Reichstag vertretenen rechtsgerichteten Parteien für Hitler nur nützliche Helfer, die er binnen weniger Jahre verbieten oder zur Selbstauflösung zwingen wird. Doch Anfang der 1930er Jahre ist er als Wolf im Schafspelz noch darauf bedacht, sich der Öffentlichkeit als jemand zu präsentieren, der fest in eine Gruppe gleich gesinnter, gewählter Politiker eingebunden ist, der ausschließlich das Wohl der Not leidenden Bevölkerung am Herzen liegt. Gregor Strasser, seit 1932 Reichsorganisationsleiter der NSDAP, gehört zum eher „linken" Flügel der Partei. Er fordert von Hitler einen verstärkt antikapitalistischen NSDAP-Kurs, womit er insbesondere bei der SA viel Unterstützung findet.

Der 22-jährige Werner Otto ist zu diesem Zeitpunkt ebenfalls ein national denkender Mensch, der sich aber von Hitler nicht blenden lässt. Schon 1931 tritt er – enttäuscht und misstrauisch – nach kurzer Mitgliedschaft aus der NSDAP wieder aus. Um seine Haltung zu kanalisieren, wendet er sich dem linken Nationalismus Strassers zu. „Ich war ein Heißsporn", erinnerte er sich später, „und eine Art Nationalbolschewik." Die marxistischen Vorstellungen Strassers scheinen sich mit seinen zu decken, und er beginnt sich politisch stärker zu engagieren.

Die zunehmende politische Radikalisierung erlebt Werner Otto als Berliner Zigarrenhändler aus nächster Nähe. Eine kleine Erbschaft seines Onkels Arnold Mühlbach hatte es ihm möglich gemacht, in der Hauptstadt ein eigenes Geschäft an der Prenzlauer Straße zu eröffnen. Die Wochenenden verbringt er zumeist mit ausgedehnten Fahrten und Wanderungen in die Umgebung, das Riesengebirge ist sein bevorzugtes Reiseziel. Seine Freude am Wandern, die ihn ein Leben lang nicht verlassen wird, ist damals bereits stark ausgeprägt. Noch als alter Mann berichtet er schmunzelnd, dass er bei Bergwanderungen die Aufstiege besonders liebte, während ihm die Wege zurück ins Tal nicht lagen. Und noch als über 90-Jähriger konnte er sich darüber ärgern, dass in seinem bayerischen Wanderrevier ein schöner Pfad in eine gestylte Promenade umgewandelt worden war, die kaum benutzt wurde.

Die Prenzlauer Straße in Berlin-Mitte. Hier hat Werner Otto einen Zigarrenladen.

Die Berliner Jahre: Krieg und Widerstand

Wenngleich Werner Otto das Leben in der Hauptstadt genießt, verfolgt er die gesellschaftliche und politische Entwicklung mit großer Sorge. „Ich habe gleich gemerkt, dass Hitler ein Wahnsinniger war", erinnerte sich Otto später in einem Interview. Einem wie ihm, der sich als erfolgreicher Unternehmer immer wieder gegen oberflächliche und vordergründige Trends stemmte und mit sicherem Instinkt eigene, durchschlagende Visionen entwickelte, nimmt man es ab, wenn er sagt: „Ich war davon überzeugt: Diese Bande bleibt nicht oben." Doch die Nationalsozialisten drängen mit ungebremster Brutalität zur Macht. Vor allem im Frühjahr 1932 gehören inszenierte Schlägereien, auseinandergesprengte Wahlveranstaltungen und ungezählte Straßenkämpfe überall in Deutschland zum alltäglichen Bild. An vielen Orten zündeln Hitlers Trupps, um den Menschen zu suggerieren, wie bedroht ihre persönliche Sicherheit ist – friedliche Szenen hätten da nicht ins Bild gepasst. Hitler selbst überzieht die Reichsregierung in unzähligen Reden im ganzen Land mit Hass und Hohn.

1933
Reichspräsident Paul von Hindenburg ernennt Adolf Hitler zum Reichskanzler.

Im Dezember 1932 wird der ehemalige Reichswehrminister, General Kurt von Schleicher, Reichskanzler. Er plant, den linken Flügel der NSDAP für eine „Gewerkschaftsachse" in seine Regierung zu holen – ein Versuch, die Partei zu spalten und ihr so einen Teil ihrer Gefolgschaft zu entziehen. Für Strasser hält Schleicher das Amt des Vizekanzlers bereit – das Ganze ist einer der letzten Versuche, Hitler von der Regierung fernzuhalten. Die Gelegenheit scheint günstig, zumal die NSDAP bei den Wahlen im November gegenüber den vorhergehenden Wahlen starke Stimmenverluste hinnehmen musste und nicht alle Funktionäre den eingeschlagenen Kurs für der Weisheit letzter Schluss halten. Doch Hitler bleibt hart und Strasser muss im Dezember alle Ämter niederlegen.

Im Januar 1933 glaubt der greise Reichspräsident Paul von Hindenburg, Hitler werde zu seinem Wort stehen und streng verfassungsgemäß regieren, und schließlich überträgt er ihm im selben Monat das Amt des Reichskanzlers. Schon im März wird er über das „Ermächtigungsgesetz" vom Reichstag mit fast diktatorischen Machtbefugnissen ausgestattet. Dass die dafür nötige Zweidrittelmehrheit zustande kommt, weil die 81 kommunistischen Abgeordneten schon von Hitlers Polizeiapparat verhaftet worden waren, stört nur wenige. Nach außen präsentiert sich Hitler als

Beim Tanz im „Delphi" lernt Werner Otto seine erste Ehefrau Eva kennen.

Staatsmann – eine Tarnung. Längst werden politische Gegner und sonstige Andersdenkende rücksichtslos verfolgt und in den berüchtigten „wilden“ Konzentrationslagern misshandelt, die es an vielen Orten bereits gibt. Noch im selben Jahr folgt ein groß angelegter Boykott gegen jüdische Geschäfte sowie gegen jüdische Ärzte, Anwälte und andere Berufsgruppen. Jetzt beginnt sich zu erfüllen, was Goebbels schon 1932 geschrieben hatte: „Haben wir die Macht, dann werden wir sie nie wieder aufgeben, es sei denn, man trägt uns als Leichen aus unseren Ämtern heraus.“

Werner Otto ahnt bereits, dass Hitler nicht mehr zu bändigen ist und seinen unbedingten Machtanspruch mit aller Gewalt durchdrücken wird. Gewissheit erhält er spätestens, als Hitler politische Gegner und Konkurrenten im Sommer 1934 brutal ausschalten lässt. Der „Säuberungsaktion“ fallen auch alte Kampfgenossen und Konservative zum Opfer, die mittlerweile zu Konkurrenten und Widersachern geworden waren. Hitler lässt Ende Juni unter anderem SA-Chef Ernst Röhm, Gregor Strasser und General von Schleicher umbringen. Tausende andere werden verhaftet. Die brutalen Morde haben Werner Ottos Befürchtungen bestätigt. „Ich wusste von da an, dass Hitler die Welt erobern wollte und dafür über Leichen gehen würde“, so Otto im Jahr 2004.

Zunächst kann er sich gelegentlich noch mit dem Blick auf die schönen Dinge des Lebens ablenken. Berlin ist damals eine pulsierende Weltstadt, die viel zu bieten hat. Otto verbringt viele Nächte in Lokalen wie der „In-

Das Theater am Nollendorfplatz, Berlin um1930.

sel" in Schöneberg. Beim Tanz im „Delphi" lernt er seine spätere Ehefrau Eva kennen. „Ich war ein Partymensch", berichtete der begeisterte Twist-Tänzer später mit der ihm eigenen Offenheit. Wenn die Klubs am Morgen schließen, wandert er wieder zu seinem Laden in der Nähe des Alexanderplatzes zurück – im selben Haus bewohnt er ein möbliertes Zimmer. Wie hat man sich diese Zeit vorzustellen? Berlin ist damals eine der ganz wenigen echten Metropolen. Die mit 5,4 Millionen Einwohnern drittgrößte Stadt der Welt wird in einem Atemzug mit London und Paris genannt. „Was für eine Stadt", so der Publizist Emanuel Eckardt. „Unkonventionell, unsentimental, unverwüstlich, eine urbane Übergröße, schäbig und prachtvoll, piefig und grandios, provinziell und weltoffen, bieder und frivol, selbstironisch und selbstverliebt, die geistige Mitte zwischen saurer Gurke und Größenwahn, eine Weltstadt, die sich jede Nacht neu erfindet." Es blüht das Nachtleben, und die Menschen lieben das Zerstreuungsprogramm zwischen anspruchsvoll und „schräg". Erstaunlich frei und tolerant geht es über Jahre dort zu – so nach dem Motto: Erlaubt ist, was Spaß macht. In dem Gewirr aus Straßen und Gassen, dessen Strukturen sich im Berlin von heute nur noch erahnen lassen, schießen die Nachtklubs wie Pilze aus dem Boden.

„Es lockten die Bars und Kaschemmen, die Varietés und die Tanzpaläste", heißt es in dem Buch „Zu Gast im alten Berlin" im Rückblick auf diese Zeit. „Gegen die unzähligen Orte, an denen man in Berlin seine Tanzwut abreagieren konnte, nehmen sich die heutigen Discotheken in der Zahl eher bescheiden aus. Getanzt wurde immer und überall. Die Cafés und

Hotels wetteiferten darin, die besten – je nach Zeitgeschmack forsche, fetzige oder schräge – Kapellen zu engagieren. Polka und Galopp begeisterten das Publikum zu Kaisers Zeiten. (…) Später waren es Tango und Charleston, Wackeltanz, Jazz und Twostepp. Getanzt wurde zum Fünf-Uhr-Tee in den großen Hotels, in den Ausflugslokalen, in den Kneipen und in den Tanzhochburgen, wo man, wie im Residenz-Casino oder in der Femina-Bar, bei Schüchternheit (oder aus Faulheit) seine an drei Tischen entfernt sitzende Traumpartnerin per Tischtelefon zum Tanz auffordern konnte. Da verging die Zeit schnell, doch die Nacht war immer schon lang in Berlin. Zwar gab es nominell Beschränkungen der Öffnungszeiten, aber sie waren kaum die Druckerschwärze wert, in der sie als gesetzliche Bestimmungen niedergelegt worden waren. Wohl hatte man allgemein die Schließung der Lokale auf zwölf Uhr nachts festgelegt, aber nicht ihre morgendlichen Öffnungszeiten. Und wenn Bars und Kabaretts je nach Konzession um zwei oder um vier Uhr morgens schlossen, so gab es genügend andere Örtlichkeiten, die um zwei oder drei Uhr morgens gerade anfingen." Doch Werner Otto kann und will die Augen nicht vor dem aufziehenden Unheil verschließen. In der Prinz-Albrecht-Straße hat die Gestapo ihre Folterkeller eingerichtet, aus der ehemaligen Militär-Arrestanstalt in Berlin-Tempelhof ist das Konzentrationslager Columbiahaus geworden. „Einer muss ja was tun", hat Otto im Zusammenhang mit seinen vielen Spenden später einmal gesagt – im Umgang mit dem Naziregime hatte er offenbar dieselbe Grundhaltung.

1934
Werner Otto wird für zwei Jahre im Gefängnis Plötzensee inhaftiert, fünf Jahre später verlässt er Berlin fluchtartig.

Otto engagiert sich im Untergrund, pendelt zwischen dem Deutschen Reich und der Tschechoslowakei. Mehrmals wird er verhaftet, in Prag sitzt er Zelle an Zelle mit dem tschechischen Kommunisten Rudolf Slansky. Werner Otto muss seinen Einsatz schwer bezahlen. Beim Schmuggeln von Anti-Hitler-Flugblättern über die deutsch-tschechische Grenze in das nationalsozialistische Deutschland wird er 1934 verhaftet und für zwei Jahre in das Gefängnis Plötzensee gesteckt. In der berüchtigten Berliner Haftanstalt wurden mehr als 2.000 Widerstandskämpfer hingerichtet. Die Haft hat Werner Otto zweifellos geprägt, auch wenn er später so gut wie nie darüber gesprochen hat und typischerweise stets insistierte, dass es anderen Gefangenen wesentlich schlechter ergangen sei als ihm selbst. „Danach war das Dichterische vorüber", sagte er dazu später einmal knapp, aber vielsagend.

Um der Überwachung zu entgehen, zieht Werner Otto von Berlin nach Kulm an der Weichsel.

„Berlin hat sich verändert", schreibt Emanuel Eckardt. „Die sprichwörtliche Berliner Luft verliert ihr leichtsinniges Flair, wird stickig, aus der Gosse weht ein fauliger Geruch, der nichts Gutes verheißt." Und Klaus Mann notierte hellsichtig: „Den Dingen, die da kommen, sehe ich mit Entsetzen entgegen."

1939 verlässt Werner Otto die Stadt zusammen mit seiner Ehefrau Eva, die er im selben Jahr geheiratet hatte. Auch wenn er diesen Umzug später nie dramatisieren wollte, ist doch klar, dass es sich letztlich um eine Art Flucht handelte. Der Überwachungsstaat erfasst längst jeden, der auch nur ansatzweise regimekritisch ist, dem Denunziantentum sind Tor und Tür geöffnet. Längst ist Werner Otto der Boden in der von ihm eigentlich so sehr geliebten Stadt zu heiß geworden, später wird er einmal sagen, dass man am Abend eines Tages nie sicher sein konnte, welcher neue Erlass wen am nächsten Tag bedrohen würde. Regelmäßig hatte er sich mit „Gleichgesinnten" getroffen, die Hitler ebenso ablehnten wie er selbst. Als einer dieser Freunde verhaftet wird, ist für Werner Otto klar, dass Berlin ein zu gefährliches Pflaster für ihn geworden war. Doch wohin ziehen? Wieder berät er sich mit seinen politischen Freunden, um eine möglichst geschickte Lösung zu finden.

Der Weg führt ihn schließlich ins westpreußische Kulm an der Weichsel. Die kleine Stadt mit dem malerischen mittelalterlichen Kern liegt 30 Kilometer von Bromberg (Bydgoszcz) entfernt, heute heißt sie Chelmno. In

Kulm eröffnet er ein Schuhgeschäft, hier wird 1941 seine Tochter Ingvild, zwei Jahre später Sohn Michael geboren. Zur selben Zeit ist der spätere „Spiegel"-Gründer Rudolf Augstein, der sich als Kriegsfreiwilliger gemeldet hatte, vor Ort übrigens als Ordonnanz im Einsatz. In der Ruhe der westpreußischen Provinz bleibt die kleine Familie unbehelligt, und eine Lücke im Bürokratiegeflecht bewahrt Werner Otto zunächst vor der Einberufung. Schließlich wird er 1943 anhand einer Lebensmittelkarte identifiziert und doch noch eingezogen. Der Vorbestrafte erhält „Frontbewährung", während Eva Otto das Geschäft erfolgreich alleine weiterführt. Otto muss als Nachrichtenmann unter anderem an der Ostfront Kabel verlegen. Das Kriegsende erlebt der Obergefreite mit schweren Kopfverletzungen als Schreibkraft in einem Lazarett. Die Verwundung hatte ihn „termingerecht" an der Front erwischt, sagte er dazu einmal lapidar. Ein Punkt, der ihn in der Erinnerung an diese Zeit auch im hohen Alter noch mit Zorn erfüllte, war das Verhalten vieler hoher Offiziere. „Diese Feigheit hat mich damals wahnsinnig geärgert", so Werner Otto.

„Warum kaum einer von denen gesagt hat ‚Der Krieg ist verloren, ich opfere jetzt keinen meiner Leute mehr' ist doch überhaupt nicht zu begreifen. Stattdessen beriefen sie sich auf einen Treueschwur, den sie auf einen Massenmörder geleistet hatten." Trotz der schweren Verwundung und der Sorgen um die Familie empfindet Werner Otto schließlich doch Erleichterung. Er weiß, dass die Tage des Regimes gezählt sind und dass bald eine neue Freiheit kommen wird.

1943
Werner Otto wird zum Militärdienst eingezogen und an der Ostfront eingesetzt.

In Werner Ottos geliebtem Berlin sind inzwischen viele Lichter ausgegangen. Alleine am Abend des 22. November 1943 haben mehr als 700 britische Bomber über 5.000 Häuser zerstört. Die Gedächtniskirche und der Zoo gehen unter, Plätze, Parks und Höfe sinken in Schutt und Asche. Für die Zivilbevölkerung verschärft sich die Lage unterdessen dramatisch – auch und vor allem im Osten Deutschlands. Schon nach der ersten sowjetischen Großoffensive im Juni 1944 war die extreme Gefährdung der deutschen Ostgebiete schlagartig deutlich geworden. Unter dem Druck mehrerer Großangriffe entschließen sich Millionen Menschen, vor allem ab Ende 1944, ihre Heimat Richtung Westen zu verlassen. Im Oktober 1944 war der Räumungsbefehl für das Memelland gegeben worden. Kurze Zeit später rückt die Rote Armee auf Ostpreußen vor, das schließlich eingeschlossen wird. Ende Januar 1945 erreichen die Sowjets die Oder, der Zeitdruck auf die Flüchtenden erhöht sich dramatisch. Viel zu lange war die Flucht als „defätistischer Akt“ verboten worden, viel zu lange hatte die NS-Propaganda die Menschen mit falschen Informationen über den Kriegsverlauf getäuscht. Als schließlich die Flucht aus Westpreußen beginnt, sind die Zustände längst chaotisch geworden. An geordnete Ausreise ist nicht mehr zu denken, die Straßen und Wege sind völlig verstopft, Züge und Fähren überfüllt.

Eva Otto muss mit den beiden kleinen Kindern unter großen Entbehrungen die Flucht nach Westen antreten. Einen Teil der weiten Strecke können die drei in einem überlasteten Zug zurücklegen, aber auch die beschwerliche Fahrt mit Pferd und Wagen durch Mecklenburg bleibt ihnen nicht erspart. Michael Otto kann sich schlaglichtartig noch an einzelne Szenen der Flucht erinnern. Gefährlich seien vor allem die vielen Tieffliegerangriffe auf die Trecks gewesen. Immer wieder hätten sich die Flüchtenden bei Fliegeralarm in die angrenzenden Straßengräben werfen müssen, andere flüchteten Schutz suchend in umliegende Wälder. Marion Gräfin Dönhoff schreibt später über die Trecks gen Westen: „Wir reihten uns ein in diesen Gespensterzug und sahen die ersten Toten am Weg liegen. Niemand hatte die Kraft, die Zeit oder die Möglichkeit, sie zu begraben. Und so ging es tagelang – wochenlang. Von rechts und links stießen immer neue Fahrzeuge, immer mehr Menschen hinzu. Und nicht nur hier im Nordosten; schon seit dem vergangenen Herbst die gleichen Bilder im Südosten Deutschlands: Trecks und wieder Trecks. Aus Bessarabien, dem Benat, aus Siebenbürgen und der Batschka, aus uralten deutschen Siedlungsgebieten wälzten sich diese Elendszüge westwärts. Hinter ihnen brannte die Heimat, und wer sich entschlossen hatte zu bleiben, den hatte sein Schicksal längst ereilt.“

Zuvor war es Eva Otto noch gelungen, sich nach zähen Verhandlungen die Familienersparnisse von der Bank auszahlen zu lassen – Geld, mit dem sie auf einen Neustart für die Familie im Westen hofft. Werner Otto findet seine Angehörigen erst später wieder. Der Kriegsversehrte wird relativ bequem per Eisenbahn nach Westen gebracht. „Ich saß in einem Abteil und fuhr mit der Bimmelbahn“, so Otto im Rückblick, „nach allen Erlebnissen, die ich vorher gemacht hatte, konnte ich das kaum fassen.“

Aber auch damals – das Regime ist längst im Untergang begriffen, muss man als NS-Gegner immer noch vorsichtig sein. Werner Otto erinnerte sich sehr genau, dass er sich unmittelbar vor und sogar noch während der Zugfahrt mit vorsichtigen Fragen an andere Gesprächspartner im Abteil herangetastet habe. Nach Jahren der ständigen Bespitzelung und der stets drohenden Denunziation war es noch lange keine Selbstverständlichkeit, offen über seine Pläne zu sprechen. „Wollen Sie auch nach Westen?", sei so ein Schlüsselsatz gewesen, über den man ins Gespräch kam, so Werner Otto. Dann habe es sich herumgesprochen, dass man sich bis hinter die Elbe durchschlagen müsse, das sei „die Grenze" – ein Tipp, den er schließlich auch berücksichtigt habe.

Unter den Folgen der Verwundung hatte er noch eine Weile zu leiden. „Eines Tages war ich mit dem Fahrrad unterwegs", so Otto viele Jahre später, „als mich plötzlich ein Polizist anhielt und fragte, ob ich betrunken sei, oder warum ich sonst die ganze Zeit Zickzack führe."

1945 ist Werner Otto weiter denn je von einem Platz als erfolgreicher, wohlhabender Unternehmer entfernt. Die vierköpfige Familie, die sich zunächst nach Bad Segeberg durchgeschlagen hatte, wird später in einem kleinen Zimmer in der Hamburger Innenstadt untergebracht – heimatlos, aber froh, das Schlimmste überstanden zu haben. Auch Werner Ottos betagte Eltern sind nach Westen getreckt. Sie stranden zunächst im Raum Lüneburg, später holt der Sohn sie ebenfalls nach Hamburg.

Kriegsende
Werner Otto flüchtet zunächst nach Bad Segeberg bei Hamburg.

Dass Werner Otto – ohne jegliche Selbststilisierung – über die NS-Zeit später vor allem dann ausführlich sprach, wenn er wirtschaftspolitische Fehlentwicklungen aufzeigen wollte, war typisch für seine große Sachlichkeit. Beispielsweise sagte er in einer Rede vor Mitarbeitern im Jahr 1990: „Es gab nach dem Zweiten Weltkrieg keine erfahrenen Führungskräfte. Unter Hitler war alles genormt. Die Rüstungsindustrie, die damals die wichtigste Sparte war, hat alle Könner aufgesogen. Handel war nur eine Verteilung. Konkurrenzkampf und Höchstleistung gab es nicht." Ansonsten hat er die Jahre zwischen 1933 und 1945 nie ausführlich thematisiert. Werner Otto war ein Mann, der nie gerne zurückblickte, sondern sich lieber mit Gegenwart und Zukunft beschäftigte. Warum noch weitere Gedanken an die von ihm verachtete „Bande" verschwenden?

Es geht voran. Ein stolzer Werner Otto (4. v. l.) mit seinen Mitarbeitern im Jahr 1952. Vor ihm steht seine Tochter Ingvild, ganz unten hockt Sohn Michael.

Der Aufstieg

Neubeginn nach dem Krieg *Seite 40*

Der Aufbau des Otto Versands – die Pionierjahre *Seite 49*

OTTO – auf dem Weg zum Weltunternehmen *Seite 64*

1960

1945

Neubeginn nach dem Krieg

„Es hieß wieder neu zu beginnen, gleichgültig wie und wo"

1945
Das besiegte Deutsche Reich wird in vier Besatzungszonen unterteilt, Werner Otto knüpft erste Geschäftskontakte in Hamburg.

Im Jahr 1945 ist Deutschland am Boden. Millionen sind immer noch auf der Flucht, viele haben nur das nackte Leben gerettet. Im Rückblick hätte Werner Otto diese Zeit voller Pathos darstellen können, stattdessen beschrieb er sie mit der ihm eigenen Nüchternheit in zwei Sätzen. In seinem Buch „Die Otto-Gruppe" heißt es dazu: „Ich hatte einen Koffer mit Papiergeld aus dem Osten herübergerettet und im Übrigen Ausweise als Flüchtling, Schwerkriegsbeschädigter und politischer Häftling – ein Startvorteil, mit dem allerdings nicht viel anzufangen war. Es hieß wieder neu zu beginnen, gleichgültig wie und wo." Diese Sichtweise lässt Werner Ottos geistige Unabhängigkeit, seine Dynamik, sein unsentimentales Wesen überaus deutlich erkennen. Fakt ist, dass ihm die schriftlichen Zeugnisse seiner Integrität manche Tür in der jungen Republik geöffnet hätten. Wirtschaftsexperten, vor allem unbelastete, gab es damals nicht viele. Dafür erhöhte sich die Zahl der angeblichen Regimegegner – vor allem der passiven – ständig. Aus seinem nächsten Umfeld wurde Werner Otto immer wieder gedrängt, seinen Startvorteil zu nutzen. Er hat es nicht getan – er wollte nicht „nassauern", wie er in einem Interview einmal sagte. An die Spitze kommen, kämpfen, ja, aber nicht auf diesem Weg. „Neubeginn" überschrieb Werner Otto die Erinnerungen an diese Zeit, und trotz aller Turbulenzen war er voller Tatendrang. Aus dem provinziellen Bad Segeberg, wo die Familie vorübergehend lebt, fährt er immer wieder in das nicht weit entfernte Hamburg, um sich mit anderen ehemaligen Unternehmern zu treffen. Es galt, Chancen auszuloten, und das ließ sich in einer Großstadt – wenngleich sie großflächig zerstört war – am besten tun.

Helmut Schmidt, der Werner Otto in seinem Buch „Weggefährten" ein Kapitel gewidmet hat, versucht darin anschaulich, die Seelenlage des heimatlosen Unternehmers ohne Firma darzustellen. Werner Otto hatte nichts, außer einer guten Ausbildung. Woher nahm er seine Energie? Und woher wusste er überhaupt, wie an Fachkenntnisse und das nötige technische Equipment zu kommen war? Schmidt schreibt: „Ein junger Mensch hat nicht allzu vieles, worauf er zurückblicken könnte; vielmehr blickt er nach vorn, in eine ihm ziemlich unklare Zukunft. Aber wenn ihm, dem Jungen, seine Vorfahren oder wenn ihm Gott einigermaßen normale Gene mitgegeben hat, und wenn ihm erspart worden ist, zivilisationsängstlichen Lehrern oder Weltuntergangs-Propheten in die Hände oder in die Drogenszene zu fallen, dann hält ihn die Undurchsichtigkeit der Zukunft nicht davon ab, sich selbst zuzutrauen, er werde seinen Weg machen, und er werde mit der Zukunft zurechtkommen. So oder ähnlich muss es jedenfalls für Werner Otto gewesen sein, als er am Ende des Zweiten Weltkrieges nach Hamburg kam."

Das ist ein Deutungsversuch, viele andere hat es in den vergangenen Jahren gegeben. Werner Otto muss so etwas wie ein geborener Unternehmer gewesen sein. Die Anlagen, die ihm seine Vorfahren mitgegeben hatten, entwickelten damals ihre ganze Kraft. „Er war in der Mitte seines vierten Lebensjahrzehnts jung genug, um sich selbst zuzutrauen, er werde seinen Weg schon machen", so eine weitere Erkenntnis Helmut Schmidts. Ein wenig Glück ist letztlich wohl auch im Spiel gewesen, überliefert ist ein launiger Satz, den der Verleger Gerd Bucerius über Werner Otto gesagt hat: „Freilich hat er Glück gehabt – er hat nämlich nichts geerbt." Neben dem viel zitierten Koffer voller Papiergeld hatte Otto damals übrigens – so verriet er später in einem Interview – auch noch Speck aus dem Osten mit nach Norddeutschland gerettet. Die Naturalien erwiesen sich bei Verhandlungen als begehrtes Tauschobjekt.

Nicht unterkriegen lassen: Werner Otto kurz nach Kriegsende.

Ist das wirklich schon alles? Lassen sich die Anfänge der Erfolgsstory des Werner Otto so einfach erzählen? Menschen mit Ideen, Glück und Selbstbewusstsein gibt es viele in der Stunde null. Was Werner Otto jetzt zugutekommt, sind seine visionäre Kraft und sein großes strategisches Geschick. Das beweist er schon bei seiner – zunächst vorläufigen – Standortwahl. Otto weiß instinktiv, dass sich aus der Provinz heraus keine erfolgreichen Geschäfte machen lassen würden. Neben vielen anderen Startvorteilen, die Hamburg bietet, geht es ihm auch darum, in der Großstadt Kontakte herzustellen, Ideen und Pläne auszutauschen und vielleicht ein Netzwerk zu knüpfen. Einen Großteil der Strecke von Bad Segeberg nach Hamburg legt er damals mit dem Fahrrad zurück, erste Treffen mit anderen Geschäftsleuten in der Nähe des Hauptbahnhofes – man trinkt Rübensaft – verlaufen viel versprechend. Schließlich mietet er sich in einem Zimmer am Dammtorbahnhof ein, um dauerhaft vor Ort verhandeln zu können.

Hamburg ist 1945 eine verwüstete Stadt. Bei mehr als 200 Luftangriffen wurden rund 75 Prozent der bebauten Flächen zerstört. 45.000 Menschen sind den Angriffen zum Opfer gefallen, nur 20 Prozent der Wohnungen blieben unbeschädigt. Ganze Stadtteile wie Barmbek, Hammerbrook und Eilbek sind in Bombenhagel und Feuersturm untergegangen, der Hafen, einst das wirtschaftliche Herzstück der Stadt, ist nur noch ein Torso. Hans Erich Nossack schreibt in seinem bekannten Buch „Der Untergang“: „Wo früher der Blick auf Häuserwände stieß, da dehnte sich eine stumme Ebene bis ins Unendliche. War es ein Friedhof? Aber welche Wesen hatten dort ihre Toten beigesetzt und ihnen Schornsteine auf die Gräber gestellt? Schornsteine, die wie Ehrenmale, wie Dolmen oder mahnende Finger als Einziges aus dem Boden wuchsen?“

Hamburg ist zwar zerstört, aber völlig von Menschen überlaufen. Die norddeutsche Metropole fungiert als Durchgangsstation und Drehscheibe für Hunderttausende, darunter Flüchtlinge, Soldaten, heimkehrende Einwohner und „displaced persons“. Alleine zwischen 1945 und ’47 steigt die Einwohnerzahl von einer Million auf anderthalb Millionen an, was zu kaum vorstellbaren Problemen führt. Die Wirtschaft ist weitgehend zum Erliegen gekommen, gleichzeitig blüht der Schwarzmarkthandel. Die Menschen schlagen sich mit Gelegenheitsjobs durch und versuchen, sich und ihre Familien irgendwie über Wasser zu halten. Besonders verheerend ist die Situation im Winter. Ohne Kohlenklau und Holzdiebstähle können die meisten kaum durchhalten, viele Menschen – vor allem Ältere – sterben an Krankheiten, Hunger und Entkräftung.

Die Lage spitzt sich 1946 weiter zu, als auf Anordnung der britischen Besatzungsmacht 40.000 Mieter rund um die Außenalster aus ihren Wohnungen vertrieben werden, um Platz für die Angehörigen der Besatzer zu machen. Erst Ende des Jahres wird die harte Maßnahme wieder eingestellt. Hamburg liegt in der Stunde null völlig am Boden, aber die Stadt gibt nicht auf. Schon sind erste Zugverbindungen wieder hergestellt, ab

Das zerstörte Hamburg nach Kriegsende. Links ragt St. Michaelis (der Michel) über eine öde Fläche, rechts passiert eine Straßenbahn eine Trümmerwüste.

Juni 1945 werden im Hafen wieder Schiffe be- und entladen. Neue Bücher und Zeitungen erscheinen, der Nordwestdeutsche Rundfunk, aus dem später der NDR wird, geht ans Netz. Die Menschen besuchen Fußballspiele, Kinos und Theater, ein langsamer Wiederaufbau beginnt.

Auch Werner Otto will aufbauen. Er weiß noch nicht genau, welches Feld er bestellen soll, aber er will auf jeden Fall wieder selbstständig sein. Disziplin, ja Härte, aber auch die Lust am Gestalten lassen sich für aufstrebende Unternehmer damals fast ungebremst entfalten. Doch die Konsequenz, die Otto schon nach wenigen Wochen an den Tag legt, macht ihn nicht blind für das Schicksal der anderen. Noch viele Jahre später erinnerte er sich nicht ohne Mitgefühl an die Verzweiflung eines bekannten Unternehmers aus Pommern, der – ebenfalls als Flüchtling im Norden eingetroffen – trotz seines guten Namens nicht in der Lage war, gemeinsam mit ihm einen Neustart zu wagen. „Der Mann war einfach völlig fertig“, so Otto später, „er konnte nicht mehr.“ Werner Otto selbst war zwar über den Verlust der Heimat zeitweise bedrückt, und auch die sich bereits abzeichnende deutsche Teilung machte ihm – dem stets sehr politischen Menschen – zu schaffen. Aber in lähmende Depressionen ist er dadurch nie verfallen, vielmehr bewahrte er sich schon damals seine unsentimentale Nüchternheit. Michael Otto erinnert sich, dass sein Vater den erzwungenen Weggang von Berlin einerseits bedauert habe, andererseits sei er durch die zahlreichen Ortswechsel in seiner Jugend innerlich nie wirklich an eine bestimmte Stadt gebunden gewesen.

Neubeginn nach dem Krieg

Mit welcher Ausgangssituation sieht sich Werner Otto damals konfrontiert? Auch wenn die Versorgungslage für aufstrebende Unternehmer fast katastrophal war, erwiesen sich die Rahmenbedingungen in vielfacher Hinsicht als günstig. Die Menschen sind nach Jahren der Nazidiktatur und des Krieges für einen Neustart motiviert. „Wir wussten damals, dass es jetzt nur noch bergauf gehen konnte, auch wenn uns die Vorstellungskraft natürlich fehlte", erinnert sich ein Zeitzeuge.

Diese positive Grundstimmung ist – noch vor Inkrafttreten der Währungsreform und des Marshallplans – in Hamburg bereits vorhanden. Hinzu kommt, dass die Unternehmer in den ersten Jahren nach dem Krieg zunächst noch nicht mit einem wild wuchernden Bürokratiedschungel zu kämpfen haben. Lothar Späth, langjähriger Ministerpräsident von Baden-Württemberg und Chef der Jena Optik, hat in einem Interview zu Werner Ottos Lebensleistung darauf hingewiesen. Späth verglich die Ausgangslage 1945 mit der nach 1989. Seine Erkenntnis: Die Menschen waren fast gleichermaßen motiviert, in beiden Zeitspannen lief vieles „aus dem Bauch heraus richtig". Allerdings sei ein Mann wie Werner Otto kurz nach Kriegsende nicht an so viele Grenzen gestoßen, wie das fast 50 Jahre später der Fall war. Während es damals „freie Fahrt" geheißen habe, müsse sich der Unternehmer von heute mit einem „Wald von Paragrafen" herumärgern. Das gilt für die strikten Tarifregelungen ebenso wie für behördliche Auflagen. Dass die zum Teil reichlich aufgeblähte Bürokratie Westdeutschlands in vielen Bereichen in den Osten exportiert wurde, hat Späth immer wieder kritisiert. So hätte das komplizierte Baugenehmigungsrecht im Osten von Anfang an anders gestaltet werden müssen – ein Problem, das es um 1945 in diesem Umfang natürlich überhaupt nicht gab. Ein Unternehmen wie BASF beschäftige laut Späth heute 200 Mitarbeiter, die nur damit zu tun haben, behördliche Genehmigungen zu bekommen – in den 1940er Jahren eine völlig unvorstellbare Situation.

Neue Währung
Am 21. Juni 1948 wird in den drei westlichen Besatzungszonen die Deutsche Mark eingeführt.

Das gesellschaftliche Klima nach 1945 sei laut Späth zudem unternehmerfreundlicher gewesen, ein Mann wie Werner Otto sei nach dem Krieg nicht so sehr Neid und Missgunst ausgesetzt gewesen, wie das Jahrzehnte später der Fall war. Späth, und auch Werner Otto selbst, haben später immer wieder geklagt, dass viele Deutsche im Zusammenhang mit dem Aufbau Ost oft viel zu anspruchsvoll und unzufrieden gewesen seien. Die

Erwartungen wurden so in große Höhen geschraubt und konnten letztlich niemals vollständig erfüllt werden.

Übrigens wurde das viel zitierte „Wirtschaftswunder“ nicht alleine durch die geschickte Weichenstellung Ludwig Erhards und die amerikanische Wirtschaftshilfe möglich. „Hinzu kamen einmalig günstige logistische Rahmenbedingungen wie aufnahmefähige, rasch wachsende und wenig umkämpfte Märkte, zurückgestauter technischer Fortschritt, niedrige Löhne und eine unterbewertete D-Mark“, so der Wirtschaftshistoriker Werner Abelshauser. Auch die Schäden an den Produktionsanlagen hielten sich – im Gegensatz zu den Zerstörungen der Wohnbauten – in Grenzen. Ein Drittel der Industrieanlagen war weniger als fünf Jahre alt, damit also vergleichsweise modern.

Das Bruttoanlagevermögen der Wirtschaft war 1945 gegenüber 1936 durch die Investitionen während des Krieges um 20 Prozent gewachsen, weist Abelshauser nach. Außerdem sorgte in den 1950er und 60er Jahren der Zustrom gut ausgebildeter Flüchtlinge und Vertriebener dafür, dass das Kontingent an Fachkräften nicht kleiner wurde. Im Übrigen gab es damals in Deutschland beileibe nicht nur Unternehmer, die – wie Werner Otto – aus dem Nichts gründeten und aufbauten.

Wie die Journalistin Nina Grunenberg in ihrem Buch „Wundertäter“ nachweist, waren etliche Führungskräfte aus der NS-Wirtschaft auch nach 1945 in leitenden Positionen verblieben und konnten nun gleichsam dort weitermachen, wo sie aufgehört hatten. „In ihren kurzen schnellen Karrieren wurden sie in allem trainiert, was ihnen auch beim Wiederaufbau von Nutzen sein konnte: das Planen in großen Dimensionen, ein drakonischer Managerstil, der Hindernisse mit Fantasie und Brutalität überwand, und der unbekümmerte Umgang mit beträchtlichen Risiken“, so die Autorin. Nebenbei hatten viele dieser Männer Netzwerke geknüpft, die auch nach 1945 Bestand hatten, beziehungsweise deren Fäden wieder aufgenommen wurden. Unter den „Wundertätern“ sind manche später in die Nachkriegsgeschichte als „Männer der ersten Stunde“ eingegangen, ohne wirklich solche zu sein. Ohne ihre Leistungen in Frage stellen zu wollen, kann doch gesagt werden, dass sie in manchen Bereichen schlichtweg an bestehende Strukturen anknüpfen konnten, dass sie logistische Gegebenheiten bereits kannten und persönliche Kontakte nicht erst aufbauen mussten. Auf Werner Otto traf das alles nicht einmal ansatzweise zu. Allerdings war ihm sehr wohl bewusst, dass die Konkurrenz keineswegs schlief und mancher seinen Startvorteil nutzen konnte. Für ihn bedeutete das, wieder einmal, dass er sein Bestes geben musste, um an die Spitze zu gelangen.

Nach 1945 ist angesichts des aufgeschlossenen Klimas also vieles möglich für einen ambitionierten Selbstständigen. Allerdings: In welche Richtung soll die Reise denn nun eigentlich gehen? In Krisenzeiten hilft es einem Unternehmer, wenn er sich darauf besinnt, welche Waren und Branchen immer gebraucht werden – unabhängig von den Rahmenbedingungen. Zahnärzte, Kohlenhändler, Friseure, das sind damals Berufszweige, die als krisensicher gelten. Es ist bezeichnend für Werner Ottos Wagemut, dass er sich einem Metier verschreibt, von dem er nur sehr wenig Ahnung hat: Otto startet als Schuhfabrikant. Jemand aus seinem neuen Bekanntenkreis hatte ihm erzählt, dass es in Hamburg und Schleswig-Holstein zwar Lederproduktion, aber eben keine Schuhe gäbe. Werner Otto biss an.

Wirtschaftswunder
Die günstigen Rahmenbedingungen ermöglichen einen raschen Aufstieg der deutschen Wirtschaft. Werner Otto startet als Schuhfabrikant.

„Ein Vorzug kam mir als neuem Schuhfabrikanten zugute: Ich verstand nichts von Schuhen und hatte noch nie eine Schuhfabrik gesehen", schrieb Werner Otto viele Jahre später nicht ohne Humor, „mein Optimismus wurde daher nicht von Fachwissen angekränkelt." Das war allerdings eine seiner typischen Untertreibungen, denn auch wenn er sich mit der Herstellung von Schuhen nicht genau auskannte, wusste er über das Produkt ansonsten aus seiner Kulmer Zeit eine ganze Menge. Relativ schnell gelingt es ihm, einen kleinen Trupp von Arbeitskräften zusammenzustellen – die Menschen greifen damals in ihrer Not nach jedem Auskommen, und die Überzeugungskraft des charismatischen Unternehmers wird ein Übriges getan haben. „Ich habe eine Schuhfabrik mit Werftarbeitern, Schlachtern und Zimmerleuten aufgebaut", so Werner Otto später, „Fachkräfte waren nicht dabei." Auch machte sich schon damals sein Prinzip bezahlt, sich umzuhören, sich mit anderen auszutauschen, nicht alles im Alleingang zu versuchen. „Mancher Unternehmer ist deshalb gescheitert, weil er glaubt, selbst alles besser zu wissen – Otto dagegen kann zuhören", so Helmut Schmidt. „Mancher Unternehmer ist schließlich gescheitert, weil er an seinen alten Mustern klebte – Otto dagegen hat sich immer für neue Ideen engagiert, sofern sie ihm für die Zukunft Erfolg versprachen."

Doch die Anfänge waren mühsam. Werner Otto kaufte Leder und ließ Holz aus dem Raum Niedersachsen herbeischaffen. Seine Idee war ebenso einfach wie durchschlagend: In seiner kleinen Fabrik wurden Holzschuhe zurechtgeschnitten und mit Lederriemen vernäht, es entstanden so genannte Zweischnaller – praktische Arbeitsschuhe für wenig Geld.

Als besonders schwierig erweist es sich, die richtigen Maschinen aufzutreiben. Um das Leder für den Schaft zusammenzunähen, wurden Steppmaschinen benötigt, die Werner Otto aufgrund seiner engagierten Kontaktpflege tatsächlich beschaffen konnte. Er fand sie schließlich bei einem Trödler, der die Maschinen irgendwo aus den Trümmern geborgen hatte. Allerdings fehlte es damals an Nähgarn, und es gelang ihm lediglich, landwirtschaftliches Nutzgarn aufzutreiben. Damit erwies sich die Schuhproduktion als außerordentlich mühsam, denn das grobe Garn verstopfte die Nadeln der Steppmaschinen laufend. Nur wenige dutzend Schuhe ließen sich so täglich herstellen, ein Nachteil, der zunächst kaum einzuholen war. Werner Otto hat sich an diese schwierige Zeit später mit viel Humor erinnert, Verbitterung sei damals nie aufgekommen. Es waren eben Pionierjahre, die ihm, der sich stets unverdrossen Neuem zuwandte, auch gut getan haben. Einmal habe ein britischer Besatzungsoffizier das Kleinunternehmen inspiziert. Nach wenigen Augenblicken verließ der Mann die Werkstatt kopfschüttelnd. Werner Otto: „Der sah aus, als wollte er sagen: ‚So ein Verrückter.'"

Mit einem fast schrottreifen DKW reiste er damals in ganz Norddeutschland herum, stets zwischen Abnehmern, Ämtern und denjenigen pendelnd, die weiteres technisches Equipment beisteuern konnten. Da Werner Otto – wie er später offen bekannte – von Technik keine Ahnung hatte, musste ihn sein Büroleiter auf den vielen Fahrten oft begleiten, um das kränkelnde Auto unterwegs immer wieder flott zu machen. Schon bald konnte der Umsatz gesteigert werden, und Otto zog mit seiner Belegschaft in zwei Baracken am Rieckbornweg im Hamburger Vorort Schnelsen. Zeitweise arbeiteten 85 Mann für ihn – Aushilfskräfte inklusive. Als Otto am Tag der Währungsreform Inventur machte, kam er auf einen Lagerbestand von zehn Quadratmetern Leder, 60 Paar Arbeitsschuhen und 20 Paar Damenschuhen. Obwohl die Schuhe reißenden Absatz fanden, hat sich die Mühe letztlich nicht wirklich bezahlt gemacht.

Neubeginn nach dem Krieg

Nach Auflösung der französischen Besatzungszone, in der damals fast die gesamte konfiszierte Schuhfabrikation lag, wurde auch der norddeutsche Raum schnell mit hochwertigen Schuhen überflutet. Selbstkritisch hat Werner Otto später immer wieder eingestanden, dass sein Intermezzo als Schuhfabrikant damals vor allem scheiterte, weil er nicht die erforderliche Qualität anbieten konnte. Die Arbeitsbedingungen in Hamburg waren wesentlich ungünstiger als bei der wieder erstarkenden Konkurrenz, die ja Technik und Know-how über den Krieg gerettet hatte, außerdem musste Otto erkennen, dass er in seinem Unternehmen nicht über die nötigen Spitzenkräfte verfügte. Als Werner Otto die Schuhfabrik, die zuletzt immerhin 150 Menschen ernährt hatte, schweren Herzens schließen musste, blieben ihm 6.000 Mark und ein abgeräumtes Fabrikgelände. „Ich saß da mit meiner Sekretärin und zwei Lehrlingen und wusste erstmal nicht weiter", so Otto.

Die wichtigste Erfahrung, die er damals für immer verinnerlichte, war die, dass es sich am Markt nur mit absolut überzeugender Qualität überleben ließ.

Es sagt viel über Werner Otto aus, dass er nach dieser negativen Erfahrung nicht aufgab, sondern unverdrossen weiter nach Wegen suchte, wie ein viel versprechendes Unternehmen aufgebaut werden könnte. Später kommentierte er den Flop als Schuhfabrikant knapp: „Ich hatte gerade noch im Tiefflug den Boden erreicht." Ein anderer Satz Werner Ottos symbolisiert seine damalige Stimmung vielleicht am ehesten: „Wer statisch denkt und nicht den Mut hat, Fehler zu machen, der sollte kein Unternehmer werden." Insofern war das Intermezzo als Schuhfabrikant eigentlich gar kein Fiasko. Otto wuchs an dieser Erfahrung gleichsam weiter, und er baute die gewonnenen Erkenntnisse in seine weitere Planung ein. Nicht statisch denken – auch das beherzigte er jetzt – vielleicht stärker als je zuvor.

An seine Karriere als Versandhändler, aus dem binnen weniger Jahre der viel zitierte „Versender der Nation" wurde, ging Werner Otto erstaunlich unverkrampft, fast spielerisch heran.

Der Aufbau des Otto Versands – die Pionierjahre

„Am Anfang habe ich nur gespielt"

Werner Otto ließ sich also nicht unterkriegen. Er blieb weiterhin motiviert, auch ohne eigene Firma wollte und konnte er nicht untätig sein. Ein Versandkatalog der Firma Baur war ihm zufällig auf den Schreibtisch geflattert – wieder einmal ging es um Schuhe. Hier hakte Otto nach, hier wollte er es noch einmal wissen. Zum klassischen Schuhfabrikanten oder Schuhhändler eignete er sich nicht, das hatte ihm die Erfahrung gezeigt, aber der Versand von Schuhen erschien ihm attraktiv. Die junge Republik strukturierte sich neu, Vertriebs- und Verkehrswege verbesserten sich täglich. Schon wurden immer mehr Waren nachgefragt, die neue D-Mark machte es möglich. Allerdings war der Versandhandel in Deutschland noch nicht wirklich „hoffähig", wie sich Werner Otto später erinnerte. Viele Unternehmer versuchten ihr Glück mit dem Einzelhandel, und potenzielle Führungskräfte wurden schnell anderweitig abgeworben und übernommen, zum Beispiel von den wieder erstehenden Kaufhäusern. Welche Schwierigkeiten sich daraus für die Personalpolitik seines eigenen Unternehmens ergeben sollten – Otto würde es bald erfahren.

Werner Otto hat den Versandhandel in Deutschland später perfektioniert und zu kaum vorstellbaren Höhenflügen gebracht – aber er hat ihn nicht erfunden. Der Verkauf per Katalog begann bereits im späten 19. Jahrhundert, nachdem mit der Reichsgründung 1871 neben der Gewerbefreiheit auch ein funktionierender Postpaketdienst mit Einheitsporto eingeführt worden war. Als erster Versandhändler Deutschlands gilt August Stukenbrok Einbeck (ASTE), der 1888 einen Fahrradversandhandel betrieb. Weitere Pioniere waren die Bielefelder Wäschemanufakturen, und in Braunschweig gab es 1893 einen Versender von Münzen und Marken. Bei Eduscho konnte man von 1925 an per Versand einkaufen, und viele bekannte Versandhäuser wurden bereits in der Weimarer Republik gegründet – darunter der Baur Versand in Burgkunstadt (1925), Klingel in Pforzheim (1925), Quelle in Fürth (1927) und Bader in Pforzheim (1929). Werner Otto wusste 1949 nicht recht, worauf er sich da einließ, und er riskierte viel. Insofern ist seine Erkenntnis richtig, die er viele Jahre später weitergab: „Am Anfang stand keine große Idee. Es zündete nicht der Gedankenblitz, im Versandhandel könne eine große Chance liegen." Ein anderer Katalog – der Firma Witt / Weiden – war hinzugekommen, Otto studierte beide eifrig, ließ sich informieren, fragte immer wieder nach, plante. Diese beiden Broschüren, vermutlich einfache Heftchen, vermittelten Werner Otto schließlich seine ersten Kenntnisse vom Versandhandel. Hier wiederholte sich die Geschichte seiner früheren Arbeit als Unternehmer: Er war nicht durch Vorkenntnisse „angekränkelt" und konnte mit der nötigen, ungebremsten Energie an die Arbeit gehen. Ein Satz, mit dem Werner Otto die Erfahrungen jener Jahre später zusammenfasste: „Am Anfang habe ich nur gespielt."

Natürlich ist es nicht nur um Glück und Spielerei gegangen. Ein Startvorteil waren Ottos Erfahrungen, die er als hellwacher Jungunternehmer in den Jahren vor 1945 gesammelt hatte. „Der Großhandel hatte nur im Dritten Reich floriert", fasste er später eine dieser Erkenntnisse zusammen, „im Bewirtschaftungssystem war seine Verteilerfunktion nötig gewesen. In der freien Marktwirtschaft wirkte er nur verteuernd und war daher nicht mehr konkurrenzfähig."

17. August 1949
Werner Otto meldet bei der Hamburger Behörde für Wirtschaft und Verkehr seinen Versandhandel an.

Gegen die Gebühr von einer Mark meldete er im August 1949 bei der Hamburger Behörde für Wirtschaft und Verkehr die Firma „Werner Otto Versandhandel" an. Seine damalige Prämisse: „Nur ein entferntes Ziel zwingt dazu, einen geraden Weg zu gehen." Allerdings war die Ausgangssituation damals bei weitem nicht mehr so leicht, wie mancher sich das rückblickend vorstellt – trotz langsam beginnenden Wirtschaftswunders, trotz des Hungers der Menschen nach neuen Waren aller Art. „Man konnte damals nur gewinnen", hat Werner Otto mit typischem Understatement später zwar einmal gesagt. Doch seit Kriegsende waren vier Jahre vergangen. Die Zeit der „Goldgräber" ging schon wieder vorbei, Menschen mit viel Energie und guten Ideen gab es jetzt immer häufiger, darunter solche, die über eine größere Kapitaldecke, noch bessere Kontakte und weiter zurückreichende Erfahrung verfügten. 1949 war Werner Otto

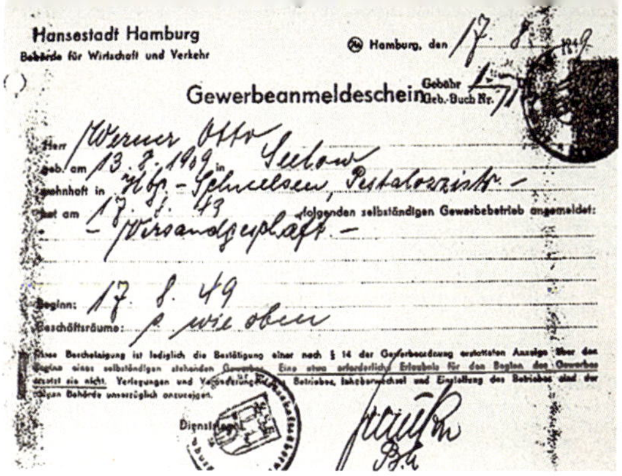
Hansestadt Hamburg
Behörde für Wirtschaft und Verkehr

Hamburg, den 17. 8. 1949

Gewerbeanmeldeschein

Gebühr 1.–
Geb.-Buch Nr. 71

Herr Werner Otto
geb. am 13. 8. 1909 in Seelow
wohnhaft in Hbg.-Schnelsen, Pestalozzistr.
hat am 17. 8. 49 folgenden selbständigen Gewerbebetrieb angemeldet:
– Versandgeschäft –

Beginn: 17. 8. 49
Geschäftsräume: wie oben

Diese Bescheinigung ist lediglich die Bestätigung einer nach § 14 der Gewerbeordnung erstatteten Anzeige über den Beginn eines selbständigen stehenden Gewerbes. Eine etwa erforderliche Erlaubnis für den Beginn des Gewerbes ersetzt sie nicht. Verlegungen und Veränderungen des Betriebes, Inhaberwechsel und Einstellung des Betriebes sind der obigen Behörde unverzüglich anzuzeigen.

Dienstsiegel

Mit diesem Schein meldete Werner Otto im August 1949 seine Firma an.

Diese Baracken in Schnelsen am heutigen Riekbornweg waren der erste Firmensitz des Otto Versands.

einer von vielen Versendern, die nach der Währungsreform den Schritt auf den sich im freien Wettbewerb entfaltenden Markt taten. „Als ich 1950 in den Verband des Versandhandels eintrat, gab es ein paar hundert Versandhandelsfirmen", erinnerte sich Werner Otto 1999 vor Führungskräften der Otto-Gruppe, „davon war mindestens die Hälfte größer als mein Betrieb." Werner Otto nutzte seine Mobilität und seine Kontakte. Er kaufte in der Pfalz Schuhe auf und lagerte sie in Hamburg. Über Stellenanzeigen gelang es ihm, neue Mitarbeiter zu finden, darunter eine Reihe von Vertretern.

Der gesamte „Fuhrpark" des Versands bestand im Jahr 1949 aus einer zweirädrigen Ziehkarre, in der die Pakete abends zur Post gezogen wurden. Blickfang in dem kleinen Schnelsener Innenhof war das einzige Automobil – Werner Ottos Wagen, inzwischen ein alter Opel. Zum nunmehr dritten Mal startete Otto seine Aktivitäten mit Schuhen – und schon bald sollte sich der alte Satz bewahrheiten, dass aller guten Dinge drei sind. Im Herbst und Winter 1949 gingen Ottos Vertreter mit Musterkoffern von Tür zu Tür und boten in Hamburg und Umgebung ihre Ware an. In den Koffern lagen 15 bis 20 linke Schuhe, weil aus Platzgründen und um Verluste zu vermeiden von jedem Paar nur ein einzelner Schuh als Muster verstaut werden durfte. Bei Gefallen konnte gleich an der Tür bestellt werden, und immerhin 14 Schuhpakte verließen damals im Schnitt täglich den Otto Versand.

Die Arbeitsbedingungen in dem jungen Unternehmen waren einfach, die Stimmung ausgesprochen gut. In der einen Schnelsener Baracke lagen die Büro- und Lagerräume, die andere beherbergte eine kleine Kantine. Die Toilette bestand am Anfang aus einem kleinen Häuschen, das – mit dem

Der erste Katalog von „W. Otto" mit selbst eingeklebten Produktfotos.

obligatorischen Herz gekennzeichnet – am anderen Ende des Hofes stand. Zahlreiche Anekdoten aus diesen frühen Jahren belegen, dass in der kleinen Firma vor allem Improvisationstalent, Anspruchslosigkeit und die Bereitschaft zu langer, harter Arbeit gefragt waren. So wurden eingehende Pakete aufgeknotet, Band und Packpapier geglättet, die Adressen abgekratzt und das ganze Verpackungsmaterial schließlich wieder verwandt. Im Herbst wurde als Vorbeugung gegen drohende Grippe ein steifer Grog verordnet, heißt es in einer Firmenchronik, und diese Art der „Impfung" soll besonders beliebt gewesen sein.

Auch im Sommer 1950 wurden die Vertreter noch einmal losgeschickt, aber dann kam er heraus: der erste Katalog von „W. Otto", wie mit schwungvoller Schrift auf dem Titel und jeder einzelnen Seite stand. Die Vorbereitungen dazu erzählen viel vom Pioniergeist jener Jahre. Otto ließ Schuhe fotografieren und die Fotos auf einzelne Blätter kleben. Die Preise wurden per Schreibmaschine daneben geschrieben, das Ganze dann mit einfachen Kordeln per Hand zusammengebunden. War ein Artikel nicht mehr lieferbar, wurde die Kordel einfach gelöst und die entsprechende Seite herausgenommen – vorübergehend, versteht sich. Das erste Sortiment bestand aus nur 28 Paar Schuhen, die ersten, 14 Seiten starken Kataloge, die in einer Auflage von nur 300 Stück erschienen, wurden per Rad auf den Weg gebracht: Ottos Bote karrte sie mit dem Fahrrad-Anhänger zum Postamt Hamburg-Schnelsen.

„Der Chef" schuftete nicht nur am härtesten, sondern er unterband von Anfang an jeglichen Dünkel in der kleinen Firma, indem er auch hier mit gutem Beispiel voranging. „Wir ältesten Mitarbeiter waren damals Mädchen für alles, einschließlich Werner Otto", erinnert sich Gisela Marcus, die als

Gisela Peters vom ersten Tag an in Werner Ottos Sekretariat gearbeitet hatte und später Betriebsratsvorsitzende und Leiterin der Sozialabteilung des Konzerns wurde. „Damals musste jeder alles tun. Ich sehe es noch ganz genau vor mir: Werner Otto, wie er die Fotos von unseren ersten Artikeln – es waren Schuhe – selbst aufklebte und wie so unser erster Katalog entstand. Unser Chef riss uns mit seinem Unternehmungsgeist und Schwung mit. Er wusste von Anfang an, worauf es ankam. Seine Ideen zündeten." Die Vorstellung, gemeinsam etwas „Großes" auf den Weg zu bringen, hatte die Belegschaft offenbar gepackt. „Wie wir in den ersten Wochen und Monaten die Anzahl der Pakete, die versendet wurden, zählten", so Gisela Marcus, „das war immer ein großer Augenblick: der Gang oder die Fahrt mit dem Rad zur Post; dann standen wir an der Toreinfahrt und drückten die Daumen, dass unsere Waren den Kunden gefallen mögen, damit sich die Sache herumspräche und neue Kunden hinzukämen." Die Sache sprach sich herum. Der Schuhversand entwickelte sich viel versprechend, ein Anfang war gemacht. Werner Otto würde nun nicht mehr locker lassen.

Im nächsten Katalog wurde das Sortiment dann um zwei Trenchcoats und vier Aktentaschen erweitert. Zu den ersten echten „Rennern" des Unternehmens gehörten das Damenschuhmodell „California" aus Pythonschlangenleder und so genannte „Marine-Klapphosen". Ein Fabrikant, den Werner Otto bei seiner unermüdlichen Kontaktpflege kennen gelernt hatte, bot sie dem Unternehmer als Erweiterung für das schmale Sortiment an. Später hat sich Otto immer schmunzelnd daran erinnert, dass die knapp sitzenden Hosen von der Küste besonders in Süddeutschland erfolgreich verkauft wurden. Werner Otto spürte, dass er sein Angebot vergrößern musste, um die Wünsche der Kunden im Wirtschaftswunderland Bundesrepublik auch zukünftig erfüllen zu können. Mit einer Textilfabrik in Bad Bramstedt schloss er weitere Verträge, fortan tauchten Blusen, Hemden und Hosen im Otto-Katalog auf. An ihm lässt sich der rasante Aufstieg des Unternehmens anschaulich ablesen. Zugleich spiegelt er eindrucksvoll die gestiegenen Wünsche, Träume und Ansprüche der noch jungen Republik.

Der 28-seitige Katalog 1951 / 52 mit einer Auflage von 1.500 Stück brachte nicht nur eine Ausweitung des Angebots um Herrenhemden, Hosen, Lodenmäntel und Damenwäsche, sondern er sorgte auch für die erste Umsatzmillion des Unternehmens. Auflagen und Seitenzahlen stiegen weiter, das Angebot wurde immer umfangreicher. 1952: 10.000 Auflage und 44 Seiten, 1953: 37.000 Auflage und 82 Seiten. Der Blick in den Katalog aus dem Jahr 1953 zeigt viel vom Stil dieser Zeit. Textprobe: „Sehr oft kommt ein Otto-Versand-Paket ins Haus und mit strahlender Freude werden dann gerade jene anmutigen Gaben betrachtet, die die geheimen Wünsche jeder Frau erfüllen. Duftige, elegante Damenwäsche, praktische Garnituren und entzückende Nachthemden.“ Übrigens: 1953 erschienen vorübergehend letztmalig Schuhe im Angebot, bis zum Herbst / Winter 1959 / 60 tauchten diese Veteranen der Otto-Geschichte im Katalog nicht auf.

Marshallplan und Währungsreform hatten der jungen Bundesrepublik mittlerweile einen beispiellosen Aufschwung beschert. Die soziale Marktwirtschaft schaffte optimale Rahmenbedingungen, das gesellschaftliche Klima entwickelte sich nach Jahren des Krieges und der Entbehrung wieder positiv. Die Integration der vielen Flüchtlinge in das neue System verlief relativ reibungslos, der Wiederaufbau der Industrie ging schnell vonstatten. Arbeitskämpfe gab es noch nicht – die Lohnforderungen blieben über Jahre gering. Im Jahr 1949 lag der Bruttostundenlohn eines Industriearbeiters bei 1,20 Mark, der Wochenlohn bei 55 Mark brutto. Die Arbeitszeitverkürzung kommt erst in den späten 50er Jahren – auf damals 45 Stunden pro Woche. In Deutschland entfaltete sich das viel zitierte Wirtschaftswunder – auch wenn das Wort damals natürlich noch nicht überall die Runde machte. Viele Menschen waren hoch motiviert, weil sie das Gefühl hatten, dass es nun eigentlich nur noch aufwärts gehen konnte. Das Gefühl, Teil dieser positiven Strömung zu sein, erfasste viele – auch Werner Otto und seine Mitarbeiter.

Aufbruchstimmung
Marshallplan und Währungsreform bescheren der jungen Bundesrepublik einen beispiellosen Aufschwung. Auch beim Otto Versand geht es stetig bergauf.

Ein beispielhafter Blick auf die Entwicklung in Hamburg verdeutlicht die Rahmenbedingungen, die den raschen Aufstieg des Otto Versands mit ermöglichten. 1949 waren in der Hansestadt 43 Millionen Quadratmeter Kriegstrümmer beseitigt worden. Es gab bereits mehr als 53.000 neue Wohnungen – fünf Jahre später werden weitere 60.000 hinzugekommen sein. Traditionellen und neuen Unternehmen wird rasche, unbürokratische Aufbauhilfe gewährt. Grundstücke sind leicht zu bekommen, und die neuen Produktionsstätten können von Anfang an modern und effizient gestaltet werden. Schwierigkeiten bereitet zunächst noch die flaue Konjunktur. Anfang 1951 steigt die Zahl der Arbeitslosen in der Hansestadt auf 100.000 Menschen, wobei der unverminderte Zuzug von Flüchtlingen, ehemaligen Kriegsgefangenen und anderen Gruppen eine der Ursachen ist. Bundesweit erreicht die Arbeitslosenquote die Zwei-Millionen-Marke. Zu der starken Belastung des Haushaltes durch den Wiederaufbau kommt die schwache Nachfrage auf dem Inlandsmarkt. Die Kaufkraft der Arbeitnehmer ist vielerorts noch zu gering. Diese Krise verlangt auch Werner Otto und seinem Team Höchstleistungen ab, es gilt, die Menschen trotz allem für neue Waren zu interessieren und zu begeistern. Doch die positive Entwicklung in Deutschland kann nicht gestoppt werden, es geht langsam, aber stetig bergauf. Immer neue Industrie- und Dienstleistungszweige werden wieder belebt oder neu erschlossen. Einige Beispiele, wiederum aus Hamburg: 1951 wird der Schiffbau im Hafen wieder frei gegeben. Ein Jahr später startet das Fernsehen – Ausstrahlungsort ist ein Hochbunker auf dem Heiligengeistfeld. 1954 landet die erste Lufthansamaschine auf dem Flughafen Fuhlsbüttel, erste Luxusliner aus anderen Ländern laufen den Hafen an. Projekte wie die Internationale Gartenbauausstellung (IGA) rücken die Stadt wieder ins Blickfeld, wegweisende Bauvorhaben wie die spätere Kennedy-Brücke und der Ausbau des Nordwestdeutschen Rundfunks (des späteren NDR) sind untrügliche Zeichen für eine erstarkende Konjunktur.

Der Frühjahr / Sommer-Katalog 1952. Das Titelbild bezieht sich auf die erfolgreiche Sammelbestellung.

Die Menschen verfügen mit der Zeit über immer mehr Geld, Freizeitaktivitäten wie Reisen (zunächst vor allem innerhalb Europas) werden immer beliebter. Beim Kleiderkauf, beim Einrichten von Wohnungen und Häusern muss der Pfennig bald nicht mehr umgedreht werden – optimale Voraussetzungen für eine positive Entwicklung des Handels – auch und gerade des Versandhandels.

Vom Frühjahr 1953 bis 1955 stieg die Auflage des Otto-Katalogs auf 85.000 Stück, der Umfang betrug schon 138 Seiten. Die Hälfte der abgedruckten Bilder waren bereits Fotos (die andere Hälfte Zeichnungen), und ebenfalls die Hälfte der Abbildungen erschien farbig. Dem Angebot schienen keine Grenzen gesetzt zu sein: Bettwäsche und Tischtücher, zwei Polstergarnituren, Gardinen, Schmuck und Spielzeug gehörten ebenso dazu wie Bestecke, Bettjacken (Marke „Heimfreude“) und graue Mischfedern als Sofa- und Sitzkissenfüllung (die ½-Kilo-Tüte für 2,15 Mark). Sockenhalter kosteten 90 Pfennig, eine Perserbrücke 9,80 Mark. Das Titelkleid von 1955 (damaliger Werbeslogan: „Otto-Katalog, das Kaufhaus in der Tasche") war für zehn Wochenraten von jeweils 1,55 Mark zu haben, Perlonstrümpfe („Ein Meisterstück deutscher Perlonstrumpf-Erzeugung, hauchdünn, mit schwarzer Naht") für stolze 7,90 Mark. Fast alle Kataloge hatten bis dahin noch DIN-A5-Format gehabt, doch der Otto-Katalog Herbst / Winter 1955 / 56 erschien erstmals im doppelt so großen DIN-A4-Format. Mit 112 Seiten bot er fast doppelt so viel Angebotsfläche wie sein Vorgänger, und alleine 70 Seiten waren bereits für Mode reserviert. Die Katalog-Auflage erreichte inzwischen eine Höhe von 150.000 Stück, der Umsatz lag bei rund 30 Millionen Mark – 1953 / 54 waren es noch fünf Millionen gewesen. 1956 / 57 wurden Waren für 52 Millionen Mark umgesetzt, 1957 kam der Katalog in einer Auflage von 185.000 Stück heraus. „Wo viele kaufen, kauft man gut", lautete jetzt der Slogan des Hauses. Auch die Gestaltung des Katalogs änderte sich. Auf den Modeseiten gab es jetzt Außenaufnahmen, der größere Teil des Angebots war bereits fotografiert. Auch ein alphabetisches Inhaltsverzeichnis wurde nun nötig – das Angebot war zum planlosen Blättern einfach zu groß geworden. Ottos Konzept ging auch weiterhin auf. „Einkauf in Hamburg beim Otto Versand" – unter diesem Motto erschien der 168 Seiten starke Katalog im Frühjahr 1958. Die Auflage lag schon bei 256.700 Stück, das Angebot wurde immer umfangreicher: Küchenmöbel, Camping-Artikel, Radios und – ab 1959 / 60 – Elektrogroßgeräte und Fernseher der Marke „hanseatic" gehörten dazu.

Der rasante Aufstieg des Unternehmens, den diese Zahlen eindrucksvoll verdeutlichen, verlangte Werner Otto und seiner zunächst immer noch relativ kleinen Belegschaft (1952 hatte das Unternehmen 150 Mitarbeiter) kaum vorstellbare Höchstleistungen ab. Der spätere Hauptabteilungsleiter Gerhard Knoske, der im Mai 1952 als 13. Mitarbeiter Werner Ottos eingestellt worden war (der Bruttolohn betrug damals 250 Mark), erinnerte sich mehr als 50 Jahre später: „Wir haben unheimlich viel gearbeitet, aber es machte viel Freude, an der steigenden Entwicklung des Otto Versands mitzuwirken. Manchmal arbeiteten wir fast 36 Stunden mit vielleicht zwei bis drei Stunden Schlaf durch, um unser Pensum zu schaffen. Geschlafen wurde dann in der Firma, im Chefbüro. Wenn die nicht nachts arbeitenden Mitarbeiter morgens zur Arbeit kamen, waren wir gerade dabei, uns zu rasieren. Nichts war uns zu schwer, keine Zeit zu lang. Wir waren gerne dort und wurden eine Firmengemeinschaft, die sich mancher Chef heute wünschen möchte. Und dies wurde von Herrn Otto auch honoriert. Es gab auch den Ausgleich für harte Arbeit, indem Herr Otto uns zum Beispiel in den ‚Blauen Peter' auf St. Pauli früh morgens zu einer kräftigen Suppe einlud. Gestärkt ging es dann wieder zur Arbeit zurück."

Fast alle Angestellten kamen per Fahrrad oder mit der Linie 2 der Straßenbahn zur Arbeit. Da nach Betriebsschluss alles gemeinsam zur Haltestelle strömte, wurde von der kontinuierlich anwachsenden Belegschaft schon nach kurzer Zeit ein ganzer Wagen rekrutiert. Die „Ottonen", so erinnern sich Zeitzeugen, waren in der Gegend rasch bekannt geworden, und im Postamt Schnelsen soll man angesichts der ständig steigenden Arbeitsbelastung nicht eben begeistert gewesen sein.

Glücklich, zufrieden und angesichts der vielen Arbeit erstaunlich gelöst sieht Werner Otto auf Fotos aus jener Zeit aus. Pionierarbeit lag ihm, der Routine und Stillstand verabscheute, immer besonders, und die Aufbaujahre seines Versandhandels müssen für ihn so etwas wie der Höhepunkt seines Arbeitslebens gewesen sein.

Von Anfang an war sich Werner Otto bewusst, wie wichtig ein gutes Betriebsklima für die Motivation der Mitarbeiter ist, und wie beschrieben trug er durch eigenes Zupacken und seinen sehr persönlichen Führungsstil erheblich dazu bei. Dass es damals im Unternehmen so ausgesprochen familiär zuging, wie Zeitzeugen übereinstimmend berichten, lag eben nicht nur daran, dass die Belegschaft in Schnelsen Tag und – oft genug auch – Nacht auf so engem Raum zusammenarbeitete. Werner Otto hatte früh erkannt, dass ein gewisses Zusammengehörigkeitsgefühl für das Gedeihen einer Firma unverzichtbar ist, dass es dafür mehr als geregelter Arbeits- und Essenszeiten bedarf. Deshalb setzte er von Anfang an auch auf die Kraft gemeinsamer Aktivitäten zur Integration der Mitarbeiter in das Unternehmen.

Im Sommer 1952 unternahm die Belegschaft den ersten Betriebsausflug: Dem Umtrunk am Ukleisee folgte eine Bootsfahrt auf der Ostsee. 1953 ging es nach Mölln, und im Firmenarchiv findet sich sogar noch eine „Autobus-Platzkarte“ für den Betriebsausflug 1955 – „Abfahrt 8 Uhr, Hoheluft“. In jenem Jahr war die Mitarbeiterzahl bereits auf 250 angestiegen, und der logistische Aufwand wurde immer größer: Während für die erste Ausfahrt noch ein Bus ausgereicht hatte, mussten im Sommer 1957 für die Fahrt nach Grömitz an der Ostsee schon mehr als 20 gechartert werden. Schon damals gab es im Unternehmen Weihnachtsfeiern mit der gesamten Belegschaft. Anfang der 1950er Jahre ging es zunächst in kleinere Gaststätten wie „Luckner's Casino“ oder „Zum Zeppelin“, später mussten es angesichts steigender Mitarbeiterzahl dann schon größere Veranstaltungsräume wie das „Winterhuder Fährhaus“ sein. Zur allgemeinen Verblüffung ließ es sich „der Chef“ dabei nicht nehmen, den Kindern seiner Mitarbeiter Weihnachtsgeschenke wie etwa ferngesteuerte Autos persönlich zu überreichen und diese dann auch gleich mit auszuprobieren. Zahlreiche Fotos aus dieser Zeit belegen: Werner Otto fühlte sich im Kreise seiner Mitarbeiter wohl, war sich auch für Schunkelfeiern und Maskenbälle nicht „zu schade“. Dabei lachte er gemeinsam mit allen, zum Beispiel, wenn bei einer Weihnachtsfeier Moritaten wie die vom Schnelsener Bienenvolk vorgetragen wurden („Sie arbeiten von morgens ½ 8 bis spät in die Nacht“), oder wenn Mitarbeiter über Werner Otto deklamierten: „Er nahm sich Mut und Mitarbeiter und strebte eifrig auf der Leiter, die zu Geschäftserfolgen führt, wenn fleißig man die Hände rührt“.

Warum das alles? Eine Antwort findet sich in dem erhalten gebliebenen Programmheft von der Weihnachtsfeier 1955 in der Gaststätte „Zur Tannenkoppel“. Dort heißt es auf der ersten Seite: „Geschenke erfreuen auch, aber Feiern bringen uns zueinander: Sie sollen uns menschlich näher bringen, und das ist letzten Endes der Sinn unserer Weihnachtsfeier. Freuen wir uns miteinander und tragen Sie, bitte, alle zum guten Gelingen der heutigen Weihnachtsfeier bei, dann bereiten Sie Herrn Otto und allen viel Freude.“

Werner Otto war in der Wahrnehmung seiner Mitarbeiter aber schon in den ganz frühen Jahren alles andere als ein Kumpeltyp. Selbst harmlose, liebenswerte Anekdoten belegen bei allem Gemeinschaftsgefühl den hohen Respekt, der ihm entgegengebracht wurde. Einmal war zum Beispiel durch eine fehlerhafte Bestellung ein zu großer Kühlschrank für die Kantinenküche geliefert worden, der nicht durch die Eingangstür passte. Die

Im Sommer 1959 wendet sich ein fröhlicher Werner Otto an die Belegschaft:
Er feiert seinen 50. Geburtstag, sein Unternehmen besteht seit genau zehn Jahren.

Mitarbeiter beschlossen, ein Loch in die Wand zu schlagen, um das neue Küchengerät hindurchzuschieben. Allerdings warteten sie damit extra so lange, bis der Chef auf eine kurze Geschäftsreise fuhr – so groß war die Sorge vor einem Donnerwetter. Als Werner Otto später die frisch verputzte Stelle in der Küche doch noch bemerkte, wurde hastig von einem „Wasserschaden" erzählt. Eine andere Anekdote: Die Mitarbeiter legten gerade eine verbotene Kaffeepause ein, als Werner Otto unerwartet früh in die Firma zurückkehrte. Das Geschirr wurde eilig abgeräumt, wobei einige Teile zu Bruch gingen. Als Otto auch diesen Schaden ansprach, erzählte man ihm, das sei offenbar die hauseigene Katze gewesen. Vermutlich hat Werner Otto diese kleinen Flunkereien durchschaut, doch im Interesse des Betriebsklimas war er klug genug, es dabei bewenden zu lassen.

Er hat diese Zeit des Aufbruchs später als die glücklichste bezeichnet – „weil wir eine echte Gemeinschaft bildeten, die sich mit dem Schicksal des Unternehmens identifizierte". Die Mitarbeiter hätten sich damals mit der jungen, aufstrebenden Firma verbunden gefühlt. Otto erzählte gerne, dass in jenen Jahren jede Umsatzsteigerung, jedes Plus in den Bilanzen wie ein Fest gefeiert wurde. Noch weit nach Dienstschluss seien Pakete gepackt worden, und jede Umsatzsteigerung wurde bejubelt – natürlich gemeinsam mit dem Firmengründer. „Wir haben die 10.000-Pakete-Marke gefeiert und kräftig angestoßen, als der Umsatz erstmals auf 100.000 Mark pro Monat kletterte", so Werner Otto. Sogar am Weihnachtsabend sei bis zum Schluss geschuftet worden – allerdings fuhr Otto danach viele Mitarbeiter persönlich mit dem Wagen nach Hause. Wenn es bei der regelmäßigen Inventur mal spät wurde – oft arbeitete die Mannschaft bis Mitternacht und länger – gingen Werner Otto und Gisela Marcus durch den Betrieb und verteilten heiße Würstchen an die hungrige Truppe. Auch ist belegt, dass Werner Otto im Hochsommer unvermittelt „Hitzefrei" erteilte und alle frühzeitig nach Hause schickte. Bereits in dieser frühen Phase erwies sich Werner Otto schon als sozial denkender Unternehmer, der seinen Mitarbeitern schnell, unbürokratisch und großzügig half. Mal beglich er Krankenhausrechnungen, mal griff er DDR-Flüchtlingen finanziell unter die Arme. War jemand schwer erkrankt, nahm die ganze Firma Anteil, Tote wurden von allen gemeinsam betrauert. Angesichts der zunächst nach wie vor schwierigen Versorgungslage war es für die Mitarbeiter etwas ganz Besonderes, wenn Werner Otto – wie geschehen – eines Tages mit einem Fass voller Salzheringe auftauchte, die dann an alle verteilt wurden. „Unser Chef war immer menschlich und immer sozial eingestellt", so Gisela Marcus, „und das hat uns immer animiert, noch einen Schlag mehr zuzulegen. Wenn es mal wieder spät wurde, ließ er die Tische zusammenschieben und Brote bestellen, damit es nicht so unpersönlich zuging. Ein geflügeltes Wort war dann auch: ‚Wir haben ja gar nichts zu trinken, macht doch mal Sekt auf.'"

Boomphase
Die Zahl der Mitarbeiter steigt ständig. Werner Otto weigert sich, sein Unternehmen in eine Aktiengesellschaft umzuwandeln.

Werner Otto hat in Interviews gerne berichtet, dass er während dieser Jahre eines Morgens früher als sonst ins Büro gekommen war und die eintreffenden Mitarbeiter vom Fenster aus eher zufällig beobachtete. Dabei sei ihm die beschwingte Stimmung aufgefallen, mit der alle das Firmengebäude betraten. „Es wurde gelacht und gescherzt", so Otto, „und in diesem Moment dachte ich, ja, genau so muss es sein." Übrigens war Werner Otto, der gerne bis spät in die Nacht und oft bis zum Morgengrauen am Schreibtisch saß, ansonsten morgens beileibe nicht immer der Erste in der Firma. Dass er sich den kleinen Luxus des etwas verspäteten Eintreffens jahrelang gönnte, hat er unumwunden erzählt.

Völlig verschwunden ist der viel zitierte familiäre Ton nie aus dem Otto-Konzern, aber angesichts rasant steigender Mitarbeiterzahlen wurde der persönliche Kontakt zwischen den einzelnen „Ottonen" schwieriger, und die Abteilungen verzweigten sich immer mehr. Alleine zwischen 1952 bis 1956 stieg die Zahl der Beschäftigten von 150 auf 500, was erhebliche

In einem Katalog von 1951 wirbt Werner Otto selbst für den „Herren-Popelin-Mantel".

Der aufstrebende Unternehmer Anfang der 1950er Jahre an seinem Schreibtisch.

logistische Probleme brachte. Schon 1953 hatte Werner Otto auf dem Schnelsener Gelände ein neues Versand- und ein neues Verwaltungsgebäude errichten lassen, doch jetzt zeigte sich, dass die Firma räumlich an ihre Grenzen stieß. Einmal mehr bewies Werner Otto Mut und Entschlossenheit, indem er den Standort Schnelsen schließlich weitgehend aufgab und 1956 mit den Mitarbeitern in das neue Lager- und Verwaltungsgebäude an der Hammer Landstraße 12-14 umzog. Im Jahr 1955 versuchten übrigens Emissäre einer amerikanischen Broker-Gesellschaft Werner Otto zu überreden, seine Firma in eine Aktiengesellschaft umzuwandeln und einen Teil der Aktien in den USA zu platzieren. Die Amerikaner schätzten das Unternehmen schon damals auf 180 Millionen Mark. Auch nach zähen Verhandlungen hatte Otto sich nicht überzeugen lassen. Aktiengeschäfte sollten ihm zeitlebens nicht behagen, außerdem plante er schon damals, erwirtschaftete Überschüsse als stille Reserve für spätere Projekte zu erhalten.

Von Anfang an setzte Werner Otto – hier unterschied er sich bereits stark von anderen Anbietern – auf die durchschlagende Kraft von Sammelbestellungen, Motto: „Gemeinsam geht's besser". Es galt, Kunden zu finden, die gemeinsam mit Freunden oder Nachbarn Bestellungen aufgaben und die Waren dann gemeinsam beziehen konnten. Für das Unternehmen waren die Sammelbestellungen praktischer und insgesamt wirtschaftlicher abzuwickeln, für die Käufer erwiesen sich die Bestellungen als günstiger, und die enge Verbindung zu Gleichgesinnten förderte das Spaßelement.

1956 zieht der Otto Versand vorübergehend nach Hamburg-Hamm. Die Firmenräume in Schnelsen sind zu klein geworden.

„Wenn fünf Menschen bei mir per Post bestellen", so Otto, „muss ich fünf Rechnungen schreiben, fünf Pakete packen, fünf Konten einrichten und fünfmal den Geldeingang verbuchen. Bei einer Sammelbestellung geschieht das alles nur einmal. Und weil das wirtschaftlicher ist, spare ich Kosten und kann deshalb zu besonders günstigen Preisen gute Qualität liefern." Werner Otto hatte über dieses System, das bis dato nur von der Firma Baur praktiziert wurde, gründlich nachgelesen. Er wusste, dass diese „Club-Bestellungen" in Großbritannien bereits erfolgreich liefen. Vor allem in kleineren und mittelgroßen Städten und den Randgemeinden der Großstädte begannen die Menschen damals, sich zum gemeinsamen Betrachten eines Katalogs zu treffen und gemeinsam Bestellungen aufzugeben. Soziologen haben einmal analysiert, dass dies für viele die ersten Schritte zu neu gewonnener Kreativität und Unabhängigkeit gewesen seien. Auf dem Land erreichte der Versandhandel nie dieselbe Dynamik. Das lag wohl vor allem daran, dass die Fahrt zum Einkauf in „die Stadt" für die Menschen vom Land eben auch so ein Stückchen Freiheit war und ist, auf das sie bis heute nicht verzichten wollen.

Neben den Sammelbestellungen war es noch ein weiteres innovatives Konzept, das den frühen Erfolg des Unternehmens sicherte. Gemäß dem Satz „Vertrauen gegen Vertrauen" war Werner Otto der Erste seiner Branche, der den Kauf per Rechnung statt per Nachnahme einführte und zudem zur Betreuung und Beratung seiner Kunden einen Außendienst aufbaute. Damit garantierte der Unternehmer den Käufern, dass sie die Ware bei Nichtgefallen jederzeit zurückgeben konnten. Es war überhaupt eine besondere Beziehung. „Ich schätze meine Kunden und bin der Ansicht, den Menschen, die mir ihr Geld bringen, die mir ihr Vertrauen schenken und sich auf mich verlassen, muss ich auch entsprechend gegenübertreten; ich darf sie nicht enttäuschen", schrieb Werner Otto einmal. Ein Bekenntnis, das keines weiteren Kommentars bedarf.

Warum all diese Mühen, warum setzte Werner Otto seine vielen Innovationen innerhalb des Unternehmens so schnell und so akribisch um? Er wusste, dass nur über diesen starken Druck die Qualität unumkehrbar gesteigert werden würde, und er wusste, welche elementare Bedeutung die hohe Qualität für dauerhaften Erfolg haben würde. Zugleich war ihm klar, dass er „die Nase vorn" behalten musste, um einen Zeitvorsprung für sein Unternehmen herauszuholen.

Seine persönliche Formel transportierte er in alle Bereiche seines Versands, sie lautete: „Günstiger Preis & erstklassige Qualität & sorgfältiger Kundendienst = zufriedene Kunden". Schriftlich hielt er fest: „Die Zufriedenstellung unserer Kunden ist die vornehmste Aufgabe. (...) Das bedeutet: Reduzierung der Fehlerquote auf ein Mindestmaß, schnellere Lieferung, sorgfältigere Verpackung, raschere Erledigung von Reklamationen und Reparaturen, schnelleres Ausschreiben von Gutschriften. Das heißt also, den Apparat einfach und unkompliziert auf die wesentlichsten Dinge auszurichten."

Dr. Heinrich Kraft, Ottos enger Mitarbeiter seit den frühen 1970er Jahren, liefert eine Schlüsselerkenntnis für den bahnbrechenden Erfolg dieser Grundhaltung. Er erinnert sich daran, welchen wichtigen psychologischen Effekt das Konzept „Qualität statt niedriger Preis" mit sich brachte. „Damit nahm Werner Otto dem Versandgeschäft der frühen Jahre den typischen Kleineleutegeruch und stieß in den neuen Kundenkreis der breiten Mittelschicht vor", so Kraft. Otto-Kunden waren weit stärker als bei Quelle oder Neckermann dort „oben", in der kaufkräftigeren Schicht, angesiedelt. „In dieser Zeit wurde der Spruch geprägt: ‚Opas Versandhandel ist tot'", so Kraft.

Dazu gehört auch, dass in den Katalogen schon nach wenigen Jahren die Namen großer Designer auftauchten – das Unternehmen bot Spitzenware, die sogar noch weit über das Angebot zahlreicher Kaufhäuser hinausging.

Werkzeitschrift für Angehörige des OTTO VERSAND Hamburg
12
Dezember 1969
DIE RAMPE
OTTO
50 Jahre jung - Das Magazin zum Geburtstag
START
shopping
OTTO
OTTO

OTTO – auf dem Weg zum Weltunternehmen

„Von nun an gehören Sie zu uns – wir heißen Sie willkommen"

Spätestens Ende der 1950er Jahre waren die Anforderungen an Werner Otto deutlich härter geworden. In dieser Zeit blieben zahlreiche Konkurrenten auf der Strecke, damals trennte sich die Spreu vom Weizen. Wie alle erfolgreichen Unternehmer hat sich Werner Otto enorm viel abverlangt – aber andere eben auch nicht geschont. Gisela Marcus erinnert sich: „Herr Otto ging mit bestem Beispiel in der praktischen Arbeit voran. Unermüdlich war er tätig – als Einkaufschef, als Chef des Verkaufs und der Werbung."

Als gleichermaßen wirtschaftlich und sozial denkender Unternehmer wusste Werner Otto früh, dass es von nun an zur Mitarbeitermotivation mit Betriebsausflügen und Festen auf Dauer nicht mehr getan sein würde. Schon 1955 war eine Werksküche eingerichtet worden, die den Beschäftigten zunächst dreimal pro Woche ein warmes Mittagessen bot. Ende November 1955 wurde das erste Weihnachtsgeld ausgezahlt – damals errechnet nach einem individuellen Beurteilungssystem –, und im Juli 1956 führte Otto als einer der ersten deutschen Unternehmer die Fünf-Tage-Woche ein. Damit nicht genug. Anfang 1957 wurde eine Sozialkasse für Beihilfen, Alters-, Invaliditäts- und Hinterbliebenenversorgung eingerichtet, im selben Jahr eine Betriebssportgemeinschaft gegründet.

Dass es dabei um eine Wechselbeziehung zwischen „dem Chef" und seinen Mitarbeitern ging, regelte die 1958 von Werner Otto und dem Betriebsrat unterzeichnete Betriebsordnung – ein aufschlussreiches, nur zehn Seiten umfassendes Schriftstück, in dem sich beide Seiten auf einige wenige, glasklar formulierte Punkte beschränkten. Wie gesagt: Lange Diskussionen und „Papierschlachten" waren nie Werner Ottos Sache. Danach betrug die wöchentliche Arbeitszeit 43¾ Stunden.

Mit einer sehr persönlich gestalteten Broschüre begrüßt der Chef Anfang der 1960er Jahre die neuen Mitarbeiter.

Die Fünf-Tage-Woche galt – „sofern nicht dringende geschäftliche Erfordernisse uns zwingen, auch den Sonnabend eventuell als Arbeitstag auszunutzen". Beginn und Ende der Arbeitszeit und der Pausen („¼ Stunde Kaffee- und ½ Stunde Mittagspause") wurde durch ein Signal angekündigt. „Die Arbeitszeit beginnt und endet am Arbeitsplatz", so die Betriebsordnung, und: „Die Mitarbeiter sind verpflichtet, die Arbeitszeit pünktlich einzuhalten und voll auszunutzen." Zwar wurde in dem Heft auch deutlich gemacht, dass die Beschäftigten den Weisungen der Vorgesetzten zu folgen hätten, aber umgekehrt wurden diese – und das ist die ganz typische Handschrift Werner Ottos – auch zu „sachlicher und gerechter Behandlung der Mitarbeiter" angehalten. „Ein etwa notwendiger Tadel soll in ruhiger, nicht verletzender Form ausgesprochen werden. Die unterstellten Abteilungsangehörigen sollen fachlich angeleitet und über Zweck und Bedeutung der gestellten Aufgaben unterrichtet werden."

Kurze Zeit später wurde im Otto Versand eine Broschüre entwickelt, die jeden neuen Beschäftigten im Hause willkommen hieß und über seine Rechte und Pflichten informierte. Der Titel: „Auf gute Zusammenarbeit!". Auch hier ist auffällig, dass die Informationen über alle Verpflichtungen stets mit Hinweisen auf ein positives Betriebsklima verbunden wurden. „Von nun an gehören Sie zu uns, wir heißen Sie herzlich willkommen", so die einleitenden Worte. Illustriert mit einem großen Porträtfoto des Firmengründers folgte eine sehr persönlich abgefasste Begrüßung durch Werner Otto selbst, in der es unter anderem hieß: „Welcher Art ihre Tätigkeit in unserer Mitte auch immer sein mag: sie ist für den reibungslosen Ablauf des Betriebes genauso wichtig wie jedes Zahnrad für den Gang einer Uhr. Die Arbeit bei uns wird Ihnen Freude machen, und ich bin schon jetzt überzeugt, dass Sie mit Ihrer Arbeit zum Gelingen des Ganzen beitragen werden. Möge Ihnen die Tätigkeit in unserem Kreise Befriedigung bringen und Ihr Leben angenehmer und schöner gestalten! Auf gute Zusammenarbeit!" Die „Neuen" fanden an ihrem Platz eine Karte mit einem persönlichen Gruß Werner Ottos vor. Treueprämien und Weihnachtskarten, ein Geldgeschenk zur Geburt eines Babys, großzügige Mitarbeiterrabatte und Geburtstagsgrüße – auch das war schon damals der Otto Versand.

Dass dabei härtester Einsatz gefordert war, zeigt sich am Beispiel der technischen Abläufe im Otto Versand. Die stark steigende Nachfrage hatte zur Folge, dass die Arbeit im Unternehmen immer weiter intensiviert und konzentriert werden musste. Ständig galt es für Werner Otto, einzelne Abteilungen auf- und auszubauen, um die Abläufe zugleich schneller und effizienter zu machen. Einkauf und Korrespondenz, Warenprüfung und Expedition – was da in den Anfangsjahren von einem Dutzend Mitarbeiter bewältig werden konnte (1954 bearbeiteten drei Sekretärinnen die gesamte Kundenpost), erforderte inzwischen große, straff durchorganisierte Teams. Dazu waren ständig technische Erneuerungen notwendig, und ein System, das gerade erst vor kurzem eingeführt worden war, konnte sich schon nach geraumer Zeit als veraltet erweisen. Ein Blick auf die ständigen Umstrukturierungen, vor allem zwischen 1950 und 1960, verdeutlicht, welche unglaublichen Kraftanstrengungen diese Zeit von den Mitarbeitern des Otto Versands, aber vor allem von Werner Otto selbst, erforderte.

Moderne Technik
Von der Lochkartenanlage bis zum Großrechner – ab Mitte der 50er Jahre erfolgen die technischen Veränderungen im Rekordtempo.

Wie der Versandhandel funktioniert, liegt auf der Hand: Der Händler kauft bestellte Waren bei den Herstellern, lagert sie in seinem Unternehmen zwischen und versendet sie dann an seine Kunden weiter. Doch hinter diesem scheinbar so einfachen Prozess stand beim Otto Versand schon nach wenigen Jahren ein komplexes, ausgeklügeltes System. Schon Ende der 1950er Jahre ging die Kernarbeit im Haus – das Heraussuchen, Verpacken und Versenden der Ware – so vonstatten, wie es über viele Jahre bleiben würde: Die Mitarbeiterinnen, die zunächst mit ihren Körben von Regal zu Regal gegangen waren, um die bestellten Waren herauszusuchen, waren schon nach kurzer Zeit von einem „Kreisfördersystem" unterstützt worden. Die Körbe mit den Bestellungen „wanderten" wie am Fließband an Hunderten von Regalen vorbei und wurden dabei laufend bepackt. Vorläufige Endstation waren die sich anschließenden Packtische.

Eine Mitarbeiterinformation aus der Zeit um 1960 schildert, wie es dann weiterging: „Dort werden die Waren sorgfältig und ohne Hast verpackt. Jeder einzelne Packtisch ist ein Wunderwerk rationeller Arbeitstechnik. Drei Fließbänder passieren die Packtische. Das Band in der Mitte bringt die vollen Plastikkörbe. Sie werden auf den Packtisch gezogen. In Kopfhöhe läuft ein zweites Band, das Versandkartons aus dem Kartonagen-Lager heranbringt. Die Packerin zieht den Karton mit einem Griff zu sich herab. Während sie die Waren aus dem Plastikkorb in den Karton packt, kontrolliert sie noch einmal jeden einzelnen Artikel mit dem Sammelbestellschein. Der Deckel kommt auf den Karton und dieser wird mit einem Paketaufkleber versehen. Dann ein Hebelgriff am klappbaren Packtisch, und das Paket rutscht auf ein drittes Fließband, wandert zu den Verschnürungsmaschinen, von dort weiter zu den Tischen, wo die Pakete gewogen und postfertig gemacht werden." Ein nachvollziehbares, effizientes System. Dennoch muss klar sein: Das „Drumherum" änderte sich laufend und in rasendem Tempo.

Die Computer halten Einzug im Unternehmen – früher als bei vielen anderen.

Beispiel Rechenzentrum. Um die ständig wachsende Flut der Bestellungen kanalisieren zu können, hatte Werner Otto schon 1955 die erste Lochkartenanlage im Unternehmen installieren lassen. Damit konnten die ersten Rechnungen auf Lochkarten geschrieben und maschinell verarbeitet werden. Fünf Jahre später wurde die erste elektronische Datenverarbeitungsanlage – UNIVAC UCT – installiert – Dreh- und Angelpunkt der gesamten Auftragsabwicklung und nach wie vor mit Lochkarten gefüttert. Dieses „Elektronenhirn" konnte pro Tag bis zu 20.000 Auslieferungsanweisungen und Rechnungen erstellen, die Anzahl der Paketaufkleber errechnen und diese auch gleich schreiben. Nur drei Jahre später ließ Werner Otto die erste Großrechenanlage (U III) installieren, eine der modernsten Anlagen der damaligen Zeit. Damit konnten erstmals alle mit der Auftragsabwicklung zusammenhängenden Arbeiten wie Fehlerprüfung, Bestandsermittlung und Kontoführung abgewickelt werden.

Schon 1966 folgte die zweite, 1969 die dritte U III. Doch Werner Otto war klar, dass auch dieses System bald an seine Grenzen stoßen würde. Im Sommer 1970 wurde die UNIVAC 1108 aus den USA nach Bramfeld, Firmensitz ab 1962, geliefert – „das größte und modernste Elektronengehirn Hamburgs", wie eine Zeitung damals schrieb. Mit einer eigens für den Transport gecharterten Boeing 707 wurde die 26 Tonnen schwere und 25 Millionen Mark teure Anlage eingeflogen. Die Mitarbeiterzeitschrift „Die Rampe" informierte: „Was früher über Lochkarten bzw. Belege in die U III eingegeben und in der 24-stündigen Laufkette verarbeitet wurde, wird dann über zirka 250 Bildschirmgeräte direkt in den Computer eingegeben und führt in Sekundenbruchteilen zum gewünschten Ergebnis."

Ende der 1960er Jahre hatte Werner Otto das System von der Bestellung bis zum Versand der Ware weitgehend perfektioniert. Wie genau hat man sich die Abläufe im Haus zur damaligen Zeit vorzustellen? Die einzelnen Schritte im Schnelldurchlauf: Von der Poststelle gingen die eingetroffenen Bestellungen weiter an die Auftragsvorbereitungen, von dort zur zentralen Datenerfassung. Die eingegebenen Daten wurden danach an das Rechenzentrum übermittelt, wo unter anderem Kredite geprüft, Rechnungen und Paketaufkleber geschrieben und Paketgebühren errechnet wurden. Vom Rechenzentrum erhielt das Auslieferungslager Waren-Entnahmescheine, die Expedition wiederum Auslieferungsanweisungen, Rechnungen und Paket-Aufkleber. Im Auslieferungslager entnahmen die Mitarbeiterinnen anhand der Scheine die Waren aus Hunderten von Regalen und legten sie in die vorbeiziehenden Behältnisse („Gondeln"). Gleichzeitig wurde von der anderen Seite des jeweiligen Regals neue Ware nachgeschoben, damit keine Lücken entstehen konnten. Schließlich erreichten die Gondeln die Expedition, in der die Artikel mit den Rechnungen verglichen und die Pakete gepackt, verschnürt und adressiert wurden. Über eine Rutsche gingen sie danach auf den Postweg. Parallel trafen laufend Lastwagen mit Lieferungen ein, um das Reserve- beziehungsweise das Auslieferungslager zu füllen. In der Warenprüfung wurden die eingegangenen Artikel einer gründlichen Qualitätskontrolle unterzogen – mal stichprobenartig, mal Stück für Stück. Erst wenn keine Beanstandungen vorlagen, durfte die Ware frei gegeben werden.

Wie ein roter Faden zog sich die Qualitätskontrolle durch alle Arbeitsschritte im Haus. In der Mitarbeiterzeitung und verschiedenen Informationsschriften wurden die Beschäftigten immer wieder dazu aufgefordert, im Interesse der Kunden bei allen Arbeitsschritten sorgfältig vorzugehen und die ein- und ausgehenden Artikel laufend zu überprüfen. Das fing schon an der Verladerampe an. „Die verantwortlichen Männer der Warenannahme sind manchmal auch Waren-Zurückweiser“ hieß es damals in der Hauszeitung, „sie wissen schließlich, dass sie einen guten Ruf zu wahren haben.“ Und der Leiter wurde so zitiert: „Was nicht hinhaut, nehmen wir gar nicht erst an, das wird sofort belastet.“ Wohl gemerkt: Die eigentliche Warenprüfung folgte ja erst danach. Ein Journalist der – gegenüber Unternehmen nicht eben unkritischen – Zeitschrift der DAG (Deutsche Angestellten Gewerkschaft), „Der kaufmännische Angestellte“, hielt nach einer Besichtigung im Jahr 1972 über den Otto Versand fest: „In vielen anderen Großunternehmen wird, was den Geschäftsablauf anbelangt, der dortige Stand erst in naher Zukunft erreicht sein.“ Und das Fazit lautete: „Trotz moderner Arbeitsmethoden, Großraumbüros und den vorhandenen Großcomputern finden in diesem Unternehmen Tausende von Angestellten ihre Beschäftigung, und wir hatten bei unserem Besuch nicht den Eindruck, dass dort der Mensch nicht mehr im Mittelpunkt allen Geschehens steht. Wir hatten vielmehr den Eindruck, dass das menschliche Engagement hier der entscheidende Faktor des Erfolges ist.“

Doch das alles ging längst nicht so reibungslos vonstatten, wie es im Rückblick den Anschein haben könnte. Vor allem die Jahre bis 1970 brachten auch jede Menge Schwierigkeiten für das immer noch relativ junge Unternehmen, Schwierigkeiten, die eine noch so optimale Mitarbeiterbetreuung und ein noch so visionäres Verständnis für Trends und Technik nur sehr schwer ausgleichen konnten. In seinem Buch „Die Otto-Gruppe“ skizzierte Werner Otto anschaulich, welche Probleme es zu bewältigen gab, auch wenn die Belegschaft noch so motiviert war. So erwiesen sich beispielsweise die ersten Buchhalter einerseits als nicht in der Lage, mit den steigenden Anforderungen Schritt zu halten, andererseits konnten sie die Arbeit aber auch nicht richtig delegieren. Offenkundig war es mangelndes Training, das diese Probleme verursachte – nach den Jahren der NS-Diktatur waren zu viele potenzielle Führungskräfte nicht auf leitende Positionen vorbereitet. Bei einem Vortrag erinnerte sich Werner Otto: „Den Angestellten, auch den leitenden, fehlte damals das, was später als Kundenorientiertheit definiert wurde. Während der NS-Diktatur hatte es Konkurrenzkampf nicht in der Form gegeben, wie er ab den 1950er Jahren immer stärker stattfand.“

Rückblickend schrieb Werner Otto: „Schon sehr zeitig war mir klar geworden, dass ein Unternehmen nur funktioniert, wenn sämtliche Arbeitsbereiche ihre Aufgaben gleich gut erfüllen." Doch manche Mitarbeiter konnten das hohe Tempo des Chefs zunächst nicht mitgehen. „Das Unternehmen wuchs, die Aufgaben auf der Führungsebene wurden damit wichtiger. Nur einzelne wuchsen mit", erinnerte sich Otto. „Die meisten waren dann den größeren Aufgaben nicht gewachsen. Es gab für mich Probleme zu lösen, die heute unvorstellbar sind. Wo waren die Facheinkäufer für die verschiedenen Branchen? Sie mussten sich Spezialkenntnisse aneignen und Erfahrungen sammeln. Erst Ende der 50er Jahre bekam ich den Einkaufschef, der diesen Apparat fest in die Hand nahm. Genauso war es mit der Werbung und weiteren Bereichen. Fast alle meiner damaligen Kollegen gaben auf." Rein organisatorisch musste Werner Otto unendliche Mühen aufwenden und an zahlreichen Fronten gleichzeitig kämpfen. Ein Beispiel. Früher als andere hatte er die Bedeutung der Werbung für sein Unternehmen erkannt und seine Gedanken dazu festgehalten. Nach seiner Erkenntnis fing der Werbeerfolg schon bei den Katalogtexten an – „zumal der Text letztlich den Kaufentscheid des Kunden sehr beeinflusst". Werner Otto weiter: „Es kann durchaus vorkommen, dass ein Artikel, der um 50 Pfennig billiger ist als das vergleichbare Konkurrenzangebot, nicht gekauft wird, weil wir in unserem Text die besonderen Vorzüge dieses Artikels nicht herausstellen; die Konkurrenz dagegen macht ihren Artikel textlich besser auf, so dass der Kunde dieses Angebot für das bessere hält, obwohl die Ware möglicherweise wesentlich schlechter ist als die unsere. Die Vorzüge eines Artikels richtig im Angebot zu beschreiben, ist die Aufgabe des Texters und des Einkäufers, der die Qualität des Artikels richtig erklären muss. Der Texter hat aber dafür zu sorgen, dass das Fachchinesisch des Einkäufers nicht in den Katalog aufgenommen wird. Ich finde immer wieder Bezeichnungen und Namen sowie Fachausdrücke, die ich nicht kenne. Wie viel weniger können unsere Kunden sie kennen?"

Doch ebenso schnell wie Werner Otto zu solchen Erkenntnissen gelangt war, stieß er beim Entwickeln von Werbestrategien an alle möglichen Grenzen. „Die Werbung hatte im NS-Staat keine Rolle gespielt, da sich ja die bewirtschaftete Ware von alleine verkaufte und Goebbels dafür sorgte, dass sich möglichst niemand die Grundideen der Werbetechnik und -psychologie, die er selbst mit äußerster Raffinesse beherrschte, zu eigen machte", analysierte er die Situation später. Daher habe im Nachkriegsdeutschland vor allem auf diesem Gebiet ein erheblicher Mangel an Fachkräften geherrscht. Warum Werner Otto selbst die verschiedenen Techniken der Werbung verstanden hatte und ihren Nutzen für sein Unternehmen umzusetzen wusste, gehört zu den vielen Phänomenen des Mannes, den man später oft als den „Idealtypus eines Unternehmers" pries. Fakt ist, dass der Otto Versand innerhalb von sieben Jahren 13 Werbechefs verbrauchte – keiner hatte den hohen Anforderungen, die Otto im Interesse seiner Kunden stellte, genügen können. Erst danach konnte ein geeigneter Leiter gefunden werden. Eine kuriose Geschichte aus dieser Zeit, über die Otto im Rückblick dann doch lachen konnte: Als ein frisch eingestellter „Werbefachmann" wieder einmal ratlos vor einem weißen Blatt Papier saß, verwickelte ihn Werner Otto in ein Gespräch über seine Qualifikationen. Ergebnis: Der Mann hatte in der Vergangenheit wahrlich nur sehr indirekt mit Werbung zu tun gehabt – er war nämlich als Kontrolleur für das ordnungsgemäße Anbringen von Plakaten zuständig gewesen.

Zu den vielen Erfolgen, die Ottos Werbeabteilung im Laufe der Jahre verbuchte, gehörte auch der fanfarenartig vorgetragene Slogan „Otto Versand – Hamburg". Werner Otto war damals aufgegangen, dass seine Kunden mit dem Namen Hamburg Weltläufigkeit und Offenheit verbanden, hinzu kam, dass die traditionelle Verlässlichkeit der Hanseaten und der Name der Stadt gezielt mit dem Unternehmen in Verbindung gebracht werden sollten. „Hamburg ist ein Begriff für die meisten Menschen in Deutschland, ein Begriff von Weltstadt und pulsierendem Leben, Hafenstadt, Tor zur Welt, Solidität und Korrektheit", schrieb Werner Otto einmal. Dieses deutliche Bekenntnis zum Standort hatte vor allem einen Effekt: Der Versandhandel wurde im Bewusstsein der Kunden einer gewissen Provinzialität entledigt, ein weiterer erfolgreicher Schritt zur Abschaffung von „Opas Versandhandel".

Ein strenger Chef, vor allem im Umgang mit den leitenden Angestellten, sei Werner Otto damals gewesen, erinnerten sich frühere Mitarbeiter in Interviews an diese Jahre. Berühmt waren seine Konferenzen, in denen er Teilnehmer mit Detailfragen löcherte. Wenn ihm ein Sachverhalt zu kompliziert vermittelt wurde, forderte er eine verständlichere Darstellung.

Werner Otto selbst sagte in diesem Zusammenhang immer, er habe sich eine Sache noch mal „auf Plattdeutsch“ schildern lassen. Eine „Anweisung an alle Abteilungsleiter“, abgefasst bereits im April 1954, verdeutlicht, wie hoch die Anforderungen waren, die Otto an seine wichtigsten Mitarbeiter stellte. In diesem Rundschreiben fordert er jeden Abteilungsleiter auf, an jedem Fünften eines Monats einen schriftlichen Bericht über die Fortschritte seiner jeweiligen Abteilung anzufertigen. „Um eine endgültige Beurteilung meiner Abteilungsleiter hinsichtlich ihrer geistigen Elastizität vornehmen zu können, benötige ich eine Aufstellung ihrer persönlichen produktiven Leistung“, so der Unternehmer. Und weiter: „Ich werde jeden Monatsbericht mit null bewerten, der sich mit der Aufzählung von Bagatellen – die in keiner Form eine Weiterentwicklung bedeuten – befasst. (…) Die Abteilungsleiter sollen nichts weiter in den Bericht hineinbringen, als ihre eigenen Gedankenblitze, die zu irgendeinem Fortschritt in der Abteilung geführt haben. Wenn nichts zu sagen ist, so ist eine Fehlanzeige abzugeben mit der Formulierung: ‚In der Abteilung hat keine Weiterentwicklung stattgefunden.‘ Ein Weiterentwicklungsgedanke eines Abteilungsleiters gilt nicht, wenn der Gedanke von mir vorher oder gleichzeitig ausgesprochen worden ist. Ich erwarte von meinen Abteilungsleitern, dass sie immer eine Minute schneller denken als ich. Ich möchte also nicht meine eigene Arbeit vom Abteilungsleiter vorgelegt bekommen.“

Für Werner Otto musste nun mehr denn je gelten, Führungskräfte kompromisslos einsetzen zu können – zum unbedingten Nutzen der Kunden und des Unternehmens. Dass er dabei mitunter auch mit harter Hand vorging, versteht sich angesichts der rasanten Veränderungen im Unternehmen und auf dem gesamten Markt von selbst. In einer ausführlichen Informationsschrift an die leitenden Mitarbeiter, abgefasst in den späten 1960er Jahren, erinnert Otto an die Maxime, die nach wie vor als Leitbild zu gelten habe: „Bewusstes Dienen für den Verbraucher / Kostendenken für den Betrieb / Faire Haltung gegenüber den Untergebenen.“ Ein näherer Blick auf dieses Dokument lohnt sich auch heute noch, denn die darin enthaltenen Gedanken bilden eine wichtige Basis für die erfolgreiche Expansion des Otto Versands.

Zu diesem Zeitpunkt hatte Otto die interne Aufteilung der einzelnen Aufgaben innerhalb des Unternehmens bereits auf einen guten Weg ge-

Logo von 1953

Logo von 1961

Logo von 1970

Logo von 1981

Logo von 2002

Logo von 2004

bracht, nun ging es darum, das Erreichte zu festigen und die damit verbundenen Prozesse weiter zu vertiefen und zu optimieren. „Mein jahrelanger Versuch, dem Betrieb eine moderne Führung aufzuprägen, soll nun, nachdem ich an der Spitze Mitarbeiter habe, die ganz meine Gesichtspunkte vertreten, erfolgreich realisiert werden", so Otto. „Die Führung des Unternehmens muss auf der breiten Basis eines gesunden Unterbaus von Abteilungsleitern, Gruppenleitern und Aufsichtskräften ausgerichtet werden. Aufgaben müssen delegiert und Entscheidungen für jedes Problem auf der tiefstmöglichen Ebene getroffen werden."

Wie sehr Werner Otto, seine Führungsmannschaft und das Unternehmen mittlerweile zu einer Einheit zusammengeschmiedet waren, verdeutlichen seine einleitenden Worte an das Team aus Spitzenkräften. „In dem heißen Klima der erkämpften Expansion hat sich innerhalb der Führungsgruppe derjenige behauptet, der in seinem fachlichen Können und seiner Belastbarkeit und Einsatzbereitschaft mit dem Unternehmen mitgewachsen ist, der vor allem aber auch bei allen neuen Sachaufgaben nie die Fähigkeit verloren hat, den Geist des jungen Unternehmens an seine Untergebenen weiterzugeben, das heißt, der die ihm anvertrauten Menschen für die gemeinsame Aufgabe begeistern konnte." Gerade der letzte Punkt zog sich wie ein roter Faden durch die von Werner Otto konsequent betriebene Personalpolitik.

Immer wieder animierte, ja mahnte er seine Direktoren, Geschäftsführer und Hauptabteilungsleiter, geeigneten Führungsnachwuchs im eigenen Haus zu entdecken und entsprechend zu fördern. Zwar sei es nach wie vor auch immer wieder erstrebenswert, „frisches Blut" ins Unternehmen zu holen, so Otto in der Informationsschrift, aber die Risiken, die mit der Berufung Auswärtiger auf wichtige Funktionsstellen verbunden waren, standen ihm ebenso deutlich vor Augen. Umgekehrt wusste er um das Potenzial derjenigen, die mit den internen Abläufen der Firma bestens vertraut waren und die sich – was mindestens genauso wichtig war – durch jahrelange Zugehörigkeit mit dem Geist des Hauses identifizieren und diesen mitprägen konnten. „Ich glaube nicht, dass heute junge Leute eine geringere Bereitschaft zeigen, in leitende Positionen vorzustoßen als vor zehn Jahren", so Otto. „Es ist daher die vornehmste Aufgabe unserer leitenden Mitarbeiter – vor allen Dingen der mit der Führung von Personal betrauten Kräfte –, dafür zu sorgen, dass unser Führungsreservoir für diese leitenden Positionen mobil gemacht wird."

Eindringlich vermittelt Otto, welche Anforderungen er an diese „Führungskräfte von morgen" stellt. Demnach dürfen sie in ihrem Denken und Handeln nicht umständlich sein, sondern sie müssen sich als durchsetzungsfähig erweisen. Sie müssen mindestens 20 Prozent mehr leisten als andere und dazu bereit sein, einen Großteil ihrer Freizeit in Überstunden zu investieren. Sie sollten frei von Dünkel sein und sich innerlich darauf vorbereiten können, später einmal mit unangenehmen Dingen konfrontiert zu werden, die nicht zuletzt viel Härte erfordern. „Wer führen will, muss Autorität ausüben", so Werner Otto, „das kann aber nur der, der von seiner Aufgabe überzeugt ist und andere überzeugen kann, der aus dieser Überzeugung heraus gerecht urteilt und wertet und der von seiner Persönlichkeit her selbstsicher ist und den Mut besitzt, ein gerechtes Urteil schnell über Entscheidungen umzusetzen."

Im Umkehrschluss waren diejenigen, die diese Kriterien kaum oder gar nicht erfüllten, aus Ottos Sicht als Führungskräfte ungeeignet: „Der Misstrauische kann nicht überzeugen, der Verklemmte kann kein Urteil fällen", so Otto. „Sie haben Angst vor der Führung, sie weichen aus und führen nicht mit persönlicher Autorität, sondern mit Paragrafen. Systeme mit Paragrafen sind das klein karierte Machtmittel unfähiger Führungskräfte." Scharf wendet er sich gegen „Kontrollwut" im Unternehmen, weil dadurch unter anderem ein „Gefühl der Enttäuschung und der Nutzlosigkeit ..., ein System von Ausflüchten und Beschönigungen ... und die allmähliche Abnahme der Initiative und Urteilsfähigkeit" erzeugt werde, „bis zu einem Punkt, wo die Führungskräfte ganz im kleinlichen Papierkrieg aufgehen".

In diesem Zusammenhang richtete Otto dann auch den entschlossenen Blick in die Zukunft. Es ging eben nicht nur darum, das Erreichte zu bewahren, sondern es galt, in neue Bereiche vorzustoßen, zu expandieren und weitere Marktanteile zu sichern. „Wir drehen uns nicht im Kreis", schreibt Otto. „Aus diesem Grund brauchen wir in der Firma einen besonderen Typ des leitenden Mitarbeiters: den Firmenbauer, den Mann, der die Zukunft erspürt, der weiterentwickelt, der in seinem Bereich ein

Menschlich gesehen

Manager am Stehpult

Als 1949 die ersten Vertreter mit ihren Musterköfferchen aus zwei kleinen Baracken über die Lande zogen, ahnten sie nicht, daß ihr Chef **Werner Otto** zwanzig Jahre später im hochmodernen Industrie-Palast eine internationale Unternehmensgruppe mit der kräftigen Mutterfirma „Otto-Versand" leiten würde. Eine computergesteuerte Fließbandorganisation hat längst die mühsame Kleinarbeit von damals übernommen und schickt heute über 100 000 Pakete an die Katalogkunden.

Immer neue Impulse, erarbeitet am Palisander-Stehpult im Chefzimmer hoch über den Dächern der Hansestadt, gehen an die Führungsgremien seiner Unternehmen in der Bundesrepublik, Kanada und der Schweiz. Kurz vor seinem 60. Lebensjahr meint Versandchef Otto: „Die interessantesten Jahre meines Lebens liegen noch vor mir" und „zwanzig Jahre Otto-Versand sind kein Jubiläum", das ihn ruhen läßt. Ebensowenig wie die von ihm gerade ins Leben gerufene Millionen-Stiftung zur Förderung der medizinischen Forschung an Hamburgs Krankenhäusern.

Großen Wert legt Otto auf ein gutes Verhältnis zu seinen Mitarbeitern. Jungen Leuten eine Chance geben ist seit Jahren seine bevorzugte Devise, die sich im Durchschnittsalter (40 Jahre) seines Managements niederschlägt. Trotz seines starken beruflichen Engagements hat Werner Otto für seine Frau und die fünf Kinder Zeit. Einer seiner Söhne steht seinem Vater im Unternehmensbeirat bereits zur Seite.

Hamburger Abendblatt, 12. August 1969

Modenschau für den Winter-Katalog 1962.

Stück Neuheit vorantreibt. (…) Das Nächste ist neuer, besser als die hinter uns gelassene Entwicklungsstufe davor. Das Nächste ist immer echter Fortschritt. Wer nur bei seiner Aufgabe stehen bleibt, wer nur in der gelernten Routine des einmal Erreichten verharrt, wer nicht von der Begeisterung für die Weiterentwicklung besessen ist, hat es schwer bei uns, denn wir bauen immer an der Zukunft." Der ideale leitende Mitarbeiter brauche nicht „auf die Pensionierung seines Vorgesetzten zu warten, nicht das Wagnis der neuen Position einzugehen, die Umstellung auf neue Vorgesetzte vorzunehmen. Wenn er nur dafür sorgt, dass er seinen Bereich nicht statisch verwaltet, sondern sich das Können aneignet, um mit den Aufgaben seines Bereiches zu wachsen, dann macht er schon eine große Karriere. (…) Nur dem Tüchtigsten, dem Besten aus jeder Führungsebene ist es möglich, bei unserem Wachstum noch weitere Stufen nach oben zu klettern. Wer das nicht schafft, soll seine Zukunft sehen im Ausbau seines eigenen Gebietes. Dann aber muss er mehr sein als ein Leiter seines Ressorts, er muss Firmenbauer sein, muss sein eigenes Gebiet nach dem Gesetz der Dynamik unseres Unternehmens selbst ausbauen können."

Werner Otto hat es gelassen zur Kenntnis genommen, dass ihm damals öffentlich Verschleiß von Führungskräften vorgeworfen wurde. Der stetig wachsende Erfolg des Unternehmens und die Tatsache, dass viele Mitarbeiter dem Otto Versand über Jahrzehnte die Treue hielten, sprechen eine andere Sprache. Andererseits hat Werner Otto offen eingeräumt, dass diese Jahre für ihn auch in der Personalpolitik letztlich Lehrjahre gewesen seien. Der harsche Konkurrenzkampf innerhalb des Unternehmens, das mittlerweile die Bezeichnung Konzern verdiente, hat auch ihn gelegentlich überrascht. Er habe damals viel über die Bedeutung von Personalpolitik gelernt, berichtete Werner Otto später. So habe er die Misere mit dem Führungskräftemangel erst durch die Schaffung von attraktiven Direktorenposten beheben können. Auch die besondere Bedeutung der Teamarbeit sei ihm damals aufgegangen. Dass sich jeder als Teil des Unternehmens fühlen, dass jedem die eigene Bedeutung für den Konzern klar werden müsse, habe er ebenfalls erkannt. Überliefert ist die Geschichte, dass Werner Otto einen Jugendfreund, dem er im Versand einen Posten verschafft hatte, wieder entlassen musste, weil dieser sich als Menschenschinder erwies. „Der hatte nicht verstanden, was es bedeutet, im Team zu arbeiten", so Werner Otto später ohne großes Bedauern.

Als Fazit gilt, dass die späten 1950er und 1960er Jahre dem Unternehmer härteste Arbeit und jede Menge Anfangsschwierigkeiten bescherten und dass der Druck in dem Jahrzehnt danach nicht weniger groß war, weil das Erreichte verfestigt und weiterentwickelt werden musste. „In den Aufbaujahren habe ich von morgens acht Uhr bis abends zehn Uhr an sechs Tagen im Betrieb gearbeitet. Am Sonntag beschäftigte ich mich mit Organisations- und Rationalisierungsproblemen, erarbeitete Vorschläge für den Ausbau der Statistik oder saß über neuen Werbemaßnahmen", so Werner Otto im Rückblick. Als problematischste Aufgabe dieser Jahre sah er – so paradox es klingen mag – genau das, was anderen Unternehmern die größte Freude bereitete: die Bewältigung der Umsatzexplosion. „Hinter der Umsatzsteigerung eines Unternehmens von 50 auf 100, von 100 auf 200 Millionen Mark steht nicht nur die Verdoppelung einer Zahl", so Otto, „sondern auch eine große organisatorische Umstellung, verbunden mit sehr vielen menschlichen Problemen. Ich habe damals im Unterschied zur Konkurrenz mehrmals das Wachstum gebremst, weil die Organisation mit dem Aufbau nicht Schritt halten konnte."

Reorganisation
Die starken Umsatzsteigerungen bedeuten für Werner Otto enorme organisatorische Herausforderungen.

Bravourös bewältigte Werner Otto die zahllosen Unwägbarkeiten jener Zeit. Und als die Zukunft der Firma angesichts immer verzweigterer Geschäftswege unübersichtlich zu werden drohte, rief er kurzerhand eine Planungsabteilung ins Leben. Natürlich wurde damals in anderen Unternehmen der Gründergeneration ähnlich vorgegangen. Doch das Tempo und die Qualität, mit der solche wegweisenden Innovationen im Hause OTTO umgesetzt wurden, sind in der Geschichte deutscher Nachkriegsunternehmen wohl ohne Beispiel. Es ist geradezu unglaublich, dass Otto all dies erkennen und realisieren konnte, obwohl er ursprünglich ja nur als Einzelhändler ausgebildet war und keine Erfahrung mit der Leitung eines größeren Unternehmens hatte. Geholfen haben die von ihm selbst entwickelten zwölf „Unternehmerprinzipien" (siehe Anhang, S. 215 ff.) und die früh gewonnene Erkenntnis, dass vieles von dem, was ihm wichtig war und in der Praxis der ganz frühen Jahre auch funktionierte, „im Großen" eben auch klappte. Qualitätssicherung, Planbarkeit, Zielgerichtetheit – Werner Otto hat diese Begriffe schon mit Leben erfüllt, lange bevor sie in der Öffentlichkeit diskutiert wurden.

1955 hatte Werner Otto erstmals die USA besucht, für ihn eine Reise „ins Geburtsland des Versandhandels". Eine bleibende Erinnerung Ottos an diesen Aufenthalt war auch die Tatsache, dass er die amerikanischen Gesprächspartner viel intensiver befragt habe, als alle seine mitgereisten Unternehmer-Kollegen, darunter viele andere Versandhändler. „Die benahmen sich, als wüssten sie schon alles", berichtete er später, „das schien mir eine völlig falsche Einstellung." Nächtelang habe er die amerikanischen Versandexperten „gelöchert", um schließlich viele wertvolle Erkenntnisse mit nach Deutschland zu nehmen.

Schrittweiser Rückzug

Werner Otto beginnt damit, die Unternehmensführung stärker an andere abzugeben. Er beschließt, sein Leben umzustellen und stärker auf seine Gesundheit zu achten.

Nur langsam gelang es dem Firmengründer dabei, die Last der vielen Entscheidungen auf mehrere Schultern zu verteilen – so wie er es schon lange geplant hatte. Eine „erstklassige Führungsmannschaft" hatte Werner Otto erst Anfang der 1960er Jahre – zehn Jahre nach Gründung seines Unternehmens – zusammengestellt. Die lange Zeitspanne sagt viel über Werner Ottos hohe Ansprüche an seine Mitarbeiter, aber auch über sein außerordentliches Beharrungsvermögen. In den Jahren davor musste er oft fast bis zum Umfallen arbeiten, denn trotz seiner neuen Erkenntnisse über die Personalführung hatte er sich lange viel, zu viel, selbst aufgebürdet. So war er 1959 – das Unternehmen hatte damals bereits 1.000 Mitarbeiter und machte einen jährlichen Umsatz von 100 Millionen Mark – dreifacher Geschäftsführer und sechsfacher Hauptabteilungsleiter. Schon morgens beim Rasieren lag ein Notizblock parat, an verlängerte Wochenenden oder Erholungsurlaube war überhaupt nicht zu denken. „Mir selbst waren das Wachstum und die ständig neuen Probleme, vor die ich gestellt wurde, gleichsam auf den Leib geschrieben", notierte er später nicht ohne Humor. Auf Fotos von damals sieht man einen gedrungenen Mann mit strengem Bürstenhaarschnitt, der starken Zigarren und schwerem Essen nicht abgeneigt war.

Ein körperlicher Zusammenbruch führte dazu, dass Werner Otto seine Lebensweise radikal änderte. Er trieb Sport, verzichtete auf fetthaltige Ernährung und ging fast alle Wege nur noch zu Fuß – oft viele Stunden täglich. Zu diesem Zeitpunkt vertiefte er auch den Plan, sich in absehbarer Zeit stärker aus der Unternehmensleitung zurückzuziehen. Bis dahin sollten allerdings noch einige erfolgreiche Jahre vergehen. Es greift aber zu kurz, wenn behauptet wird, dass Werner Otto sich aufgrund körperlicher Erschöpfung dazu entschloss, innerhalb des Unternehmens kürzerzutreten. Vielmehr hatte er diesen Schritt schon vorweggenommen, als er als eines seiner Unternehmerprinzipien das viel zitierte „Teile und wachse" festlegte. Damit hatte er schon frühzeitig angekündigt, Anteile am Otto Versand zu verkaufen, um die Grundlage für weitere Expansionen zu schaffen. Die starke körperliche Belastung vor allem ab Mitte der 1950er Jahre mag ihn in diesem Entschluss noch bestärkt haben, entscheidend dürfte aber einmal mehr sein legendärer Schaffenstrieb gewesen sein. „Wenn ich in ein unbekanntes Gebiet vorstoßen kann, sind alle Sinne wach", hat Werner Otto dazu einmal gesagt. „Ist es Neugier oder Abenteuerlust – die Entwicklungsaufgabe lockt mich; sie ist eine Herausforderung." Dr. Heinrich Kraft, sein langjähriger Weggefährte, ergänzte dazu einen weiteren wichtigen Aspekt für die Haltung Werner Ottos. „Er vermied den Kardinalfehler vieler Gründerunternehmer, sich auf Dauer im Tagesgeschäft für unentbehrlich zu halten und sich in zu viele Details einzumischen. Stattdessen konzentrierte er sich auf das strategisch Wesentliche." Ein langjähriger Mitarbeiter brachte es einmal so auf den Punkt: „Andere haben noch mit sechzig jedes Mieder für das Sortiment selbst ausgesucht. Werner Otto hat früh eingesehen, dass er das lieber jüngeren Mitarbeitern überlassen sollte."

Auch räumlich war das prosperierende Unternehmen schon nach wenigen Jahren an seine Grenzen gestoßen. Zwar hatte der Otto Versand, wie erwähnt, 1956 neue Lager- und Verwaltungsgebäude an der Hammer

1953

1961

1970

Landstraße 12-14 bezogen, doch schon zwei Jahre später unterhielt die Firma bereits wieder elf Außenlager. Der Platz wurde offenkundig knapp, und in Hamm stand nicht genug Ausbaureserve zur Verfügung.

Sofort setzte Werner Otto alles daran, ein Gelände für einen neuen Firmensitz zu finden, obwohl das Unternehmen ja erst kurz zuvor umgezogen war. Im Vertrauen auf weitere Expansion ruhte er sich auch jetzt nicht auf dem Erreichten aus, sondern kämpfte einmal mehr dafür, buchstäblich Neuland zu erobern. Die Suche nach dem richtigen Grundstück gestaltete sich allerdings unerwartet schwierig – es musste einerseits groß sein, durfte aber andererseits nicht zu weit entfernt vom Zentrum der Stadt liegen.

Neuer Firmensitz
Werner Otto entscheidet sich endgültig für den Standort Hamburg. Im August 1959 wird der Grundstein für den neuen Unternehmenssitz gelegt.

In dieser Phase erreichten Werner Otto attraktive Angebote aus Schleswig-Holstein. Wahrscheinlich wurde um erfolgreiche Unternehmen damals noch nicht mit so harten Bandagen gekämpft, wie das heute der Fall ist. Aber immerhin: Aus dem Nachbarland wurden dem potenziellen Steuerzahler mehrere großflächige Grundstücke zu günstigen Konditionen angeboten. Es ist bezeichnend für Werner Otto, dass er seine Entscheidung für den Standort Hamburg trotz dieser Offerten alleine und spontan – man könnte sagen „aus dem Bauch heraus" traf. Während eines kurzen Erholungsurlaubs ging ihm plötzlich auf, dass er seine qualifizierten Mitarbeiter nicht nach Schleswig-Holstein transferieren könne. Die intensive Kundenbetreuung, letztlich das ganze Geschäft, hätten zu stark unter dem aufwändigen Umzug gelitten. Kurz entschlossen rief er seine Mitarbeiter in Hamburg an, um sie anzuweisen, die Verhandlungen einzustellen und stattdessen weiter in Hamburg zu suchen. „Es war eine typische Weichenstellung, die man sich als Unternehmer immer wieder ‚im stillen Kämmerlein', in diesem Fall im Wald, vor Augen führen muss",

1977/78

1986/87

1993/94

schrieb Werner Otto später über seinen Entschluss. Vielleicht war er in den vergangenen Jahren der erfolgreichen Gründung und Ausweitung seines Unternehmens auch schon zu stark mit dem Standort verwachsen. „Ich bin Hamburger geworden, ohne es wirklich zu merken“, hat er später einmal gesagt, und bei anderer Gelegenheit befand er knapp: „Hamburg, das hat was.“

Erst nach längerer Suche fand sich 1958 schließlich das geeignete, 103.000 Quadratmeter große Grundstück. An der Ecke Bramfelder Chaussee / Wandsbeker Straße im mittlerweile gar nicht mehr so beschaulichen Hamburg-Bramfeld liegt auch heute noch die Zentrale des Welt umfassenden Konzerns. Als Werner Otto auf der Rückseite des angebotenen Geländes noch eine weitere Fläche zum Kauf offeriert wurde, schreckten ihn zunächst die zusätzlichen Kosten. „Ich war der Ansicht, dass es eigentlich eine überflüssige Geldausgabe sei“, erinnerte sich Otto rückblickend. Schließlich wurde auch dieser Teil des Geländes noch erworben, und innerhalb weniger Jahre erwies er sich als dringend benötigte Ausweichfläche, die ebenfalls rasch bebaut war.

Am 13. August 1959 wurde in Anwesenheit des Hamburger Bürgermeisters Max Brauer der Grundstein für den neuen Firmenkomplex des Otto Versands gelegt. Die dabei mit eingemauerte Urkunde verrät viel von den politischen und weltanschaulichen Gedanken, die Werner Otto beschäftigten, der eben nur scheinbar ein ausschließlich kühl kalkulierender Geschäftsmann war. In dem von Otto unterschriebenen Dokument heißt es unter anderem: „Im Vertrauen auf die Zukunft und in der Hoffnung auf die baldige Wiedervereinigung Deutschlands legen wir heute, am 13. August 1959, in Anwesenheit des Ersten Bürgermeisters der Freien und Hansestadt Hamburg, Herrn Max Brauer, den Grundstein für diesen Neubau

Am 13. August 1959 wird in Anwesenheit des Hamburger Bürgermeisters Max Brauer (l.) der Grundstein für den Neubau in Bramfeld gelegt.

Werner (r.) und Michael Otto prüfen den Stand der Bauarbeiten.

der Otto Versand GmbH. (…) Uns leitet dabei das Bestreben, zu dem wirtschaftlichen Wiederaufstieg unseres Landes und damit zur Festigung der Beziehungen zwischen den freien Nationen beizutragen. Möge in diesem Haus der weltoffene Geist einziehen, der dem Hamburger Kaufmann überall Ansehen verliehen hat. Wir erbitten vom Allmächtigen den Segen für alle, die zur Errichtung dieses Hauses beitragen und in ihm einmal arbeiten werden."

Diese wohl gewählten Worte zeigen einmal mehr, dass Otto seine Heimat im Osten Deutschlands nie aus dem Bewusstsein verloren hatte, sich dabei aber nie von sentimentaler Traurigkeit oder gar von revanchistischen Gedanken beherrschen ließ. Die sich damals immer stärker manifestierende Teilung Deutschlands hat Werner Otto allerdings mit Sorge und auch mit Zorn zur Kenntnis genommen. Maren Otto berichtete, dass sie mit ihrem Ehemann unmittelbar nach der Hochzeit im Jahr 1963 nach Berlin reiste, um sich schweren Herzens die gerade erst fertig gestellte Mauer anzusehen. Nur wenig bekannt ist in diesem Zusammenhang auch, dass Werner Otto den „Heimatkreis Prenzlau" über viele Jahre finanziell unterstützte. Unter anderem finanzierte er das regelmäßig erscheinende Adressenverzeichnis und lud immer wieder Reisegruppen ehemaliger Prenzlauer nach Hamburg ein.

In seiner Festansprache bei der Grundsteinlegung erläuterte Otto seinen Gästen, dass das Bauvorhaben in mehreren Abschnitten realisiert werden

Der Chef will es genau wissen: Werner Otto bei einem Inspektionsrundgang in seiner Firma.

würde. Am selben Tag wurde Werner Otto 50 Jahre alt, vier Tage später beging seine Firma ihr zehnjähriges Jubiläum. Wer viel arbeitet, muss auch kräftig feiern dürfen. Am Abend nach der Grundsteinlegung begingen Otto und seine Mitarbeiter das Firmenjubiläum mit einem großen Maskenfest in der Hamburger Grünanlage „Planten un Blomen". Otto selbst eröffnete die Feier verkleidet: Er erschien auf der Bühne als volkstümlicher Polizist mit Pickelhaube und überdimensionalem Schnurrbart.

Selbst wer damals nichts von der rasanten Umsatzsteigerung beim Otto Versand wusste, konnte anhand der regen Bautätigkeit ermessen, dass es mit der Firma steil bergauf ging.

Dazu einige Daten: Im Sommer 1961 konnten in Bramfeld die neuen Betriebsgebäude 1 und 2 bezogen werden, 1964 – das Unternehmen hatte mittlerweile 2.000 Mitarbeiter – wurde der Grundstein für das neue Verwaltungszentrum gelegt, das 1967 bezogen wurde. Im selben Jahr erfolgte dann die Grundsteinlegung für ein neues Versandlager. Im Oktober 1970 wurde das „Otto Center" auf der gegenüberliegenden Straßenseite als zusätzliches Verwaltungsgebäude bezogen, und 1973 kaufte Werner Otto noch ein Gebäude an der benachbarten Haldesdorfer Straße, in dem Ersatzteillager und Kundendienst einzogen. Die Zeit der räumlichen Ausdehnung war damit aber noch lange nicht abgeschlossen, sie sollte sich auch in den kommenden Jahren weiter fortsetzen.

Unverbraucht und voller Tatendrang im Jahr 1975. Werner Otto ist bereits über 60 Jahre alt – aber er steckt noch voller Pläne.

Der Ausbau

Zu neuen Ufern *Seite 86*
Einstieg ins internationale Immobiliengeschäft *Seite 92*
Die Sagitta Gruppe *Seite 94*
Die Paramount Gruppe *Seite 97*
Ein neuer Konzern entsteht: die ECE *Seite 100*
Die ECE auf Expansionskurs *Seite 116*

2009

1960

Zu neuen Ufern

„Das Einzige, was mich strapaziert, ist Passivität"

Werner Otto hatte nie einen Zweifel daran gelassen, dass er trotz seiner beispiellosen Erfolge im Versandhandel nicht ewig an dem Unternehmen „kleben" wollte. Sein erklärtes Ziel war es stets, eine zuverlässige, tatkräftige Führungsmannschaft aufzubauen, um dann die Fäden aus der Hand zu geben. Viele Beobachter gingen davon aus, dass er dies nicht schaffen würde, sondern – ähnlich wie viele andere aus der Gründergeneration – den Abschied aus dem Konzern und den damit verbundenen Verzicht auf die Macht nicht realisieren könnte. Wieder andere, die Werner Ottos Ankündigung glaubten, hielten ihn für verbraucht und am Ende seiner schöpferischen Phase angekommen. Der Mittfünfziger, so ihre Einschätzung, wollte sich aus den aktiven Geschäften zurückziehen, weil er körperlich dazu nicht mehr in der Lage sei und weil seine Schaffenskraft und sein Ideenreichtum ihr Ende erreicht hätten.

Alle diese Beobachter lagen falsch. Werner Otto hatte in seinen Unternehmerprinzipien die weitere Strategie bereits festgelegt, und er war fest davon überzeugt, sich selbst daran halten zu müssen. Über allem stand auch damals sein Lebensmotto „Panta rhei – alles fließt". Bewegung war für einen Unternehmer wie ihn Leben, Stillstand hätte den Untergang bedeutet. Natürlich hätte er alleine den Versandhandel noch über Jahrzehnte mit Leben erfüllen können, aber „alles fließt" bedeutete im Leben Werner Ottos eben auch immer wieder den Aufbruch zu neuen Ufern. „Er ist ein Süchtiger, aber er ist nicht süchtig nach Macht", schrieb eine Zeitung einmal treffend, Werner Otto selbst befand knapp: „Das Einzige, was mich strapaziert, ist Passivität."

Mitte der 1960er Jahre verband er diese Erkenntnis mit seinem schon erwähnten Prinzip „Teile und wachse". Den Neustart, das war Werner

Otto klar, könnte er nur schaffen, wenn er seine Geschäfte auffächern und die Arbeit völlig neu strukturieren würde. Doch welchen Aufgaben sollte er sich jetzt zuwenden, welche Geschäfte boten eine Chance für seinen unternehmerischen Genius?

Die wirtschaftlichen Rahmenbedingungen in Deutschland waren Anfang der 60er Jahre viel schwieriger geworden. Die Nachfrage auf dem Markt ließ spürbar nach, etliche Menschen, die bis in die späten 1950er Jahre hinein das Wirtschaftswunder in vollen Zügen genossen hatten, fühlten sich jetzt erstmals seit Kriegsende gesättigt. Gleichzeitig waren die Ansprüche gestiegen, zum Beispiel im Bereich der Mode. Werner Otto musste einmal mehr reagieren, später erinnerte er sich: „Anfang der 60er Jahre hatte sich auch das Modebewusstsein der Kunden stark geändert, die durch Hochglanzmagazine und das Fernsehen über die neuesten Trends informiert wurden. Um unsere Spitzenstellung im Versandhandel auf modischem Gebiet zu halten, mussten wir die allerneuesten Modelle bringen.“ Anfang 1964 nahm das Unternehmen Kontakt mit den Modehäusern in Paris und Rom auf, um dann Exklusivverträge mit Firmen wie Carven und Lino Lanzetti zu schließen. Zufrieden mit dem, was man erreicht (und gekauft) hatte, waren jetzt viele Menschen.

Stagnation der Wirtschaft
Werner Otto stellt die Weichen für die Zukunft und sucht sich ein neues Betätigungsfeld.

Die Schwerpunkte der Gesellschaft verlagerten sich zunehmend, zum Beispiel auf das Feld der Politik. In der Mitte der 60er Jahre hatte sich die Situation der Wirtschaft erheblich verschlechtert. Deutschland kämpfte mit allgemeinen Stabilitätsproblemen, die unter anderem durch eine lange schwelende Kohle- und Stahlkrise verursacht wurden.

Im November 1966 trat Ludwig Erhard, der „Vater des Wirtschaftswunders“, als Bundeskanzler zurück, es folgten die Jahre der Großen Koalition. Viele Tage und Nächte muss Werner Otto damals an seinem Palisander-Stehpult im sechsten Stock des Konzerns verbracht haben, um immer wieder neue Konzepte und Modelle zu prüfen. Ein identisches Pult hatte er übrigens zu Hause – um auch dort seine Ideen in Ruhe auszuarbeiten. „Sitzen ist nichts für mich“, hatte Otto Journalisten entgegnet, die sich über das Pult wunderten, „um Gedanken zu entwickeln, muss ich in Bewegung bleiben.“ Ein langjähriger Mitarbeiter erinnert sich, dass er an manchen Abenden vier Stunden und länger neben Otto stehen musste, um immer wieder neue Geschäftsunterlagen zu besprechen. „Obwohl ich wesentlich jünger als Herr Otto war und noch dazu ein guter Sportler“, erinnert sich der Mann, „trat ich nach zwei Stunden ziemlich verzagt von einem Fuß auf den anderen. Werner Otto machte dieser nächtliche Steh- und Arbeitsmarathon überhaupt nichts aus.“ Dabei ging Otto mit beispielloser Akribie vor. „Die Weichenstellung für die Zukunft muss bis ins letzte Detail vorbedacht sein“, hat er dazu einmal gesagt, „schwierige Dinge müssen auf einen Nenner gebracht werden.“ Die „Wirtschaftswoche“ zitierte einen Insider, der aus jenen Tagen berichtete: „Gefürchtet waren seine Planungsbesprechungen, bei denen er sich nicht mit der großen Linie zufrieden gab und völlig unerwartet nach Einzelheiten fragte.“

Es gehörte ebenfalls zu Werner Ottos Prinzipien, Dinge auszuprobieren und dabei auch einmal Fehler zu riskieren. „Erkenne deine Fehler! Versuche, deinen Fehlern, also dir selbst, ins Gesicht zu sehen“, schrieb er demonstrativ gleich zu Anfang seines Buches „Die Otto-Gruppe“. Während einer Weihnachtsfeier bedankte er sich sogar einmal bei denjenigen Mitarbeitern, die im zurückliegenden Geschäftsjahr Fehler gemacht hatten. „Wenn einigen Mitarbeitern Pannen passierten, so ist es geschehen, weil sie im Interesse des Unternehmens zu viel riskiert, sich zu weit auf Neuland vorgewagt haben. Ich betone, dass es meist die Aktivsten unter uns sind, denen Fehler unterlaufen, dass sie aber zu denjenigen gehören, denen wir das Wachstum unseres Unternehmens zu verdanken haben.“

Auch Werner Otto wagte sich in diesen Jahren auf Neuland vor – und zog bei „Pannen“ rechtzeitig die Konsequenzen. Eine Kette von Autowaschanlagen verkaufte er rasch, als sie nicht die erhofften Gewinne brachte. Er stieg 1964 bei der westfälischen Strumpffabrik Schulte & Dieckhoff ein, aber nach 29 Tagen wieder aus, als er sah, dass das Unternehmen nicht seinen Vorstellungen entsprach. Vor die Alternative gestellt, diese Firma mit allen Folgen ganz zu übernehmen oder anderweitig zu investieren, entschloss sich Werner Otto, seine Anteile wieder an Fritz Karl Schulte zurückzuverkaufen.

Diese Transaktionen zeigen deutlich: Um den Konzern fit für die Zukunft zu machen, scheute sich Werner Otto nie, im richtigen Moment die Notbremse zu ziehen und einen Schnitt zu machen. Dass ihm diese konse-

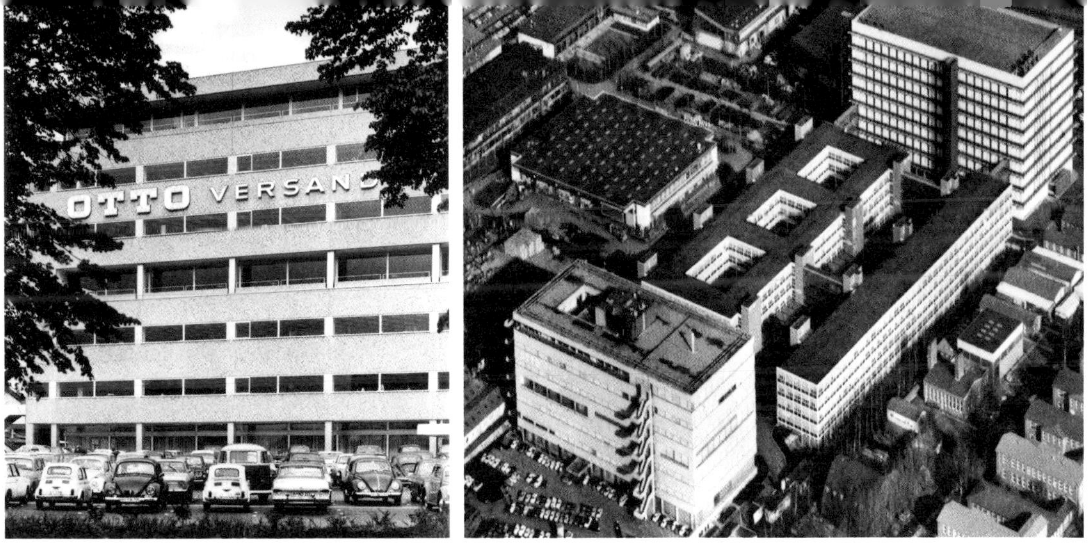

Der eindrucksvolle Firmensitz Anfang der 1970er Jahre.
Zu diesem Zeitpunkt arbeiten rund 6.000 Menschen beim Otto Versand.

quente Haltung natürlich auch – kurzfristige – Verluste einbrachte, hat ihn nie langfristig belastet. Vereinfacht gesagt verfuhr er dabei jedes Mal nach dem Motto „Gefahr erkannt, Gefahr gebannt".

Die Beispiele zeigen deutlich, wie sehr sich Werner Otto bei der Suche nach einem Erweiterungsfeld an den sich wandelnden Kundeninteressen orientierte, wie genau er bei seinen Planungen am Puls der Zeit blieb. Sein Motto dazu: „Wer Großes vollbringen möchte, muss die Zeichen der Zeit richtig deuten und danach handeln." Zu echten Fehlschlägen hatte sich keine dieser Unternehmungen entwickelt. Die sorgenvollen Ermahnungen von außen konterte Otto gelassen. Die Meinung der Öffentlichkeit dazu sei ihm „ziemlich egal", erläuterte er einmal knapp, entscheidend sei, dass der erste Verlust immer der niedrigste sein müsse.

Zum richtigen Zeitpunkt hatte sich Otto organisatorisch Luft verschafft und seinen finanziellen Spielraum erweitert. 1962 hatte er seine Teilungspläne wahr gemacht und 25 Prozent des Otto Versands an E. Brost & J. Funke, Eigner der Essener WAZ Gruppe („Westdeutsche Allgemeine", „Braunschweiger Zeitung", Druckereien und Radiosender), verkauft. Ein Jahr später übernahm die General Shopping S. A. 15 Prozent der Gesellschafteranteile, und 1964 kaufte die KG Gesellschaft für Beteiligungen und Investierungen (später Aurum KG) zehn Prozent der Anteile am Otto Versand. Damit wurde eine breitere Kapitalbasis geschaffen. Werner Otto hat diesen Schritt, der ja vom reinen Familienbetrieb wegführte, immer

Die Katalogproduktion läuft und läuft – genauso wie der Slogan „Otto…find' ich gut.".

ohne jede Sentimentalität begründet. „Manches Familienunternehmen könnte sich zu einem Großunternehmen entwickeln", so Otto in einem Interview, „wenn der Inhaber sich entschließen würde, Teilhaber in seine Firma aufzunehmen. Unsere Entwicklung wäre kaum möglich gewesen, wenn ich nicht immer die Bereitschaft zum Teilen gehabt hätte." Insider wussten allerdings, dass Werner Otto dieser Schritt keinesfalls leicht gefallen war. Umso glücklicher machte es ihn, dass die Familie unter Federführung seines Sohnes Michael (seit 1981 Vorstandsvorsitzender) 1983 zunächst die Anteile der General Shopping S. A. zurückkaufte, und von 1984 an wurden sukzessive die Anteile der Aurum KG zurückerworben.

1966
Werner Otto übergibt den Vorstandsvorsitz des Otto Versands an Günter Nawrath.

Die Krönung dieser Transaktionen: Zum Jahreswechsel 2007 / 2008 kaufte Michael Otto die 25-Prozent-Beteiligung von der WAZ Gruppe zurück. Der 98-jährige Werner Otto erlebte damals, dass alle großen deutschen Zeitungen Schlagzeilen brachten wie: „OTTO ist wieder OTTO" und „OTTO kann wieder ganz frei schalten und walten". Ein Blatt bescheinigte Michael Otto in diesem Zusammenhang unter anderem eine Mischung aus „Beharrlichkeit, Treue zu den persönlichen und lokalen Wurzeln, unverbrüchlichen Optimismus" – Eigenschaften, die auch den Vater ausgezeichnet hatten.

Eine echte Zäsur für sich persönlich hatte Werner Otto lange nicht vollzogen, weil er die Fäden immer noch nicht ganz aus der Hand geben konnte. Erst 1966 fand er in seiner Führungsmannschaft endlich denjenigen, dem er die Nachfolge auf den Chefsessel des Otto Versands zutraute. Otto machte Günter Nawrath zum neuen Vorstandsvorsitzenden, gleichzeitig sorgte er dafür, dass sein Sohn Michael langfristig auf die Leitung des Konzerns vorbereitet wurde. Er selbst übernahm den Posten des Beiratsvorsitzenden und bestimmte in entscheidenden Fragen auch weiterhin mit. Doch die allgemeine Geschäftsführung hatte er in die Hände seines Managements gelegt, das – so wurde von außen mit Staunen registriert – ein Durchschnittsalter von nur 40 Jahren hatte. Werner Otto hat es sein ganzes Leben lang geschätzt, mit jungen Leuten zusammenzuarbeiten. Um es noch einmal deutlich zu sagen: Der Vollblutunternehmer Werner Otto, der binnen kurzer Zeit ein Großunternehmen aufbaute, hatte nicht einfach nur ein Team gesucht und gefunden, das ihn vom Tagesgeschäft entlasten sollte, sondern er hatte die volle Verantwortung abgegeben. Um diesen Schritt auch nach außen den Mitarbeitern deutlich zu machen, verlegte er zeitweise sogar sein Büro aus dem Otto-Versand-Gebäude heraus. Werner Otto stand seinem Sohn Michael weiterhin als Ratgeber zur Seite, der das Unternehmen zu einem überaus erfolgreichen Weltkonzern ausbaute.

Die spätere Umfirmierung von „Otto Versand" in „OTTO" und danach in „Otto Group" trägt der Entwicklung des Unternehmens zu einem international tätigen Handels- und Dienstleistungskonzern Rechnung.

Einstieg ins internationale Immobiliengeschäft

„Auch von anderer Seite hörte ich, dass die Baubranche eine der schwierigsten sei"

Werner Otto hat einmal deutlich gemacht, dass er seine unternehmerischen Aktivitäten nie nach einem festen Konzept entwickelte. Natürlich gab es grundsätzliche Voraussetzungen und Überlegungen, die dabei zum Tragen kamen, aber viele Entwicklungen waren auch von Zufällen bestimmt. Obwohl Otto längst zur „Diversifikation", zum Aufteilen und Auffächern seiner Unternehmungen bereit war, fehlte ihm immer noch das richtige Betätigungsfeld. Mitte der 1960er Jahre hatte er weitere wichtige Erkenntnisse für zukünftige Projekte gewonnen. Die Probleme, die der Anteilserwerb bei Schulte & Dieckhoff mit sich gebracht hatte, machten ihm deutlich, dass er nie wieder in schlecht laufende Firmen investieren und dort auch sofort Verantwortung übernehmen würde. Und die Schwierigkeiten mit der Kette von Autowaschanlagen zeigten ihm, dass Konzepte, die in anderen Ländern gut funktionieren, nicht zu jedem beliebigen Zeitpunkt im Maßstab eins zu eins auf den deutschen Markt übertragbar sind.

Was also tun? Obwohl Werner Otto seinen unternehmerischen Genius bereits eindrucksvoll bewiesen hatte und obwohl er über genug Kapital für einen Neustart verfügte, sträubte er sich lange, ins scheinbar verlockende Immobiliengeschäft einzusteigen. In seinem Buch „Die Otto-Gruppe" macht er deutlich, dass dafür die eigenen negativen Erfahrungen mit Baufirmen verantwortlich waren. Bei der Ausgestaltung aller Firmensitze – egal, ob in Schnelsen, Hamm oder Bramfeld – waren die Kosten stets wesentlich höher ausgefallen als zunächst berechnet.

Hinzu kommt, dass Werner Otto aus nächster Nähe erlebt hatte, wie schnell Investoren im Immobiliengeschäft gescheitert waren, weil sie, wie er einmal sagte, leichtsinnig, ja größenwahnsinnig geworden waren.

Die Welt im Blick: Werner Otto auf dem Balkon seines Unternehmens.

Dabei hatte Otto sogar Verständnis für diese Männer, die davon träumten, ganze Stadtviertel nach ihren Vorstellungen zu formen, die an künstlerisch ambitionierte Architekten und kühne Baufirmen glaubten, und dabei gar nicht merkten, dass sie sich bereits auf dem Weg in die Fehlspekulation befanden.

„Durch diese bitteren Erfahrungen war ich geschockt und hatte bestimmt kein Interesse, irgendwelche Bauten zu erstellen oder gar ins Immobiliengeschäft einzusteigen", erinnerte sich Otto. „Auch von anderer Seite hörte ich, dass die Baubranche eine der schwierigsten sei."

Diese starken Bedenken konnte Werner Otto erst überwinden, als er das Problem mit der ihm eigenen Energie frontal anpackte und eine eigene Bauabteilung ins Leben rief. Erst das Gefühl, nicht mehr von Leuten abhängig sein zu müssen, die gar nicht zu seinem Einfluss- und Wirkungsbereich gehörten, öffnete seinen Geist für Immobiliengeschäfte, die er dann binnen weniger Jahre überaus erfolgreich betreiben sollte.

Die Sagitta Gruppe

„Es ist wie ein Ein- und Ausatmen"

Eines der fünf Gebäude des Imperial Tower-Komplexes in Toronto.

Auf der Suche nach geeigneten Standorten für Anlageobjekte hatte Werner Otto Kanada entdeckt, genauer gesagt die Stadt Toronto. Als Otto die heutige Weltmetropole Anfang der 60er Jahre kennen lernte, war Toronto eine mittlere Großstadt ohne Hochhäuser und mit einfachen Verkehrswegen. Charme und Vitalität der kanadischen Stadt hätten ihn von Anfang an fasziniert, schrieb Otto später. Er reiste jährlich mehrmals nach Toronto und kaufte bei fast jedem Besuch eine Immobilie. Wie üblich informierte sich Werner Otto dabei vorab genauestens über das Umfeld der jeweiligen Gebäude, oft ließ er sie sich auch vom Hubschrauber zeigen, um mehr über die unmittelbare Umgebung herauszufinden.

Typisch für Werner Otto waren seine ausgedehnten Abendspaziergänge durch Toronto, auf denen er die Strukturen der Stadt regelrecht erforschte und so nach interessanten Anlageobjekten Ausschau hielt. „Diese reizvolle Art und Weise der Akquisition ist heute nicht mehr möglich", erinnerte sich Otto, „in meinem arbeitsreichen Leben waren dies auf jeden Fall die schönsten ‚Arbeitsstunden'." Er kaufte damals vermietete Anlageobjekte und unbebautes Land, das eines Tages für die Bebauung reif sein würde. Zwei besondere Eigenschaften sorgten dafür, dass Werner Otto seinen sicheren Instinkt auch bei diesen Geschäften voll entwickeln konnte: sein ausgeprägtes Ortsgedächtnis und sein ungewöhnlich guter Orientierungssinn. Er hat nach eigenem Bekunden nie damit gerechnet, dass sich mit diesen Begabungen etwas Nennenswertes anfangen lassen würde. Doch faktisch war es ihm damit möglich, bei jedem neuen Besuch in Toronto genau zu erfassen, wie sich ein Straßenzug oder ein ganzes Viertel entwickelt hatten. Ebenfalls hilfreich war seine Vorliebe für das Studieren von Stadtplänen, ein nützliches Hobby, das er von seinem Vater übernommen hatte. „Es gilt, die Entwicklung der Städte zu beobachten", so

Otto über diese Jahre. „Es ist wie ein Ein- und Ausatmen. Plötzlich setzt der Trend in die Außenbezirke ein. Das Land, das vorher Bauernland war, an das vor einigen Jahren niemand dachte, wird unvermittelt zum Bauerwartungsland. (...) Dann setzt eine Rückkehr ein. Das Wachstum der Randgebiete ist zu schnell erfolgt. (...) Mit einem Mal bemüht sich die Innenstadt auf jede Art und Weise, attraktiver zu werden. (...) Plötzlich wird der Wunsch wach, wieder in der Stadt zu wohnen. Innenstadtobjekte, die im Preis stagnierten oder vielleicht sogar im Wert zurückgingen, werden nun wieder gesucht. Die Innenstadt wächst, und in den Außenbezirken tritt ein Stillstand ein."

Diese Erkenntnis hat Werner Otto in den kommenden Jahren enorm geholfen, weil sie – so hatte er rasch festgestellt – für jede Art von Immobilie gilt. Egal, ob er Büroimmobilien in Kanada oder den USA erwarb oder Standorte für Einkaufszentren festlegte: Sein über viele Jahre trainierter Instinkt für die richtige Lage hat Werner Otto nie im Stich gelassen.

Zunächst hatte Werner Otto die Verwaltung seiner kanadischen Objekte in die Hände örtlicher Firmen gelegt, mit deren Leistungen er bald jedoch nicht mehr zufrieden war. Zwar hatten die Immobilen vordergründig betrachtet die erwarteten Gewinne erbracht, aber gleichzeitig war aus Kostengründen zu wenig in die Gebäude investiert worden. Dadurch hatte sich die Sozialstruktur ungünstig entwickelt, und immer mehr solvente Mieter waren ausgezogen. Werner Otto musste verärgert feststellen, dass der Niedergang der einst stattlichen Häuser scheinbar kaum zu stoppen war. Um Schlimmeres zu verhindern, baute er vor Ort einmal mehr eine eigene Verwaltungs- und Entwicklungsfirma mit eigenem, gut ausgebildetem Mitarbeiterstab auf. Dabei setzte er erneut auf Mechanismen, die einst den erfolgreichen Ausbau seines Versandunternehmens begründet hatten. „Eine Qualitätsleistung lässt sich nur erreichen, wenn auch eine Qualitätskontrolle vorhanden ist", so Otto später. „Diese Kontrolle wurde bei uns im Grundstücksgeschäft vom Regional Manager ausgeübt, der feststellte, wie gut die Gebäudemanager ihre Objekte verwalten."

Toronto
Werner Otto baut in Kanada eine Grundstücksverwaltungs- und -entwicklungsfirma auf.

Vertrauen ist gut, Kontrolle ist besser. Diese Umstrukturierungsmaßnahmen zeigten Erfolg, allerdings dauerte es ein paar Jahre, bevor die Wohnanlagen wieder zu einer gesuchten Adresse geworden waren. Weitere

Wohnblocks kamen hinzu, damit sich der Apparat von Verwaltungsfachleuten und Planern bis zum Instandhaltungspersonal auch lohnte.

Kaum hatte Werner Otto für den kanadischen Markt eine Mannschaft seines Vertrauens zusammengestellt, die erfolgreich arbeitete, begann er sich für weitere Projekte in dem riesigen Land zu interessieren. Otto reagierte auf den ungebrochenen Boom in Toronto und die ständig weiter steigenden Grundstückspreise, indem er auf die Entwicklung von Industrieparks mit Fertigungs- und Lagerhallen setzte. Gebündelt wurden all diese Aktivitäten in der Sagitta Development and Management Inc., Toronto. Schließlich verlagerten sich die Aktivitäten mehr und mehr in Richtung Grundstücksentwicklung, Erschließung und Bebauung von Land mit Apartments, Geschäftshäusern, Lager- und Fabrikgebäuden.

Das Otto-Team praktizierte dabei vor allem zwei Modelle: Zum einen den Bau von Immobilien, bei denen der Mieter bereits feststand, um dessen Wünsche während aller Phasen berücksichtigen zu können. Zum anderen wurden Bau und Vermietung einer „Hülle“ angeboten, wobei die Ausgestaltung des Innenbereichs den Vorstellungen potenzieller Mieter angepasst werden konnte.

Heute ist die Sagitta Development and Management Inc. in Kanada für die Bereiche Landentwicklung sowie Industrie- und Gewerbeparks zuständig, während sich die Park Property Management Inc. um das Management der Apartmentgebäude kümmert. Die Sagitta Group hält rund 7.000 Wohnungen sowie rund 140.000 Quadratmeter Gewerbeflächen. Damit gehört sie zu den größten Unternehmen dieser Art in Kanada.

Die Paramount Gruppe

„New York erinnert ihn an das Berlin seiner Jugendzeit"

Dass Werner Otto seine Geschäftsaktivitäten auf internationale Immobilien verlegte und sich dabei schließlich ganz dem nordamerikanischen Kontinent zuwandte, hatte nicht nur rein sachliche Gründe. Wie viele andere deutsche Unternehmer beschäftigte und belastete auch ihn die ungewisse Zukunft des geteilten Landes und des vom Kalten Krieg gebeutelten Mitteleuropas. Die Politik der sozialliberalen Regierung erschien vielen Selbstständigen als zu wirtschaftsfeindlich, und das einsetzende „Tauwetter" in der Ostpolitik konnte nicht darüber hinweg täuschen, dass man von einem Ende der Ideologien und einer Öffnung der Grenzen noch sehr weit entfernt war.

Handelsbeziehungen im normalen Sinne gab es für deutsche Unternehmen in Richtung Osten nicht und würde es auch über viele Jahrzehnte nicht geben. Der Eiserne Vorhang schien die Investitions- und Expansionsmöglichkeiten bis in alle Ewigkeit zu begrenzen, und nicht wenige politisch wache Menschen sahen im alten Europa langsam aber sicher die Lichter ausgehen. Auch die schon beschriebene Stagnation in der deutschen Wirtschaftpolitik und die plötzlich auftretende Rohstoffknappheit drückten das Investitionsklima erheblich. Zwar ließ sich der Unternehmer Werner Otto nie von konjunkturpessimistischen Stimmungen anstecken oder gar lähmen, aber die damalige Entwicklung beobachtete er nach Auskunft seiner Söhne nicht ohne Sorge. Nordamerika war und blieb für ihn ein Kontinent, wo die individuellen Freiheiten des Unternehmers langfristig garantiert sein würden.

In den 1970er Jahren beschloss Werner Otto, die kanadische Erfolgsgeschichte in den USA zu wiederholen. Den Start im Land der unbegrenzten Möglichkeiten stellte er dabei einmal mehr unter seine Prämisse, zwar mutig etwas völlig Neues zu beginnen, dabei aber auf bereits vorhandenes Know-how aufzubauen und damit die unvermeidbaren Anfangsfehler so gering wie möglich zu halten. Mitten während einer der schlimmsten Wirtschaftskrisen, die die USA je erlebt hatten, beschloss Werner Otto, in Bürohäuser zu investieren. Er war davon überzeugt, dass die wirtschaftlichen Strukturen des Landes grundsätzlich stabil seien und dass die Krise entsprechend nicht von langer Dauer sein würde. Doch einmal mehr mussten Otto und seine Mitarbeiter die Rahmenbedingungen bei jedem sich anbahnenden Geschäft bis ins kleinste Detail prüfen. Jeder Mietvertrag – wie sich herausstellte, gab es in Amerika bei großen Bürogebäuden Hunderte der unterschiedlichsten Art – musste genau analysiert werden, um das Unternehmen vor unliebsamen Überraschungen zu schützen.

Analog zu Toronto wollte Otto ursprünglich in Chicago investieren und startete seine Unternehmungen auch dort. Doch diese Stadt, deren ungewöhnliche Entwicklungsmöglichkeit Otto richtig analysiert hatte, überstand die Wirtschaftskrise (eben aufgrund dieses Potenzials) wesentlich besser als erwartet, wodurch sie aber als Standort für den Investor aus Deutschland letztlich ungeeignet blieb. 1979 verlegte Otto die Zentrale seiner amerikanischen Geschäfte nach New York City. Er hatte dort 1976 das Paramount Plaza erworben, und seine Niederlassung erhielt schließlich den Namen Paramount Unternehmensgruppe.

Der ehemalige Hamburger Finanzsenator Wolfgang Peiner erinnerte sich noch Jahre später, wie begeistert Werner Otto war, nachdem er in New York seinen ersten Wolkenkratzer gekauft hatte. „New York erinnert ihn an das Berlin seiner Jugendzeit", so Peiner. Er gehörte damals zu einer Gruppe von Mitarbeitern, die sich das neue Gebäude von Otto vor Ort persönlich zeigen ließen. Vom Hotel aus seien alle Werner Ottos Art entsprechend zu Fuß zum Paramount Plaza gelaufen. „Otto beschleunigte seinen Schritt immer mehr, so dass die anderen kaum mithalten konnten", erinnerte sich Peiner. Vor dem Paramount Plaza sei er dann kaum noch zu halten gewesen und habe die neuen Büroräume regelrecht gestürmt. „Man merkte deutlich, wie er sich über den neuen Besitz und die damit verbundene neue Aufgabe freute", so Peiner, „in gewisser Weise erinnerte er an einen strahlenden Jungen, der einen neuen Teddybären bekommen hatte.“ Allerdings war diese Investition alles andere als eine Spielerei.

Von Werner Otto fast ohne Eigenkapital erworben, erwies sich das Paramount Plaza als wahrer Glücksgriff. Heute schätzen Experten den Wert der 200.000 Quadratmeter-Immobilie auf rund eine Milliarde Euro.

Das ist auch so eine Werner-Otto-Erfolgsgeschichte für sich: Am Ende des Jahrzehnts hatte er bereits in Bürohäuser, Lager- und Produktionshallen, Industrie- und Wohntürme die Summe von rund 200 Millionen Mark investiert. Allein seine kanadischen Interessen wurden schon damals von fünf Grundstücksgesellschaften mit Sitz in Toronto wahrgenommen. Otto hatte rechtzeitig erkannt, dass die Zeit für internationale Investitionen gekommen war, weil der heimische Markt schon bald nicht mehr genug hergeben würde. „Ab Anfang der 70er Jahre rechnete ich mit einem Auslaufen des Nachkriegsbooms“, bilanzierte er später. „Die gewaltige Aufbauphase musste irgendwann abklingen. Die Ölkrise löste dann das Umschlagen des Booms aus. Wir haben im richtigen Augenblick unsere Expansion gebremst und dann im Tal der Krise unsere Investitionen in den USA getätigt.“

Das Paramount Plaza in New York.

Die geschäftlichen Aktivitäten auf dem nordamerikanischen Markt wurden und blieben ein wichtiger Zweig des Konzerns, der heutigen Otto Group.

Wie erfolgreich diese Strategie war, zeigt ein Blick auf die langfristigen Konzernzahlen: 1965 hatte der Otto Versand einen Umsatz von über 400 Millionen Mark erreicht, der im Wesentlichen von der Zentrale in Hamburg abgewickelt wurde. In den Folgejahren bis 1981 steigerte sich der Otto-Konzern-Umsatz allein in Deutschland auf fast vier Milliarden Mark.

Anfang der 1990er Jahre ging die Immobiliengruppe des Otto Konzerns durch eine aufwändige Konsolidierungsphase, nachdem das Land unerwartet von einem Crash auf dem Immobilienmarkt erschüttert worden war. Dank geschickter Gegenmaßnahmen, darunter einige rechtzeitig getätigte Verkäufe, gelang es dem Konzern erfolgreich, auch diese Krise zu meistern.

SCHLOSSPARK-CENTER
Schlosspark-Center
JP
KARSTADT
LÖHR-CENTER
Koblenz
ECE
Entwickelt · Realisiert ·
Ausgabe/Issue 30 Dezember/December 2008
INTERN
ECE
ECE'S EMPLOYEE MAGAZINE
Unser
100. Center
Our 100th center
Zugkräftig
ECE ist Partner beim neuen Hauptbahnhof Wien
Attractive
ECE is partner at the new Vienna Central Station
Die Finanzkrise
Interview mit Karsten Hinrichs und Wilhelm Wellner
Financial crisis
Interview with Karsten Hinrichs and Wilhelm Wellner
BÜRO-CENTER
GALERIA
KRAKOWSKA

Ein neuer Konzern entsteht: die ECE

„Was mich beeindruckte, war die kundenfreundliche Vielfalt der Läden"

Werner Otto hat einmal geschrieben, dass die 1960er Jahre eine nahezu ungebremste Boomphase in fast allen Industrieländern bedeutet hatten. Zugleich seien den Menschen damals aber auch die Grenzen dieses Wachstums und die damit verbundenen Probleme immer deutlicher geworden. „Die Wohlstandskluft zwischen Nord und Süd war am Ende der 60er Jahre weiter und tiefer als je zuvor", so Otto. „Irgendwie wuchs in immer mehr Menschen das Gefühl, dass trotz rasenden technischen Fortschritts die großen Probleme dieser Welt, wie Hunger und Elend von Hunderten von Millionen, Rüstungswettlauf, Bevölkerungsexplosion, Entfremdung zwischen Jung und Alt, Inflation, Arbeitslosigkeit, Rechtsunsicherheit im nationalen wie im internationalen Rahmen, Rohstoffverteuerung bzw. -verknappung, Preisexplosion von Öl und Nahrungsmitteln, schnell wachsende Umweltverschmutzung und -belastung etc. uns in nicht allzu ferner Zukunft über den Kopf wachsen könnten."

Die zunehmende Politisierung der Gesellschaft, der europaweite „Ruck nach links" machte sich auch wirtschaftspolitisch zunehmend bemerkbar. Die Zeiten des kritiklosen Konsumierens gingen zu Ende, zugleich forderten Arbeitnehmer ihre Rechte stärker als bisher ein. In Deutschland gelang Anfang der 1970er Jahre ein kurzer Aufschwung, der unter anderem einen nur wenig gebremsten Ausbau des sozialen Netzes mit sich brachte. Die Regierung unter Willy Brandt blähte den Sozialstaat auf. Unter anderem erhöhte sie das Kindergeld, erweiterte die Ausbildungsförderung, stockte Wohngeld und Sozialhilfe auf. Die Menschen wurden angehalten, sich Geld von den Ämtern zu holen, das ihnen angeblich zustand – es schien in unbegrenztem Umfang da zu sein. In nur fünf Jahren bis 1975 stiegen die Sozialleistungen des Staates, gemessen am Bruttoinlandsprodukt, von 25,1 Prozent auf 31,6 Prozent. „Niemand konnte erwarten", so der Bielefelder Historiker Werner Abelshauser im „Spiegel" sarkastisch, „mit zusätzlichen Ausgaben, wie etwa der Einführung des erweiterten Mutterschaftsurlaubs, der Weltwirtschaft Beine zu machen."

Schon in den Jahren 1974 / 75 setzte eine erneute Rezession ein, trotzdem erkämpfte die Gewerkschaft ÖTV im Frühjahr 1974 noch eine Lohnerhöhung um elf Prozent. Deutschland lebte über seine Verhältnisse, eine gewisse Selbstbedienungsmentalität griff um sich, und gleichzeitig rutschte die Wirtschaft in die Stagnation ab. Ende der 70er Jahre verschlechterte sich die Lage nach einem kurzen Zwischenhoch erneut – sinkende Kaufkraft, fehlende Investitionen und Massenarbeitslosigkeit bestimmten das Wirtschaftsklima in der Bundesrepublik. „Wichtige Hebel der Konjunktursteuerung und der Wachstumspolitik verloren … ihre Wirksamkeit", so Abelshauser, „ein schöner Traum war damals ausgeträumt."

Für Unternehmer war es schwieriger geworden in der immer noch relativ jungen Bundesrepublik, und Werner Otto musste sich jetzt ganz neuen Herausforderungen stellen.

Analyse
Werner Otto vergleicht den amerikanischen Markt für Einkaufszentren mit dem deutschen.

Wie bereits erwähnt, hatte Werner Otto zwischen 1965 und 1970 begonnen, sein Unternehmen großflächig aufzuteilen und auf verschiedene Felder auszuweiten. In diesen Jahren bereitete er seinen Rückzug aus dem Versandhandel vor und verstärkte parallel seine Aktivitäten auf dem nordamerikanischen Kontinent. Doch so erfolgreich Ottos Immobiliengeschäfte in Kanada auch sein mochten: Es reizte ihn, gerade in seinem Heimatland noch einmal als Pionier zu wirken und seine unverbrauchte Kraft einer neuen Aufgabe zu widmen. Einmal mehr besann er sich dabei auf seine Wurzeln als Einzelhändler, allerdings stand ihm klar vor Augen, dass sich das Einkaufsverhalten der Menschen in Mitteleuropa rasant ändern würde. Bei seinen vielen Aufenthalten in den USA hatte Werner Otto registriert, wie schnell die klassischen Einzelhändler gegenüber den rasch expandierenden Malls ins Hintertreffen gerieten – oder anders gesagt: Welche Möglichkeiten dieser Trend dem innovativ denkenden Unternehmer bot. Zugleich war ihm klar, dass er die Einkaufswelten made in USA zu diesem Zeitpunkt dem deutschen Markt nicht einfach im Maßstab eins zu eins überstülpen konnte – was also tun? Mit welcher Ausgangslage sah sich Werner Otto überhaupt konfrontiert, als er sich entschloss, sein unternehmerisches Glück mit Einkaufszentren zu versuchen?

Mutterland der Shoppingcenter sind die USA. Zwar gilt das County Club Plaza Center von 1927 in Kansas City als Erstes der Welt, aber erst in den 1950er Jahren starteten die Zentren ihren raschen Siegeszug durch das ganze Land. Hatte es 1949 noch rund 75 Center in den USA gegeben, waren es sechs Jahre später schon doppelt so viele, während sich weitere 2.000 im Baustadium befanden. Im Jahr 1969 machte der Marktanteil der Shoppingcenter mehr als 41 Prozent des Einzelhandelsumsatzes in den USA aus. Um das Jahr 2000 gab es in den USA mehr als 30.000 Einkaufszentren, die bereits rund 80 Prozent des Einzelhandelsumsatzes ausmachten.

Hauptursache für diese rasante Entwicklung war ein verändertes Siedlungsverhalten der Durchschnittsamerikaner ab den 1930er Jahren. Der Wunsch nach einem eigenen, bezahlbaren Haus hatte immer mehr Menschen in die Vororte der großen und mittleren Städte des Landes gespült.

Während die „Suburbs" immer stärker anwuchsen, verslumten die Kernstädte zunehmend, nachdem sich hier ärmere, meist farbige Bevölkerungsgruppen angesiedelt hatten. Seit Mitte der 1960er Jahre hatte die Zahl der Vorortbewohner dann deutlich die der klassischen Städter überholt. Zwar ermöglichte der enorme Automobilboom in den USA den Menschen eine bis dahin unbekannte Mobilität. Zugleich waren die Zentren der Städte mit der Zeit aber so stark vom Autoverkehr verstopft worden, dass die Einkaufsfahrt vom Suburb zum Zentrum den Menschen zunehmend als Zumutung erschien.

Erstaunlicherweise waren Einkaufsmöglichkeiten bei der Planung der klassischen Vorstädte gar nicht mit berücksichtigt worden, sondern über viele 100 Quadratkilometer war jede Fläche ausschließlich für Wohnbebauung vorgesehen. Dabei sorgte der ständig wachsende Wohlstand der Amerikaner dafür, dass bereits in den 1950er Jahren nicht mehr nur die für den täglichen Bedarf unbedingt benötigten Dinge gekauft werden mussten. Vielmehr konnte es sich der Durchschnittskunde leisten, in zunehmendem Maße Konsumgüter aus praktisch jedem Bereich zu erwerben.

Ein neuer Konzern entsteht: die ECE

Werner Otto hatte diese Entwicklung gründlich analysiert und stellte sie bei seiner Planung der des europäischen Marktes gegenüber.

Auch in Europa hatte es Entwürfe für Einkaufszentren bereits seit den 1950er Jahren gegeben. Allerdings galt es hier, völlig andere Stadtstrukturen und Siedlungsgewohnheiten in Rechnung zu stellen. In Ländern wie Deutschland oder Schweden – dem ersten Land, in dem es Shoppingcenter gab, – waren die Menschen viel länger und dauerhafter an das Einkaufen „in der Stadt“ gewöhnt als in Nordamerika. Hier hatten die Städte – anders als in den USA – echte, traditionelle Zentren, die zum Teil noch auf den Marktstrukturen des Mittelalters aufbauten. Die Ablösungen von Traditionen wie der Fahrt zum Einkaufen in die Innenstadt war hier nicht so leicht vorstellbar, und eindringlich rieten Planer vom Bau von Einkaufszentren „auf der grünen Wiese“ ab. Entsprechend waren zum Beispiel in Schweden Einkaufszentren von Anfang an viel stärker in die Planungen für den Bau von Vorortsiedlungen einbezogen worden, als das in den USA der Fall gewesen war.

Zu Beginn der 1960er Jahre hatte sich das Einkaufsverhalten in den großen deutschen Städten erheblich verändert. Im Zuge des Wirtschaftswunders konnten sich die Menschen unter anderem Autos, Kühlschränke und – immer häufiger – sogar Kühltruhen leisten. Die Folge: Die Kunden mussten nicht mehr laufend zum „Tante-Emma-Laden“ an der Ecke gehen, um sich mit frischen Lebensmitteln einzudecken. Stattdessen konnten sie jetzt für Tage im Voraus einkaufen. Mehr noch: Aufgrund der immer weiter wachsenden Mobilität wurde die Fahrt in benachbarte Quartiere oder „in die Stadt“ – also in zentral gelegene Einkaufsgebiete der Innenstädte – immer häufiger zu einer Selbstverständlichkeit. Selbstbedienungsketten begannen den Handel zu dominieren und die kleinen Einzelhandelsgeschäfte waren der Konkurrenz immer seltener gewachsen. 1962 gab es noch rund 445.000 Einzelhändler, aber bis 1976 sank diese Zahl auf 332.000.

20.000 Einzelhändler gaben in Deutschland jährlich auf. Vor dem Hintergrund dieser sich stark verändernden Strukturen wurde auch in Deutschland der Bau von Einkaufszentren – also die konzentrierte Ansammlung von aufeinander abgestimmten und zueinander in Wettbewerb stehenden Geschäften und Dienstleistungsbetrieben – zunehmend vorstellbar. Ähnlich wie in den USA löste mit zunehmendem Wohlstand und wachsender Mobilität der „Erlebnishandel" den reinen Versorgungshandel immer stärker ab. Die Zunahme des Autoverkehrs führte zwar dazu, dass viele Menschen – wie auch in den USA – zum Einkaufen nicht mehr ins Zentrum fahren wollten, sondern in Ruhe in den Außenbezirken einkauften. Ein grundlegender Unterschied zu den USA war und blieb jedoch, dass es immer noch genug Kunden gab, die auch weiterhin gerne im innerstädtischen Bereich einkauften. Anders als die mit den Weiten der USA vertrauten Menschen waren und sind deutsche Kunden auch gar nicht bereit, zum Einkaufen lange Strecken mit dem Auto zurückzulegen. Es ist leicht nachvollziehbar, dass sich aufgrund dieser heterogenen Entwicklung – größere Mobilität und Ausdehnung der Städte bei oft gleichzeitiger Beibehaltung des traditionellen Einkaufens „in der Stadt" – die Planer von Einkaufszentren über Jahre nicht einig waren, ob die Center in Deutschland nun eher im innerstädtischen Bereich oder auf der viel zitierten „grünen Wiese" entstehen sollten. Schließlich wurden die ersten beiden Shoppingcenter amerikanischen Stils auf deutschem Boden – das Main-Taunus-Zentrum bei Frankfurt am Main und das Ruhrpark-Einkaufszentrum bei Bochum – dann zwar als nicht in die Stadt integrierte Center geplant und gebaut. Statistiken zeigen aber, dass sich in den Folgejahren dann doch Einkaufszentren in Innenstadtlage beziehungsweise am Stadtrand gegenüber diesen so genannten „zwischenstädtischen" Zentren durchsetzten. Als erste Einkaufspassage Deutschlands gilt übrigens „Sillem's Basar" in Hamburg, die 1842 nach dem verheerenden Stadtbrand gebaut worden war und zwei Straßenzüge miteinander verband. Allerdings konnte sich die für die Kunden ungewohnte Passage damals nicht durchsetzen und wurde nach mehrfachem Besitzerwechsel wieder abgebrochen.

Erst ein weniger erfolgreiches Gemeinschaftswarenhaus, dann ein bis heute erfolgreiches Shoppingcenter: das dez in Kassel.

Werner Otto entschloss sich schließlich, zunächst einen Versuch mit so genannten Gemeinschaftswarenhäusern zu wagen, die in den 60er Jahren in Schweden erfolgreich waren. Unter einem Dach, ohne trennende Wände, boten hier Einzelhändler unter einem gemeinsamen Namen ihre Waren an. 1962 hatte er die Werner Otto Vermögensverwaltung GmbH gegründet, aus der drei Jahre später die Werner Otto Grundstücks-Entwicklung GmbH (WOG) hervorging. Die Firma saß zunächst mit einem

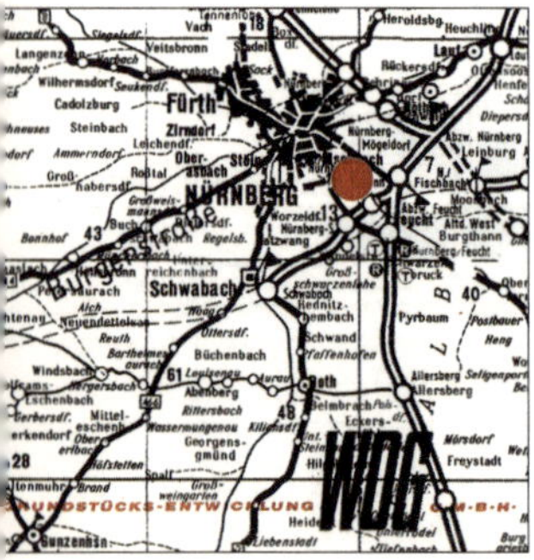

1970 wird die „Werner Otto Grundstücks-Entwicklung" in die „Einkaufs-Center-Entwicklung", kurz ECE, umbenannt.

Dutzend Mitarbeiter an der Straße Blumenau. 1966 zog sie dann nach Bramfeld in das Staffelgeschoss des neuen Verwaltungsgebäudes des Otto Versands. Diese Immobiliengesellschaft steuerte die Ansiedelung von gewerblichen Immobilien und Wohnungen und hatte das langfristige Ziel, dem Versandhandel auch eine Warenhauskette zur Seite zu stellen. Mit Hilfe einer eigenen Warenhaus-Geschäftsführung schaffte Otto es, von 1970 bis 1973 fünf Warenhäuser aufzubauen und sie erfolgreich zu führen. Zwei Gemeinschaftswarenhäuser eröffnete er unter dem Namen „Skala" in Braunschweig und Langenhagen bei Hannover, hinzu kam das „Deutsche Einkaufszentrum" in Kassel. Mitte 1973 zeigte sich, dass die Rahmenbedingungen für eine gewinnbringende Expansion nicht mehr gegeben waren. Zum einen erhöhten sich die Finanzierungskosten erheblich, zum anderen gab es einen starken Preisauftrieb bei den Bodenpreisen. Otto engagierte sich mit Verve in diesem Geschäft, aber als seine fünf Häuser – das letzte war 1973 in Mülheim eröffnet worden – nicht den gewünschten Erfolg brachten, trennte er sich schnell entschlossen wieder von ihnen. „In den Stadtzentren lohnt die Nachbarschaft zu etablierten Warenhäusern nicht", räumte Werner Otto mit auffallender Gelassenheit in einem Interview ein – zukünftig würde er eben anders planen.

Die abgebrochenen Versuche mit der eigenen Warenhauskette hatten ihm gezeigt, dass der Einzelhandel auf die steigenden Ansprüche der Kunden am besten mit der Schaffung einer eigenen Einkaufs- und Erlebniswelt reagieren müsse. Auf seinen ausgedehnten Informationsreisen in die USA konnte er sich ein Bild davon machen, wie diese „Welten" aussehen sollten. Es ging dabei um überdachte und damit wetterunabhängige Einkaufszentren, und Ziel war es schließlich, eine ganze Kette davon aufzubauen. Alle logistischen Aspekte hatten Otto und sein Team genau durchdacht. Neben einem breiten Warenangebot mit möglichst vielen verschiedenen Läden mussten die Center verkehrsgünstig liegen und ausreichend viele Parkplätze anbieten.

Das Experiment mit den Gemeinschaftswarenhäusern hatte sich aus seiner Sicht als Misserfolg erwiesen – warum? Otto erkannte im Rückblick, dass es schon genügte, wenn einer der beteiligten Läden den Anforderungen nicht gerecht wurde, um die Anziehungs- und Kaufkraft des ganzen Hauses zu lähmen. Wieder einmal stellte er die Kundenorientiertheit über alles – wieder einmal sollte er Recht behalten. Zukünftig, so Ottos Überlegung, müssten die einzelnen Ladengeschäfte strikt voneinander getrennt werden. Auf diese Weise würde es den Kunden gelingen, die Qualität der einzelnen Anbieter deutlicher voneinander zu unterscheiden und aus dieser Kenntnis die richtigen Konsequenzen zu ziehen. „Die ersten Einkaufscenter hatte ich in Kanada und Amerika gesehen", erinnerte sich Werner Otto später. „Was mich beeindruckte, war die kundenfreundliche Vielfalt der Läden. Es reizte mich, so etwas in Deutschland zu erstellen." Werner Otto hatte nun endgültig das Feld abgesteckt, das er in den kommenden Jahren dauerhaft neu bestellen wollte und das er zu einem Höhenflug wie den Otto Versand führen würde. Keimzelle des Ganzen war wiederum die Werner Otto Grundstücks-Entwicklung GmbH. Auf älteren Dokumenten aus dem Firmenarchiv ist auf dem Briefkopf noch die entsprechende Abkürzung WOG zu sehen, allerdings wirkt sie etwas karg, fast hölzern. Intern wird überliefert, Werner Otto habe in seinem Unternehmen einen kleinen Wettbewerb zur Findung des besten, griffigsten Namens ausgeschrieben, und der Sieger wurde später mit sechs Flaschen Champagner belohnt.

Die Anfang der 1970er Jahre aus der Taufe gehobene „KG Einkaufs-Center-Entwicklung G.m.b.H. & Co." wurde binnen kurzer Zeit von den Kunden und Mitarbeitern ECE genannt, und schließlich erhielt sie diesen Namen auch offiziell. 1979 wurde dann „ECE Projektmanagement G.m.b.H." als Firmenname festgelegt. Wieder einmal entschied sich Werner Otto – entgegen einem weit verbreiteten Trend – für einen heimischen Standort. Nachdem das neue Unternehmen zunächst noch im Otto Versand beheimatet war, wechselte das junge Team in die Hamburger Bürostadt „City Nord", um 1971 schließlich in ein selbst errichtetes Bürohaus im Stadtteil Hamburg-Poppenbüttel zu ziehen.

Die unvergleichliche Erfolgsgeschichte der ECE begann schon in der ganz frühen Entwicklungsphase, als Werner Otto die konsequente Richtung für die nachfolgenden Jahre festlegte. „Wir gaben uns nie mit dem Vorhandenen zufrieden", so Otto in der 1997 erschienenen ECE-Chronik. „Die Ziele der ECE waren stets auf eine noch bessere Aufgabenerfüllung ausgerichtet. Im Vordergrund stand immer die Zufriedenheit der Kunden und damit auch der Erfolg der Mieter." Die Erfahrung mit den Gemeinschaftswarenhäusern und die Erfahrungen, die Werner Otto auf seinen ausgedehnten Informationsreisen durch die USA und Kanada gesammelt hatte, gaben der Gründung der ECE viele wertvolle Impulse. Wer die riesigen, vielfach seelenlos wirkenden Malls der amerikanischen Vorstädte kennt, kann sie sich sicherlich nicht im Einzugsgebiet von Städten wie Hamburg und München vorstellen. Andere Kriterien, so wusste Otto, hatten hier allerdings dieselbe Gültigkeit. So waren, wie schon erwähnt, zum Beispiel der starke Zuzug in die relativ citynahen Außenbezirke der Städte und die damit verbundene Nachverdichtung ebenso grundlegende Parallelen zum amerikanischen Markt wie die Tatsache, dass die immer stärkere Verkehrsbelastung der Innenstädte das Einkaufsvergnügen dort zunehmend trüben würde.

Neben seinen eigenen Visionen ließ Werner Otto die Erkenntnisse von Morris A. Kravitz nicht außer Acht, der 1940 das erste Shoppingcenter in Philadelphia baute. „Steigender Bedarf durch wachsende Bevölkerung, Entstehen neuer Wohngebiete am Rande der Großstädte und vom Verkehr verstopfte Innenstädte mit unzureichenden Park- und Nahverkehrsmöglichkeiten" waren Faktoren, die Kravitz klar herausstellte.

Das alles mag uns heute selbstverständlich erscheinen. Sieht man sich allerdings die „Visionen" anderer Entscheidungsträger aus jenen Jahren an – darunter viele namhafte Stadtplaner – so finden sich auch etliche krasse Fehlprognosen. So haben viele Gegenden am Rande der großen Städte faktisch nie die lange erwartete Aufwertung erfahren. Die Vorstellung, dass die Menschen eines Tages nur noch in den Außenbezirken wohnen und die Citys lediglich zum Arbeiten aufsuchen würden, hat sich als falsch erwiesen. Ein voll ausgebautes Park-and-ride-System findet man in vielen deutschen Metropolen ebenso wenig wie Schlafstädte oder Hochhaus-Skylines. Es ist eben doch nicht alles aus anderen Regionen auf den deutschen Markt übertragbar – eine Weisheit, die Werner Otto früh und rechtzeitig erkannt hat. Vereinfacht könnte man sagen, dass die ECE Grundzüge des amerikanischen Center-Systems in stark entschärfter Form nach Deutschland importiert hat. Die Anpassung an eine gewachsene Nachbarschaft war dabei stets ebenso wichtig wie zum Beispiel die schnelle Erreichbarkeit mit öffentlichen Verkehrsmitteln.

Bauherr Werner Otto und der Architekt Walter Pawlik mit einem Modell des Alstertal-Einkaufszentrums (AEZ).

Werner Otto hatte erkannt, dass die Art und Weise des entspannten Einkaufens – mit einem überreichen Parkplatzangebot, dazu unabhängig von Sturm und Regen – aus Sicht der Kunden nicht nur der reinen Bedarfsdeckung diente, sondern ihnen auch einfach mehr Spaß machte. „Das Center sollte keine Verkaufsmaschine, sondern ein moderner Marktplatz sein", schrieb ECE-Vorstandschef Heinrich Kraft später, „eine Kommunikationsstätte mit viel Atmosphäre und ansprechender Architektur." Der vielleicht grundlegendste Faktor der gesamten Planung musste dabei der ideale Standort sein. So war es alles andere als ein Zufall, dass Ottos erstes Einkaufszentrum am 23. Oktober 1969 unter dem Namen „Franken-Center" in Nürnberg-Langwasser eröffnet wurde. Ottos Team hatte diesen Standort zuvor genau prüfen lassen und erst nach gründlicher Abwägung für gut befunden. Das Center lag schließlich nicht nur in unmittelbarer Nähe eines modernen Wohngebietes (das in den Folgejahren auch noch kräftig weiter wuchs), sondern auch an der Schnittstelle zahlreicher wichtiger Verkehrsachsen, die den gesamten fränkischen Raum erschlossen. Der imposante Erfolg dieses Centers ließ nicht lange auf sich warten – er lässt sich an einer eindrucksvollen Zahlenreihe ablesen. 1979 wurde die Gesamtverkaufsfläche von 14.000 auf 30.000 Quadratmeter mehr als verdoppelt, zwischen 1991 und 93 dann noch einmal auf 40.000 Quadratmeter erweitert. Werner Ottos Losung für die Planung: „Standort, Standort und nochmals Standort" hatte sich auf beeindruckende Weise als richtig erwiesen.

Beispiel für eine gelungene Modernisierung: das AEZ in den 1970er Jahren (l.) und heute.

Ein anderes Beispiel für diese Erfolgsserie ist das Alstertal-Einkaufszentrum (AEZ) im Hamburger Stadtteil Poppenbüttel, das seit seiner Eröffnung am 4. November 1970 als eines der schönsten Einkaufszentren Europas gehandelt wird. An dem Festakt nahm seinerzeit auch der Hamburger Bürgermeister Herbert Weichmann teil, den Werner Otto noch Jahre später als eindrucksvolle Persönlichkeit in Erinnerung hatte.

Otto hat später offen bekannt, dass er die Entwicklung des AEZ mit Skepsis und auch mit Sorge gesteuert und begleitet hat. Er war sich damals vor allem nicht sicher, ob er die richtige Standortwahl getroffen hatte, hinzu kamen lange Streitereien mit kommunalpolitischen Gremien vor Ort. Als die Entscheidung schließlich getroffen war, verfügte Otto, dass das AEZ besonders schnell errichtet werden müsse, um den potenziellen Kunden eine zu lange Wartezeit zu ersparen. Um das zu ermöglichen, wurde es aus Fertigteilen nach dem so genannten Rastersystem erbaut. Neben der schnellen Fertigstellung war einkalkuliert, dass die einzelnen Elemente bei einer nötigen Erweiterung leichter als feste Teile wieder auseinandergebaut werden könnten. Beim AEZ waren die Betonteile vorab sogar schon fertig produziert und zwischengelagert worden – zeitsparende Effizienz pur.

Allen anfänglichen Unkenrufen zum Trotz erwies sich auch dieser Standort als ideale Wahl. Hatte der Umsatz 1971 noch bei 100 Millionen Mark gelegen, kletterte er 1975 bereits auf 175 und 1977 auf 230 Millionen Mark. Die relativ wenigen Einzelhändler der beliebten Wohngegend hätten auf den starken Zuzug, der sich bald einstellte, kaum angemessen reagieren können, und das AEZ entwickelte sich für etliche der eintreffenden jungen Familien zur ersten Anlaufstelle. Mehr noch: Entgegen den

Befürchtungen – das belegten Untersuchungen – hatte sich die Zahl der Betriebe im Umfeld des Centers nicht reduziert, sondern sogar um 28 Prozent erhöht. Bereits nach sieben Jahren musste das Untergeschoss des AEZ wegen der starken Nachfrage zu einer weiteren Ladenstraße ausgebaut werden. Doch das reichte schon bald nicht mehr aus. Nach zähen Verhandlungen mit den Politikern des Bezirks kam 1988 das Signal für den dringend erforderlichen Ausbau des AEZ, der eine Erweiterung um rund 8.000 Quadratmeter brachte.

Diese Umgestaltung, die erst mithilfe des Hamburger Bürgermeisters Klaus von Dohnanyi zustande kam, kostete 160 Millionen Mark – das Vierfache der Investitionssumme bei der Errichtung. Schon kurz nach der Neueröffnung Ende Oktober 1991 zeigte sich der große Erfolg der Planung: Der Umsatz stieg bereits im Jahr 1993 auf 500 Millionen Mark, nachdem er 1990 bei 300 Millionen gelegen hatte. 1992 erhielt das AEZ den europäischen Shoppingcenter-Preis für die beste Modernisierung eines großen Einkaufscenters in Europa. Es ist angesichts zeitweiliger internationaler Wirtschaftskrisen und nationaler Konjunkturflauten kaum zu glauben, aber im Jahr 2006 erfuhr das AEZ bereits seine dritte Erweiterung.

Sinnigerweise sind die ersten Büroräume der ECE-Verwaltung nach dem Umzug aus der City Nord nach Poppenbüttel mittlerweile auch im AEZ aufgegangen. 1987 war auf der gegenüberliegenden Straßenseite der erste neue Firmensitz (Bürogebäude I) fertig gestellt worden, fünf Jahre später folgte Bürogebäude II. 1996 waren diese Büros endgültig zu klein geworden, und Ende November erfolgte die Grundsteinlegung für ein neues Verwaltungsgebäude. Werner Otto hielt einmal mehr an seinem Prinzip fest, gewachsene, erfolgreich arbeitende Strukturen nicht zu zerstören, nur weil sich daraus irgendwelche steuerlichen Vorteile entwickeln könnten. Otto investierte damals 30 Millionen Mark für den hoch modernen fünfstöckigen Verwaltungsbau. Das Geschäftshaus, neue Heimat für seinerzeit 900 Mitarbeiter, bot 10.000 Quadratmeter Nutzfläche, zugleich wurden dort 250 neue Arbeitsplätze geschaffen. Neben der unschätzbaren Bedeutung für den Wirtschaftsstandort hob der damalige Hamburger Senator für Stadtentwicklung, Thomas Mirow noch andere Aspekte des Projekts heraus. Mirow sagte bei der Grundsteinlegung: „Was wir brauchen, sind unternehmerische Stadtentwickler, die das umgebende Quartier und seine Bewohnerinnen und Bewohner in ihren Planungen berücksichtigen und die stadtplanerische Dimension ihrer Projekte mit im Blick haben."

Für Werner Otto und die ECE war das immer eine Selbstverständlichkeit. Doch zurück zu den frühen Jahren der ECE. Die Erfahrungen der zurückliegenden Jahrzehnte hatten Werner Otto gezeigt, dass unternehmerische Ziele nur mit äußerster planerischer Präzision zu erreichen sind. Trotz seiner großen Erfolge, trotz hoher Anerkennung und trotz eindrucksvoller Kapitaldecke ließ er sich nie dazu verleiten, neue Projekte lässig anzugehen und sich ausschließlich auf andere zu verlassen. Bei Planung und Bau jedes Centers musste nach einem genau durchdachten Stufenplan vorgegangen werden. So ließ Werner Otto unter anderem das jeweilige Umfeld genauestens ausloten, um drohende Schwierigkeiten mit Behörden oder Anwohnern rechtzeitig zu erkennen, um dann schnell gegensteuern zu können. Unter anderem ging es darum, die verkehrstechnische Anbindung und das Ausbaupotenzial zu prüfen. Diese gründliche Analyse endete keineswegs mit der Eröffnung eines Centers. Schon unmittelbar danach forderte Werner Otto eine Lagebesprechung ein, in der es darum ging, eventuell gemachte Fehler zu erkennen und deren Auswirkungen einzuschätzen, um sie bei künftigen Projekten unbedingt zu vermeiden.

1974
Die Ölkrise hat Werner Otto rechtzeitig vorhergesehen und mit einem Expansionsstopp reagiert. Sie sorgt vor allem in Europa und den USA für massive Versorgungsengpässe.

In einem Interview im Jahr 2006 erinnerte sich Dr. Heinrich Kraft, lange Jahre Vorsitzender der Geschäftsführung der ECE Projektmanagement G.m.b.H., dass Werner Otto bei der Planung des AEZ seinem Prinzip der absoluten Kundenorientierung in jeder Beziehung treu blieb. So habe der damals bereits 60-Jährige vor Ort Gespräche mit Ladenmietern, benachbarten Einzelhändlern und sogar einzelnen Kunden geführt. „Er liebte es, sich direkt mit den Menschen auszutauschen, und er tat das mit einer Ausdauer, die unglaublich war." Für Beobachter war das besonders erstaunlich, weil Werner Otto zu diesem Zeitpunkt ja bereits mit dem Otto Versand große Erfolge errungen hatte, und es wurde allgemein erwartet, dass er es bei den Planungen für die ECE-Projekte deutlich langsamer angehen lassen würde. Doch im Gegenteil. Otto ließ die Zügel nicht schleifen, und noch unmittelbar vor der Eröffnung des AEZ ließ er – das nur als kleines Beispiel – noch mit großem Aufwand eine Rolltreppenanlage völlig umgestalten, weil sie ihm nicht kundenfreundlich genug angelegt war.

Beflügelt vom zunächst raschen Erfolg gelang es Werner Otto und seinem Team, Einkaufscenter bundesweit in raschem Tempo zu bauen – bevor die Entwicklung von der Wirtschaftskrise 1974 gestoppt wurde. Damals hatte die WOG neben dem schon erwähnten Franken-Center in Nürnberg-Langwasser und dem Alstertal-Einkaufszentrum in Hamburg bereits weitere fünf Einkaufscenter in Deutschland fertig gestellt: Das Hessen-Center in Frankfurt-Bergen-Enkheim, das Rhein-Center in Köln-Weiden, das Roland-Center in Bremen-Huchting, das Leo-Center in Leonberg bei Stuttgart und das Einkaufszentrum Altenessen in Essen. Die Krise traf Otto – im Gegensatz zu anderen „Wirtschaftsexperten" – nicht unvorbereitet. Als es so weit war, verordnete er dem Unternehmen schon im Herbst 1973 kurzerhand einen Expansionsstopp und nutzte die Pause für eine frühe Konsolidierungsphase. Dazu gehörte unter anderem die völlige Neuordnung des ECE-Teams.

10 Jahre Hessen-Center, Rundgang am 1. April 1984 mit dem Frankfurter Bürgermeister Dr. Walter Wallmann.

Eine Rede, die Otto anlässlich seines 65. Geburtstags und des 25-jährigen Bestehens des Otto Versands hielt, zeigt allerdings deutlich, dass ihn die wirtschaftliche Entwicklung des Landes nicht ohne Sorge ließ, ja dass ihn offenbar sogar Erinnerungen an die Krisenzeit seiner Jugend beschäftigten. So sagte er unter anderem: „Gerade in der heutigen Zeit wissen wir, wie wichtig zum Gedeihen der Unternehmen die wirtschaftspolitischen Verhältnisse sind. Heute stehen wir vor großen Gefahren, die unsere Wirtschaft bedrohen. Wir haben eine weltweite Inflation, die zu einer Weltwirtschaftskrise führen könnte. Von den verantwortlichen Stellen, insbesondere von der Deutschen Bundesbank ... werden die größten Bemühungen zur Bekämpfung der Inflation unternommen. Endlich fangen auch andere Länder an, unserem Beispiel zu folgen. Inflationsbekämpfung tut weh, aber sie ist die einzige Rettung vor einer Weltwirtschaftskrise. Hoffen wir, dass uns die große Krise erspart bleibt, dann können wir den Männern nur danken, die uns wieder die Voraussetzungen geschaffen haben, um produktiv wirken zu können."

„Für die ECE war der Stopp in dieser Phase nützlich", so Heinrich Kraft, konnten doch nach der schnellen Aufbauarbeit die mangels Erfahrung zwangsläufig entstandenen Mängel der neuen Shoppingcenter gründlich ausgemerzt, ein auf deutsche Verhältnisse zugeschnittenes Managementsystem entwickelt und ständig verfeinert werden. „In dieser Zeit lernte die ECE-Mannschaft zu optimieren. Damit wurden die soliden Grundlagen für die gesamte weitere Entwicklung der ECE gelegt", erinnert sich Kraft.

Während dieser zweijährigen Phase durften keine weiteren Center gebaut oder geplant werden, um das Entstehen von „Bauruinen" unbedingt zu vermeiden. Unter anderem wurde die Belegungsstruktur der Center erheblich geändert, so dass die ECE beim Abebben der Krise optimal dastand. Auch gründliche Reformen in den Verwaltungsabläufen stammen aus dieser Zeit, damals wurden die Bereiche Center-Management, Vermietung und Verwaltung geschaffen und ausgebaut. „War es während der Aufbauphase primär darum gegangen, nach vorn zu stoßen und schnell einen möglichst großen Bestand an Einkaufscentern zu schaffen, so war es in den nun folgenden härteren Jahren des Wettbewerbs das Hauptziel, das Bestehende zu sichern, zu optimieren und zu einer guten Rentabilität zu führen", heißt es in der ECE-Chronik über diese Zeit. Begonnen hatte die Erfolgsgeschichte der ECE übrigens mit gerade mal 19 Mitarbeitern – heute sind es rund 3.000. Heinrich Kraft nennt als Grundlage für diese überragende Erfolgsstory „das unkomplizierte, von einem wechselseitigen Vertrauen getragene Zusammenwirken von Gesellschaftern und Unternehmensführung". Gemeinsam sei allen Mitgliedern der Mannschaft der „Wille zum Erfolg", so Kraft, wobei es stets auch Raum für Persönlichkeiten mit Ecken und Kanten gegeben habe.

Währenddessen behielt Werner Otto den amerikanischen Markt weiterhin im Blick. Nachdem sich die Immobiliengeschäfte in den USA gut entwickelt hatten, beschloss er, dort ebenfalls in den Einkaufscenter-Markt einzusteigen. 160 Center kamen auf den Prüfstand und wurden anhand einer genau ausgearbeiteten Checkliste untersucht. Ottos Mitarbeiter ließen sich erneut alle Verträge vorlegen, darunter sogar solche, die mit Zulieferfirmen und Verwaltungen geschlossenen worden waren. Mehrmals inspizierte Otto die in Frage kommenden Center selbst, wobei er vor Ort genaueste Informationen über das Einzugsgebiet einholen ließ.

Die genauen Checks der Verträge und der unmittelbaren Umgebung bewahrten das Unternehmen immer wieder vor übereilten Entscheidungen. So bemerkten Otto und sein Team einmal erst in letzter Minute, dass in der unmittelbaren Nähe eines zum Verkauf stehenden Centers schon der Bau einer weiteren Mall geplant war – ohne, dass die potenziellen Käufer darüber informiert worden waren. Bis zum Ende der 70er Jahre hatten sich schließlich alle anstehenden Käufe zerschlagen – der Einstieg in den

Shoppingcenter-Markt musste noch eine Weile warten. Werner Otto und sein Team nutzten die Pause, um für den Tag X noch besser aufgestellt zu sein. Als Anfang der 1980er Jahre dann endlich bessere Angebote vorlagen, machte sich die gründliche Vorbereitung bezahlt.

„Bevor die Kaufkonkurrenten unser Zielobjekt überhaupt besuchten, hatten wir unsere Markt- und Standortanalyse fertig gestellt, den Einzelhandelsmix beurteilt und die Stadt- und Regionalentwicklung analytisch durchleuchtet", erinnerte sich Werner Otto später. „Während sich die Mitbewerber offensichtlich noch mit dem Zahlenwerk der Verkäufer herumschlugen, hatten wir unsere eigenen Zehnjahresbudgets erstellt." Werner Otto kaufte damals zwei Shoppingcenter, die jeweils rund 150.000 Kunden banden. Gut möglich, dass sich Otto insgesamt wesentlich gründlicher in den amerikanischen Center-Markt vertieft hat, als jeder amerikanische Investor auf diesem Gebiet. Er ging zu Recht davon aus, „dass wir auf diesem Sektor dank unserer Erfahrung überdurchschnittliche Erfolge erzielen konnten". Der Blick „von außen", der des Europäers, hat dazu ebenfalls beigetragen. So war Otto zum Beispiel von Anfang an klar, dass die Center von Staat zu Staat völlig unterschiedlich ausgestaltet werden müssten, um den verschiedenen Mentalitäten gerecht zu werden. In diesem Zusammenhang kritisierte Otto die „gleichmachende Werbung" und stellte klar: „Der amerikanische Kunde ist nicht gleich dem amerikanischen Kunden." Ein weiteres Beispiel: Schon früh legte Otto großen Wert auf ein gutes kulinarisches Angebot in seinen Zentren. Ihm war aufgefallen, dass im Amerika der frühen 1980er Jahre bei Familien immer häufiger beide Elternteile berufstätig wurden, entsprechend musste nach seinen Vorstellungen ein Center fast den Status einer „Familienküche" haben.

Im Oktober 1998 wird Alexander Otto (l.) Stellvertreter des ECE-Geschäftsführungsvorsitzenden Dr. Heinrich Kraft (r.).

Das Ende dieser Geschichte ist in gewisser Weise auch typisch für Werner Otto. Denn obwohl sich die erworbenen Shoppingcenter als Erfolg erwiesen, zog Otto schließlich doch die Reißleine und stieg aus *diesem* US-Geschäft wieder aus. Es hatte sich gezeigt, dass mit der stark expandierenden Konkurrenz nicht mitzuhalten war, und vor allem: dass sich hier keine marktbeherrschende Position erringen ließ. Auch wenn es für ihn ein besonderer Triumph gewesen wäre, gerade in den USA auf diesem Markt erfolgreich zu sein, barg die Unternehmung letztlich doch – so zeigten die Analysen – zu viele Risiken.

Die ECE auf Expansionskurs

„Auf den Geschmack gekommen"

Parallel setzte Werner Otto seine Aktivitäten auf deutschem Boden mit ungebremster Energie fort. Am Ende der Konsolidierungsphase stand die ECE zu Anfang der 1980er Jahre besser da als je zuvor, zugleich fasste die Wirtschaft wieder Tritt. Werner Otto und sein Team hatten dafür gesorgt, dass aus der scheinbaren Zwangspause eine Zeit neuer Impulse geworden war. Die hohen planerischen Anforderungen, die Otto für jedes neue Center stellte, führten schon bald zur Bildung eines eigenen Architektenstabes in Zusammenarbeit mit General-Bauunternehmern und Bauingenieuren.

Man könnte rückblickend sagen, dass das Unternehmen vor Kraft nur so strotzte und das Team mehr als bereit war, sich neuen Aufgaben zu stellen. Eine negative Entwicklung aus den Jahren vor der Konsolidierung war indes gleich geblieben: Es wurde in Deutschland zunehmend schwieriger, Genehmigungen für den Bau von Einkaufscentern zu bekommen. Probleme bereiteten dabei nicht nur die Kommunalverwaltungen, die sich gegen neue Center sperrten, weil sie – oft angetrieben von lokalen Einzelhändlern – eine zu starke Belastung des Marktes zu sehen glaubten. Auch zunehmende Ausbremsungsversuche – von Bezirksregierungen bis zu Anwohnerinitiativen – hielten die ECE-Planer auf und schienen manchem zukünftigen Projekt den Wind aus den Segeln zu nehmen. Wohin also mit der neu gewonnenen Energie?

In dieser Phase beschloss Werner Otto, sich doch stärker als ursprünglich geplant im prosperierenden Immobiliengeschäft des deutschen Marktes zu engagieren. Immerhin hatten die Erfahrungen mit dem Centerbau gezeigt, dass das leistungsstarke Team samt Architektenstab in Sachen Immobilien zu schneller, erfolgreicher Arbeit fähig war. Werner Ottos

Blick fiel damals auf die Bankenmetropole Frankfurt am Main. Der hemmungslose Bauboom im Zentrum der Stadt war während der Krise von 1974 weitgehend zum Erliegen gekommen. Viele Bauten standen unvermietet im Großraum Frankfurt, mancher Wolkenkratzer war sogar mitten in der Bauphase stecken geblieben. Es hatte sich also genau das ereignet, was Werner Otto für seine Einkaufscenter verhindern konnte, als er die Rezession voraussah und rechtzeitig gegensteuerte. Seinem Grundsatz, bei einem Vorhaben zunächst unbedingt das genaue Umfeld zu untersuchen, blieb Otto auch diesmal wieder treu. „Die Stadt Frankfurt mit ihrer zentralen Lage in Deutschland und der hervorragenden Anbindung an das überregionale Verkehrsnetz war der richtige Ansatzpunkt", erinnerte er sich später. Für den Kauf besonders gut geeignet hielten Otto und sein Team das 41-stöckige City-Haus am Platz der Republik, dessen Hauptgläubiger die damalige DG Bank (heute DZ Bank) war. Es kam schließlich nicht zu einem Kaufabschluss, weil die Bank das Gebäude selbst erwarb. Doch die DG Bank beauftragte die ECE mit dem Ausbau, der Vermietung und Verwaltung der 52.000 Quadratmeter großen Bruttogeschossfläche. Die Arbeit an diesem Projekt eröffnete die Möglichkeit, die Kenntnisse über den Frankfurter Büromarkt zu vertiefen. Die Fähigkeiten in der Generalplanung und der Projektsteuerung wuchsen weiter.

Das Frankfurter Büro-Center.

Beflügelt vom raschen Erfolg nahm sich das Unternehmen 1979 in der Nähe den nächsten halbfertigen Büroturm vor: das Frankfurter Büro-Center (FBC). Es war während der Ölkrise unvollendet geblieben und hatte wegen des großen Baukosten- und Vermietungsrisikos über Jahre keinen Käufer gefunden. Diesmal ließ Werner Otto das Gebäude kaufen und von seinem Bau- und Planungsstab vermietungsreif fertig stellen. In dieser Phase nutzte das ECE-Team die früher gemachten Erfahrungen intensiv, gleichzeitig wurden durch den unmittelbaren Einsatz am Markt neue Erkenntnisse gewonnen. „Das Wissen um die technischen Probleme und die Kosten nicht nur des Ganzen, sondern auch der einzelnen technischen Gewerke, versetzte uns in die Lage, sicher und kostengünstig zu bauen", so Otto später.

1981 wagte die ECE dann den Bau eines eigenen Bürohauses, dem „Bürohaus an der alten Oper", direkt im Herzen von Frankfurt. Hier übernahm die ECE erstmals komplett die Objektentwicklung, Generalplanung, Ver-

Erfolgreich entwickelte Bürogebäude: Mannheimer Versicherungen in Mannheim, Philips-Deutschlandzentrale in Hamburg, Thyssen-Krupp-Headquarter in Essen.

mietung und das Management für den Investor. Schon drei Jahre nach Baubeginn konnte das 21-stöckige Bürohaus bezogen werden, innerhalb kürzester Zeit war es vermietet.

Dass die ECE „auf den Geschmack kam", war dabei nicht die einzige Entwicklung. Vielmehr erlangte der Konzern auf dem Immobilienmarkt rasch den Ruf, dass Verwaltung, Bau und Steuerung bei optimaler Budget- und Termintreue immer stimmten. Zu dem breiten Fächer an Immobilien, die von der ECE erfolgreich entwickelt wurden, gehören unter anderem das Gebäude der Gothaer Versicherung in Düsseldorf, die Zentrale der Mannheimer Versicherungen in Mannheim (in Zusammenarbeit mit Stararchitekt Helmut Jahn), die Fernsehproduktionsstätte Studio Hamburg und das Deutsch-Japanische Zentrum, ebenfalls in Hamburg.

Doch wie ging es mit den Einkaufszentren der ECE weiter? Rund zehn Jahre lang hatten sich Werner Otto und seine Mitarbeiter beim eigentlichen Kerngeschäft der ECE zurückgehalten und die Geschäftstätigkeiten auf das Feld der Büroimmobilien ausgedehnt. Das Unternehmen hatte sich dabei nicht nur ein weiteres Standbein geschaffen, sondern gleichzeitig die Kapitaldecke erweitert und sich einen hervorragenden Ruf am Markt erworben. Anfang der 1980er Jahre wandte sich das Unternehmen dann wieder dem Bau von Einkaufszentren zu, allerdings mit einem veränderten Schwerpunkt. Nachdem die ECE über Jahre Center in den Außenbezirken der großen Städte geschaffen hatte, entschlossen sich Werner Otto und seine Mannschaft nun, die Entwicklung von Centern im innerstädtischen Bereich in Angriff zu nehmen. Die Voraussetzungen waren dabei völlig anders. In den frühen 70er Jahren war es relativ leicht gewesen, Baugenehmigungen für Einkaufszentren zu erhalten, und die

ECE konnte sie in relativ flottem Tempo planen und fertig stellen. Bei den Centern der Innenstädte musste von Anfang an stärker darauf geachtet werden, dass sie sich gut in ihr Umfeld einpassen würden. Denn ein innerstädtisches Center muss auch einen Beitrag zur Stadtentwicklung leisten – angefangen bei der Optik bis zur schließlich erzielten Kaufkraft. Das Center darf den Charme der jeweiligen Innenstadt keinesfalls zerstören, sondern es soll vielmehr einen Beitrag zur Stadterneuerung leisten. Und viel stärker als bei Centern in Außenbezirken müssen die Planer auf den bereits vorhandenen Einzelhandel Rücksicht nehmen, die Menschen in der unmittelbaren Nachbarschaft müssen „mitgenommen" werden. Um den Bedenken des örtlichen Einzelhandels zu begegnen, feierte die ECE die Grundsteinlegung des Löhr-Centers in Koblenz, mit dessen Entwicklung 1980 begonnen worden war, mit einem großen Nachbarschaftsfest. Dem Löhr-Center folgten unter anderem das Allee-Center in Remscheid, das Saarpark-Center Neunkirchen und das Allee-Center Hamm.

Ende der 80er Jahre setzte die ECE erstmals den so genannten City-Point-Typ um. Dabei wurden ehemalige, in die Jahre gekommene Warenhäuser in moderne, lichtdurchflutete Einkaufstempel verwandelt. 1988 eröffnete der City-Point Braunschweig, ein Jahr später der City-Point Bochum.

1990
Deutschland wird wiedervereinigt, die ECE beginnt in den neuen Bundesländern zu investieren.

Die deutsche Wiedervereinigung traf die ECE genauso überraschend wie andere Konzerne, allerdings erwies sich das Unternehmen einmal mehr als besser vorbereitet und aufgestellt. Die jahrelange Erfahrung mit Planung, Bau und Management von Einkaufszentren und anderen Immobilien bewahrte die ECE von Anfang an vor schwerwiegenden Fehlern, wie zum Beispiel einer übereilten Standortwahl. So galt es, der Versuchung zu widerstehen, kurzfristig Billigobjekte „auf der grünen Wiese" zu erstehen beziehungsweise zu errichten. Die Startphase erwies sich schon unter logistischen Gesichtspunkten als außerordentlich schwierig. So mussten in den ersten, eher chaotischen Monaten kompetente Ansprechpartner gefunden werden, die auch wirklich Zuständigkeiten besaßen. Auch die komplizierten Besitzverhältnisse bereiteten etliche Schwierigkeiten. Oft brachten vertrauensvolle Gespräche dabei mehr als irgendwelche Zertifikate. In der ECE-Chronik heißt es dazu, dass ein mitgebrachter OTTO-Katalog bei mancher Gelegenheit als „Türöffner" fungierte.

Die ECE auf Expansionskurs

„Die Ungeduld Werner Ottos, in dem Teil Deutschlands zu investieren, in dem er seine Jugend verbracht hatte, war groß“, so Heinrich Kraft. „Doch beugte er sich der Ratio, dass die harten Standortkriterien der ECE hier genauso Gültigkeit hatten wie in Westdeutschland. Die ECE ließ sich nicht von der Goldgräberstimmung leiten, sondern bemühte sich um die guten Standortlagen in den Städten.“ „Herr Kraft, Sie zaudern zu lange“, habe Werner Otto ihm in dieser Zeit vorgeworfen, erinnerte sich der damalige ECE-Vorstandschef rückblickend in einem Interview im Jahr 2006. Zum ersten Mal seit vielen Jahren hätten die beiden „sehr harte“ Diskussionen über den richtigen Investitionszeitpunkt miteinander geführt, aber schließlich habe Kraft seinen geschätzten Chef doch davon überzeugen können, angesichts von ungeklärten Eigentumsverhältnissen und komplizierten Genehmigungsverfahren das Pulver nicht zu schnell zu verschießen und dieselben strengen Standortkriterien anzulegen, mit denen man schon in der Vergangenheit so erfolgreich gefahren war. Typisch Werner Otto: Monate später rief er Heinrich Kraft an und bedankte sich dafür, dass dieser nicht so schnell nachgegeben hatte.

Werner Otto hat seine persönlichen Belange nie über die seiner Unternehmen gestellt. Dazu gehört auch, dass er sich nie mit Sentimentalitäten aufgehalten hat. Alte Zöpfe wurden – wo nötig – rigoros abgeschnitten, radikale Zäsuren, wo nötig, rasch vollzogen. Trotzdem kann gesagt werden, dass das Engagement Ottos im Osten Deutschlands – bei allen unternehmerischen Erwägungen – auch so etwas wie eine Herzensangelegenheit war. Werner Otto hat seinen Mitarbeitern immer wieder deutlich gemacht, dass der Konzern seinen Beitrag zum „Aufbau Ost“ leisten müsse. Sein Umzug nach Berlin und sein besonderer Einsatz für die Erhaltung von Baudenkmälern im Osten des Landes waren sichtbare Zeichen dieser starken inneren Verbundenheit.

Alexander Otto (seit 2000 Vorsitzender der ECE-Geschäftsführung) erinnert sich gut, wie er mit seinem Vater Mitte der 1980er Jahre eine Geschäftsreise in den damaligen Ostblock unternommen hatte. Ein Besuch im wirtschaftlich und architektonisch völlig ruinierten Ostberlin sei dem sonst so rational agierenden Werner Otto besonders schwergefallen und er habe regelrecht dazu überredet werden müssen. Dass er schließlich die Wiedervereinigung nicht nur miterlebte, sondern sie auch wirtschaftlich

Expansion in Richtung Osten in Rekordzeit: das Oder-Center (1994) in Schwedt sowie die Berliner Potsdamer Platz Arkaden (1998) und die Dresdener Altmarkt-Galerie (2002).

und architektonisch mit ausgestalten konnte, hat Werner Otto stets als besonderes Lebensglück empfunden. Das hohe Tempo, das die ECE vor Ort vorlegen konnte, zeigt deutlich, wie gut das Unternehmen aufgestellt war. Nach einer Rekordbauzeit von nur 16 Monaten eröffnete das Allee-Center in Berlin am 3. November 1994 seine Pforten. Nur wenige Wochen zuvor war am 29. September das Oder-Center in Schwedt eröffnet worden – als erstes ECE-Center in den neuen Bundesländern. Mit diesem Bau hatte Werner Otto – neben allen kaufmännischen Überlegungen – seiner Heimat „einen Dienst erwiesen“, wie er einmal sagte. Im Herbst 1994 bestürmten Lokaljournalisten den 85-Jährigen, und Otto erzählte von seiner Verbundenheit mit der Region. Als Grundschüler habe er nachmittags auf dem Nachhauseweg im Sommer gerne an der Oder gerastet, um zu baden und die Natur zu genießen. „Ich habe meine Heimat nicht vergessen“, so Otto an den damaligen Schwedter Bürgermeister Wolfgang Schauer.

Zu den Centern, die – quasi Schlag auf Schlag – folgten, gehörten das Berliner Linden-Center, das Allee-Center in Leipzig und das Potsdamer Stern-Center. Die besondere Verbundenheit Werner Ottos und der ECE mit Berlin kam auch mit dem Bau des Büro- und Geschäftshauses Atrium Friedrichstraße zum Ausdruck, das 1997 fertig gestellt wurde. Eines der erklärten Ziele war es damals, im historischen und kulturellen Zentrum Berlins einen architektonischen Akzent zu setzen.

Ein besonderes Highlight für das Zusammenwachsen von Ost und West war die Realisierung des DaimlerChrysler-Projekts am Potsdamer Platz in Berlin: Im Oktober 1998 eröffneten die Potsdamer Platz Arkaden. Die ECE hatte die Einzelhandelsarchitektur zusammen mit dem Architekten

Logo von 1970

Logo von 1979

Logo von 2003

Logo von 2007

Renzo Piano entworfen, und sie trägt bis heute die Verantwortung für die Vermietung und das Centermanagement.

Bis zum Jahr 2006 hatte die Familie Otto mehr als zwei Milliarden Euro in den neuen Bundesländern investiert – ein deutlicheres Bekenntnis zu einem Standort ist nicht vorstellbar.

Werner Otto hatte frühzeitig erkannt, dass es für die ECE nicht damit getan sein würde, immer neue Einkaufscenter zu bauen und ansonsten in ausländische Immobilien zu investieren. Um am Ball zu bleiben, mussten die bestehenden Center immer wieder modernisiert, aus- und umgebaut werden. Nicht nur die ästhetischen Vorstellungen von Kunden und Anbietern haben sich in den vergangenen Jahrzehnten verändert (wer könnte sich allen Ernstes ein Einkaufscenter im Look der 60er Jahre vorstellen, das mittlerweile nichts von seiner Attraktivität eingebüßt hat?), sondern auch das Gefühl für Platz und Komfort. Viele Center der ersten Stunde waren eingeschossig, andere hatten Arkadengänge, die zum Teil Wind und Wetter ausgesetzt waren. Ein Fachbuchgeschäft ließ sich früher auf 100 Quadratmetern betreiben, heute benötigen die großen Konzerne für den Buchverkauf oft 700 Quadratmeter und mehr. Hinzu kommt, dass die vorausschauenden Planungen für die Center in der Regel auch aufgingen. Das heißt, Gegenden, denen in den 60er und 70er Jahren großes Potenzial vorausgesagt worden war, entwickelten sich oft mit so explosiver Kraft, dass der Ausbau schon nach wenigen Jahren zu einer zwingenden Notwendigkeit geworden war. „Center, die optisch und funktional nicht mehr den Anforderungen der Zeit entsprechen, sind unattraktiv und immer weniger in der Lage, die Kaufkraft der Bevölkerung im Einzugsgebiet zu binden“, heißt es dazu in der ECE-Chronik. Eine Erneuerung und Erweiterung kann dabei je nach Höhe der Erfordernisse durchaus einen dreistelligen Millionenbetrag kosten.

Im Jahr 2000 übernahm Ottos jüngster Sohn Alexander den Vorsitz der ECE-Geschäftsführung. Unter seiner Regie begann die systematische Internationalisierung der ECE. Heute betreibt die ECE unter anderem Center in Polen, Ungarn, Tschechien, Österreich, Griechenland und der Türkei. Doch die Aktivitäten beschränken sich nicht auf das Feld der Einkaufszentren. Die ECE bietet in den Sparten Shopping, Office, Traffic

In Anwesenheit von Bundeskanzler Helmut Kohl (M.) wird 1997 der von der ECE neu gestaltete Leipziger Hauptbahnhof eröffnet. Neben Kohl stehen Werner und Michael Otto und Heinrich Kraft (ganz links). Rechts im Bild: Bahnchef Johannes Ludewig und Brandenburgs Ministerpräsident Manfred Stolpe.

und Industries alle Leistungen aus einer Hand: von der Projektidee, der Objektentwicklung, der Generalplanung, dem Projektmanagement und der Vermietung über die Sicherstellung der Finanzierung / Investition bis hin zur schlüsselfertigen Übergabe. Bis 2009 baute sie Immobilien mit einem Gesamtvolumen von rund zwölf Milliarden Euro. Die Office-Sparte realisiert dabei große Konzernzentralen etwa für Philips oder ThyssenKrupp, aber auch für die Hauptverwaltung der Otto Group in Hamburg-Bramfeld zeichnet natürlich die ECE verantwortlich. Im Bereich Industries kann die ECE auf Masterplanungen für Airbus, Beiersdorf oder Holsten und zahlreiche Logistikbauten mit einem Volumen von zirka einer Milliarde Euro verweisen, darunter große Warenverteilzentren für OTTO, Hermes, Witt Weiden, Schwab und den Heine Versand. Und zum Bereich Traffic zählen die Revitalisierungen namhafter Hauptbahnhöfe wie Köln, Hannover und Leipzig. Werner Otto ließ es sich nicht nehmen, den Leipziger Hauptbahnhof im November 1997 gemeinsam mit dem damaligen Bundeskanzler Helmut Kohl zu eröffnen. Der französische Bahnpräsident Louis Gallois sprach damals vom „schönsten Bahnhof der Welt“ – und auch die Österreichischen Bundesbahnen waren offenbar beeindruckt. Sie beauftragten jedenfalls jüngst die ECE mit der Konzeptionierung und Vermarktung der BahnhofCitys am Wiener Westbahnhof und am neuen Wiener Hauptbahnhof.

Zeittafel

Klassizistische Stadtkirche von Seelow, erbaut 1830-32.

1909-1934 Am 13.August 1909 wird Werner Otto als Sohn des Einzelhändlers Wilhelm Otto und seiner Frau Frieda in Seelow (Brandenburg) geboren. Seine Mutter stirbt ein Jahr nach der Geburt. Der Vater heiratet erneut. Die Familie zieht in die Stadt Prenzlau (Uckermark), Werner Otto bekommt drei Stiefgeschwister. Werner Otto besucht die Schule in Schwedt, später das Gymnasium in Prenzlau. Kurz vor dem Abitur muss er die Schule beenden, weil das elterliche Geschäft zusammenbricht. Otto beginnt eine kaufmännische Lehre in Angermünde. Schließlich macht er sich als Einzelhandelskaufmann in Stettin selbstständig.

1934-1945 Wegen Verbreitung von Flugblättern für den marxistischen NS-Ideologen und Hitler-Gegner Gregor Strasser wird Otto 1934 zu einer zweijährigen Haftstrafe in Plötzensee verurteilt. Nach der Haftentlassung betreibt er seinen Zigarrenladen in der Nähe des Berliner Alexanderplatzes weiter. 1939 heiratet er Eva Haffner und siedelt ins westpreußische Kulm (Weichsel) über, um der ständigen Beobachtung in Berlin zu entgehen. In der Stadt eröffnet er ein Schuhgeschäft. 1941 wird seine Tochter Ingvild geboren, zwei Jahre später kommt Sohn Michael zur Welt. Da er politisch als „unzuverlässig" gilt, bekommt Otto noch kurz vor Kriegsende „Frontbewährung", seine Ehefrau Eva muss die Geschäfte alleine weiterführen. Das Kriegsende erlebt er mit einer schweren Kopfverletzung in einem Lazarett.

1945 Werner Otto schlägt sich als Flüchtling nach Bad Segeberg durch. Fast sofort beginnt Otto damit, Geschäftskontakte ins benachbarte Hamburg zu knüpfen. Später ist die vierköpfige Familie Otto in nur einem Zimmer in der Hamburger Innenstadt einquartiert.

1948 Auf einem Grundstück eröffnet Werner Otto eine Schuhfabrik in Hamburg-Schnelsen. Als die Zonengrenzen wieder aufgehoben werden, muss Otto sein Unternehmen angesichts des enormen Konkurrenzdrucks wieder schließen. Die Ehe mit Eva Otto wird geschieden.

1949 Im Alter von 40 Jahren gründet Werner Otto dic Firma „Werner Otto Versandhandel", die am 17. August bei der Hamburger Behörde für Wirtschaft und Verkehr eingetragen wird. Anfangs beschäftigt er drei Mitarbeiter. Sitz des Unternehmens sind zwei kleine Baracken in Schnelsen.

1950 Der erste Katalog erscheint in 300 handgebundenen Exemplaren mit eingeklebten Fotos. Auf 14 Seiten werden 28 Paar Schuhe präsentiert. Unter dem Motto „Vertrauen gegen Vertrauen" führt Otto als erster Versender den Kauf auf Rechnung ein.

Der erste W.-Otto-Katalog aus dem Jahr 1950.

1951 Der erste gedruckte Katalog umfasst 28 Seiten und bietet ein erweitertes Sortiment. Neben Schuhen werden unter anderem Aktentaschen, Regenmäntel und Hosen angeboten. Otto setzt mit einer Auflage von 1.500 Katalogen insgesamt eine Million Mark um. In Schnelsen wird ein neues Betriebs- und Verwaltungsgebäude errichtet.

1952 Das Prinzip der Sammelbestellung wird perfektioniert. Kunden, die gemeinsam für Freunde, Nachbarn oder Verwandte mitbestellen, erhalten fünf Prozent Kostenvergütung. Die Katalog-Auflage beträgt 10.000 Stück, die Mitarbeiterzahl steigt auf 150. In zweiter Ehe heiratet Werner Otto Jutta Becker.

1953 In weniger als zwei Jahren verfünffacht Werner Otto den Umsatz. Die Auflage des Katalogs (82 Seiten) steigt auf 37.000 Exemplare, der Jahresumsatz klettert auf fünf Millionen Mark.

OTTO Versand GMBH

Das erste Otto-Versand-Logo aus dem Jahr 1953.

1954 Von 106 Katalogseiten (Aufl.: 80.000 St.) sind bereits 32 vierfarbig. Der Umsatz liegt am Jahresende bei mehr als 12 Millionen Mark. Eine „Korrespondenzabteilung" wird gegründet, um die vielen Aufträge bewältigen zu können.

Zeittafel

1955 Die erste eigene Modenschau geht über die Bühne, der Umsatz erreicht 30 Millionen Mark. Eine eigene Werksküche liefert dreimal pro Woche warmes Mittagessen. Die erste Lochkartenanlage wird installiert, damit Aufträge schneller bearbeitet werden können. Werner Otto reist erstmals zu einem Informationsbesuch in die USA.

1956: Umzug des Otto Versands nach Hamburg-Hamm.

1956 In das Sortiment werden „Hartwaren" aufgenommen, darunter Porzellan, Fahrräder und Elektrogeräte. Otto streicht den Samstag als Arbeitstag und führt die Fünf-Tage-Woche ein. Der Otto Versand verlegt seinen Firmensitz von Hamburg-Schnelsen nach Hamburg-Hamm. Der Umsatz steigt auf 52 Millionen Mark. Der Katalog hat eine Auflage von 150.000 Stück, die Mitarbeiterzahl liegt bei 500.

1957 Für die Mitarbeiter wird eine Sozialkasse für Beihilfen, Alters-, Invaliditäts- und Hinterbliebenenversorgung eingerichtet. Eine Betriebssportgemeinschaft wird gegründet, die Zahl der Mitarbeiter steigt auf 600. Werner Ottos Sohn Frank wird geboren, sein Vater Wilhelm stirbt.

1958 Der Umsatz steigt auf 100 Millionen Mark. Der Otto Versand gehört damit zu den Großunternehmen in Deutschland. Der Katalog umfasst 168 Seiten (Aufl.: 256.700 St.), das Unternehmen muss zahlreiche Außenlager einrichten. Werner Otto erwirbt ein Baugrundstück in Hamburg-Bramfeld.

Michael Otto (l.) und Werner Otto studieren den Bauplan für den Neubau der OTTO-Gebäude in Hamburg-Bramfeld.

1959 Am 13. August 1959 wird der Grundstein für den neuen Firmenkomplex in Hamburg-Bramfeld gelegt. OTTO beschäftigt mittlerweile 1.000 Mitarbeiter. Ein Außendienst wird eingerichtet, der Katalog ist 200 Seiten dick. Der Otto Versand wird in diesem Jahr 10, Werner Otto 50 Jahre alt.

1960 Der Umsatz steigt auf 150 Millionen Mark. Der Katalog (308 Seiten) erscheint in einer Auflage von 380.000 Exemplaren.

1961 Der Otto Versand bezieht die neuen Betriebsgebäude in Hamburg-Bramfeld – bis heute der Firmensitz. Werner Otto kauft im kanadischen Edmonton eine Farm, die damit zum Grundstock seiner amerikanischen Immobiliengeschäfte wird.

1962 Die ersten Sammelbesteller erreichen einen Umsatz von mehr als einer Million Mark. Die Mitarbeiterzahl ist auf 1.500 gewachsen, der Katalog hat 436 Seiten und eine Auflage von 460.000 Exemplaren. Firmenvertreter besuchen Hongkong, um den fernöstlichen Markt zu erschließen. Der Otto Versand hilft nach der verheerenden Sturmflut in Hamburg den Bedürftigen mit Kleider- und Sachspenden im Wert von mehr als 100.000 Mark. Die E. Brost & J. Funke GmbH (WAZ Gruppe) beteiligt sich mit 25 Prozent am Otto Versand.

1963 Die erste elektronische Großrechenanlage wird installiert, eine telefonische Auftragsannahme rund um die Uhr eingerichtet. Der Katalog bringt auf 460 Seiten 17.000 Artikelpositionen. Die Öffentlichkeit erlebt Werner Otto als Mäzen: Er stiftet 85.000 Mark für einen Spielplatz in Hamburg-Hamm. Im selben Jahr heiratet er in dritter Ehe Maren Stücker. Die General Shopping S. A. übernimmt 15 Prozent der Gesellschafteranteile.

1964 Der Grundstein für ein neues Verwaltungszentrum wird gelegt. Das Unternehmen hat jetzt 2.000 Mitarbeiter, der Katalog (524 Seiten) hat eine Auflage von 500.000 Exemplaren. Der erste Weihnachtskatalog erscheint. Werner Ottos Tochter Katharina wird geboren. Die KG Gesellschaft für Beteiligungen und Investierungen (später Aurum KG) übernimmt zehn Prozent der Anteile am Otto Versand.

OTTO-Katalog Herbst/Winter 1964/65.

1965 Der Umsatz klettert auf 430 Millionen Mark, die Zahl der Mitarbeiter auf 2.600. Der Katalog mit mehr als 700 Seiten (Aufl.: 640.000 St.) bietet 21.000 Artikelpositionen. Otto gründet die „Werner Otto Vermögensverwaltung GmbH“, aus der dann die „Werner Otto Grundstücks-Entwicklung GmbH (WOG)“ wird. Erster Geschäftsführer ist Dr. Werner Pfeifer. Schließlich wird als offizieller Name „KG Einkaufs-Center-Entwicklung G.m.b.H. & Co.“ gewählt – von den Mitarbeitern und Kunden rasch als ECE bezeichnet. 1979 wird das Unternehmen – endgültig – „ECE Projektmanagement G.m.b.H.“ getauft.

1966 Werner Otto übergibt den Vorstandsvorsitz an Günter Nawrath. Das Unternehmen erreicht trotz einer Rezession einen Umsatz von 582 Millionen Mark. Die Wachstumsrate beträgt 35 Prozent, im Katalog, mit

828 Seiten der dickste Versandhauskatalog Deutschlands, finden sich 30.000 Artikelpositionen. Die Mitarbeiterzahl beträgt jetzt 3.200. In Hongkong wird das erste Einkaufsbüro auf dem asiatischen Kontinent eröffnet. Im Katalog finden sich erstmals Topmodelle von prominenten Modeschöpfern wie Nina Ricci oder Christian Dior.

Topangebot im Postshop-Katalog 1969: der rote Fiat, fotografiert im Hamburger Hafen.

1967 Der Herbst / Winter-Katalog wird in einer Auflage von mehr als einer Million Exemplaren herausgebracht, der Umsatz erreicht 665 Millionen Mark. In Bramfeld werden zwei Neubauten bezugsfertig – Lager und Verwaltung, gleichzeitig wird der Grundstein für ein neues Versandlager gelegt. Alleine 160 Beschäftigte bearbeiten jetzt die Kundenkorrespondenz. Sohn Alexander wird geboren.

1968 Der erste Spezialkatalog für junge Leute erscheint: das Postshop-Magazin. Der Umsatz erreicht 820 Millionen Mark, die Katalog-Auflage von 1,2 Millionen Stück bringt auf 844 Seiten 32.000 Artikelpositionen. Zwei weitere Spezialhefte erscheinen: der Einrichtungskatalog „Wie wir wohnen" und ein Geschenkkatalog. Werner Ottos Stiefmutter Marie Gertrud Otto stirbt.

Franken-Center, Nürnberg.

1969 Werner Otto wird 60 Jahre alt, das Unternehmen besteht 20 Jahre. Der Herbst / Winter-Katalog hat eine Stärke von 900 Seiten mit 36.000 Artikelpositionen, parallel erscheinen Spezialkataloge für Hobby und Freizeit, für den Garten und für modernes Wohnen. Inzwischen gibt es bundesweit 14 ständige Niederlassungen in Form von Ausstellungen und Kundendienstzentren. Die Hanseatic Bank wird gegründet und ermöglicht OTTO-Kunden die Finanzierung der Katalogwaren. Die Mitarbeiterzahl liegt bei über 4.000. Das erste Einkaufscenter in Nürnberg (Franken-Center) wird eröffnet. Werner Otto gründet zur Förderung der medizinischen Forschung die Werner Otto Stiftung. Er wird von der Stadt Hamburg mit der Medaille für Kunst und Wissenschaft geehrt.

1970 Der Otto Versand durchbricht die Milliardengrenze und erzielt mit 4.800 Festbeschäftigten einen Umsatz von 1,168 Milliarden D-Mark.

1971 Die spätere ECE bezieht ihre neuen, selbst errichteten Büroräume in Hamburg-Poppenbüttel. Dr. Michael Otto tritt in den Vorstand des Otto Versands ein.

1972 Der Otto Versand gründet einen eigenen Zustelldienst, den Hermes Paket-Schnelldienst. Bis zum Jahresende werden 50 Prozent des Paketaufkommens unabhängig von der Post zugestellt. Das betriebliche Vorschlagwesen wird eingeführt, der Umsatz klettert auf 1,5 Milliarden Mark.

1973 Der Otto Versand hat 5.600 Mitarbeiter und 2.000 Aushilfen für saisonale Spitzenzeiten. Werner Otto verordnet der ECE einen Expansionsstopp, da er die beginnende Rezession frühzeitig erkennt. Stattdessen startet er mit dem Aufbau einer US-amerikanischen Immobiliengruppe, der späteren Paramount Group in New York. Otto stiftet mehr als 3,5 Millionen D-Mark für den Bau eines Spezialinstituts zur Früherkennung und Behandlung mehrfach behinderter Kinder. Grundsteinlegung für das Werner Otto Institut auf dem Gelände der Alsterdorfer Anstalten (heute: Evangelische Stiftung Alsterdorf).

Paramount Plaza, New York.

1974 Auch der Otto Versand setzt auf internationale Expansion. Mit Beteiligungen an Heinrich Heine, Karlsruhe, und 3 Suisses International, Frankreich, beginnt die Entwicklung zum internationalen Konzern. Hermes stellt inzwischen 90 Prozent aller Warensendungen zu. Der Kinderkatalog „kiko“ erscheint erstmals. Dr. Heinrich Kraft übernimmt den Vorsitz der ECE-Geschäftsführung. Das Werner Otto Institut wird mit einem Festakt seiner Bestimmung übergeben.

1975 Nur knapp drei Jahre nach seiner Gründung liefert der Hermes Versand Service (ehemals Hermes Paket-Schnelldienst) das gesamte Paketaufkommen und die hängende Konfektion an die OTTO-Kunden aus. Die Spezialkataloge „OTTO Heimwerker“ und „apart“, Mode für Sie und Ihn, erscheinen.

1976 Der Otto Versand übernimmt die Mehrheit beim Schwab Versand, Hanau, und erhöht die Beteiligung am Heine Versand, Karlsruhe, auf 80 Prozent. Damit steigert sich das Unternehmen zur Nummer drei auf dem internationalen Markt. Der Umsatz erhöht sich auf 2,1 Milliarden Mark. Die Mitarbeiterzahl beim Otto Versand steigt auf 10.000. Werner Otto kauft in New York City das Paramount Plaza, das zum Namensgeber für seine US-amerikanische Immobilienfirma wird.

1977 Im Mai wird der Betrieb im neuen Warengroßlager in Norderstedt bei Hamburg aufgenommen. Lagerverwaltung und Lagersteuerung für mittlerweile sieben Millionen Artikel erfolgen voll elektronisch durch Prozessrechner. Werner Otto wird von der Universität Hamburg mit dem Titel Dr. med. h. c. geehrt.

1978 Der Otto Versand erzielt einen Umsatz von 3,176 Milliarden Mark und beschäftigt 10.740 Mitarbeiter, die während der Saisonspitze von 2.500 Aushilfskräften unterstützt werden.

1979 Werner Otto wird 70 Jahre alt, der Otto Versand besteht 30 Jahre. In Hamburg-Bramfeld wird ein zweites Verwaltungsgebäude errichtet. Baubeginn für das Großlager Langenselbold. Der Otto Versand beteiligt sich an der Fegro-Großhandels-Gruppe. Mit der Gründung von OTTO Holland tritt OTTO in den niederländischen Markt ein. Die KG Einkaufs-Center-Entwicklung G.m.b.H. & Co. wird in ECE Projektmanagement umbenannt. In der Kinderklinik des Hamburger Universitätskrankenhauses Eppendorf wird das Behandlungszentrum für Krebskrankheiten eröffnet, das maßgeblich durch die Werner Otto Stiftung finanziert wurde. Werner Otto erhält das große Bundesverdienstkreuz mit Stern, im selben Jahr verlegt er den Sitz seiner US-amerikanischen Immobiliengeschäfte nach New York City. In Frankfurt am Main wird das von der ECE erworbene und umgebaute 40-stöckige Frankfurter Büro-Center (FBC) fertig gestellt.

1980 Innerhalb von nur acht Jahren hat der Hermes Versand mehr als 100 Millionen Sendungen zugestellt. Der Otto-Konzern gründet die OTTO Reisen GmbH, die OTTO-Kunden touristische Dienstleistungen per Katalog anbietet.

Dr. Michael Otto wird 1981 Vorstandsvorsitzender.

1981 Dr. Michael Otto wird Vorstandsvorsitzender der Otto-Gruppe. Er löst Günter Nawrath ab, der in den Aufsichtsrat wechselt.

1982 Die vom ECE-Stab gebaute neue Zentrale des Otto Versands wird fertig gestellt. Über 3 Suisses International beteiligt sich der Otto-Konzern an der Versandhandelsgesellschaft „La Blanche Porte“.

1983 Werner Otto stiftet mehr als drei Millionen Mark für die Krebsstation des Universitätskrankenhauses Hamburg-Eppendorf. Die Familie

Otto kauft die 1963 veräußerten Anteile in Höhe von 15 Prozent von der General Shopping S. A. zurück.

1984 Nach einer 10-jährigen Konsolidierungsphase eröffnet die ECE mit dem Löhr-Center in Koblenz das erste Innenstadtcenter. In Frankfurt am Main wird das 21-stöckige „Bürohaus an der Alten Oper" eröffnet, bei dem die ECE erstmals sämtliche Bereiche abgedeckt hat: Objektentwicklung, Generalplanung, Vermietung und Management. Werner Otto erhält das Große Bundesverdienstkreuz mit Stern und Schulterband. In den Jahren 1984 bis 1994 kauft die Familie Otto den 1964 veräußerten 10-Prozent-Anteil der Aurum KG zurück.

1986 Der Otto-Konzern startet seine Werbekampagne „Otto…find' ich gut." und führt als erstes deutsches Versandhaus den 48-Stunden-Express-Service ein. Das Unternehmen expandiert stark – unter anderem entsteht Otto-Sumisho, ein Joint Venture mit der Sumitomo Corporation in Japan. Umweltschutz wird ausdrückliches Unternehmensziel des Otto Versands. Michael Otto wird Manager des Jahres.

Otto... find' ich gut.

Werbekampagne von 1986.

1987 Der Otto-Konzern erwirbt die Versandhäuser Witt / Weiden und Venca (C.I.F.D.), Spanien.

1988 Der Otto-Konzern beteiligt sich an SportScheck, München und ModenMüller, Österreich. Erstmals baut die ECE ein ehemaliges Warenhaus um (City-Point-Konzept). Dabei entsteht in Braunschweig die erste vertikale Mall Deutschlands. Werner Otto wird Ehrensenator der Universität Hamburg.

1989 Mit Euronova gelingt dem Otto-Konzern der Einstieg in den italienischen Markt. Werner Otto erhält das Kronenkreuz der Diakonie in Gold. Im Universitätsklinikum Hamburg-Eppendorf wird ein neues Raster-Elektronenmikroskop übergeben, dessen Kosten zum Großteil von Werner Otto bestritten worden waren.

1990 Die deutsche Wiedervereinigung bringt die Marktwirtschaft in die neuen Bundesländer und führt zu einem rasanten Anstieg in der Nachfrage. Beim Otto-Konzern wird der 24-Stunden-Eilservice eingeführt.

Über die Gründung von OTTO Polen gelingt der Einstieg in den polnischen Markt. Der Otto-Konzern bringt sich auf dem Cash & Carry-Sektor mit der Gründung von Fegro / Selgros in einem Joint Venture mit der REWE Handelsgruppe ein. Die ECE betreibt 30 Center im Management.

1991 Der Kunde kann nun auch am Wochenende und nachts bei OTTO einkaufen. Der Konzern erwirbt die Mehrheit bei Grattan, dem viertgrößten britischen Versender. Im selben Jahr erfolgt die Gründung von VPC, Portugal. Für das Engagement des Otto Versands im Umweltschutz erhält Michael Otto die Auszeichnung „Ökomanager des Jahres 1991". Der Erweiterungsbau des Busch-Reisinger Museums auf dem Gelände der Harvard University wird eröffnet. Für die „Werner Otto Hall" hatte der Unternehmer mehr als drei Millionen Dollar gestiftet.

1992 Der Hermes Versand liefert die 500-millionste Sendung aus. Der Konzern übernimmt die ungarische Versandhandelsgesellschaft Magaréta. Werner Otto wird Laureat der Hall of Fame, dem Ehrenplatz in der Geschichte der deutschen Nachkriegswirtschaft im Bonner „Haus der Geschichte".

1993 Beim Otto Versand wird der 24-Stunden-Service auf fast alle Artikel ausgeweitet, alle Kundencenter erhalten eine einheitliche Rufnummer. Die Holding OFT (OTTO Freizeit und Touristik) wird gegründet, in der OTTO sämtliche Reisedienstleistungen bündelt. Werner Ottos ältester Sohn gründet die „Michael Otto Stiftung", die als einen ihrer Schwerpunkte den intensiven Schutz der Lebensgrundlage Wasser hat.

Alexander Otto tritt 1994 in die ECE ein.

1994 Der Otto-Konzern führt die Lieferung zum Wunschtermin ein. Als erster Versender präsentiert OTTO sein Sortiment auf einer interaktiven CD-ROM. Die Otto-Gruppe eröffnet in Haldensleben den ersten Bauabschnitt des von der ECE gebauten größten Warenverteilzentrums Europas. In Schwedt wird das erste Center der neuen Bundesländer eröffnet. Alexander Otto tritt in die ECE ein. Für sein Lebenswerk wird Werner Otto von der Stadt Hamburg mit der Ehrendenkmünze in Gold ausgezeichnet. Im selben Jahr wird er Ehrenbürger seiner Geburtsstadt Seelow.

1995 Der Otto Versand ist mit seinem Warenangebot erstmals im Internet vertreten. Der Feierabend-Service wird eingeführt – die Ware kann bis 21 Uhr geliefert werden. Der Konzern beteiligt sich am zweitgrößten deutschen Computer-Distributor, Actebis, und verstärkt so sein Engagement im Großhandelssektor.

Internetauftritt 1995.

1996 Die Werner Otto Stiftung hält ihre 50. Kuratoriumssitzung ab. In Zürich gründet die OTTO-Tochter Heine gemeinsam mit Jelmoli das Joint Venture „Jelmoli Versand“. Als Joint Venture von Otto-Sumisho, 3 Suisses und L’Oréal wird Club Créateurs Beauté, Japan gegründet. Die ECE gründet Tochtergesellschaften in Prag und Budapest.

1997 In Werner Ottos Geburtsort Seelow wird in Ottos Anwesenheit das Richtfest für die im Krieg zerstörte Kirche gefeiert. Er hatte das Geld für den Wiederaufbau gestiftet. Der komplette OTTO-Katalog erscheint im Internet. Die Einzelgesellschaft OTTO kann ihren Umsatz im Bereich E-Commerce, Internet, CD-ROM und Bildschirmtext auf 450 Millionen Mark ausbauen. Der Hermes Versand stellt die eine milliardste Sendung zu. Der Konzern gründet Joint Ventures in Korea und Taiwan und beteiligt sich am Versandhaus Baur in Burgkunstadt. In Leipzig wird in Anwesenheit des damaligen Bundeskanzlers Helmut Kohl und der Familie Otto die von der ECE erfolgreich betriebene Revitalisierung des Leipziger Hauptbahnhofs mit einem großen Einweihungsfest abgeschlossen. In Warschau gründet die ECE eine polnische Tochtergesellschaft.

Werner Otto im November 1997 vor seiner wieder erstandenen Taufkirche.

1998 Die Mitarbeiterzahl im Otto-Konzern übersteigt 50.000. OTTO beteiligt sich an Crate and Barrel in Chicago, in Deutschland wird als Gemeinschaftsunternehmen mit der spanischen Inditex die Zara Deutschland GmbH geründet. Die ECE schließt in Berlin das Stadtentwicklungsprojekt Potsdamer Platz ab. Auf einer Fläche von rund 40.000 Quadratmetern wird „Shoppingerlebnis mit Weltstadtflair“ angeboten. Alexander Otto wird stellvertretender Vorsitzender der ECE-Geschäftsführung.

1999 Der Otto-Konzern erwirbt den britischen Versender Freeman. Am 17. August feiert das Unternehmen seinen 50. Geburtstag mit einem großen Fest, zu dem auch alle Mitarbeiter eingeladen werden. Die ECE betreibt jetzt 60 Center im Management. Werner Otto wird vom Hamburger Senat für sein soziales Engagement mit dem Ehrentitel Professor ausgezeichnet und feiert in Berlin seinen 90. Geburtstag. Am eigentlichen Festakt mit Günther Jauch kann er kurzfristig erkrankt nicht teilnehmen. Im Societäts-Verlag erscheint Werner Otto zu Ehren die Festschrift „Faktor Einzelhandel in Deutschland".

Die Eröffnung des Werner Otto Hauses in Berlin-Neukölln im Juni 2000.

2000 Der Otto-Konzern ist nach Amazon der zweitgrößte Online-Händler der Welt. Das Unternehmen gründet unter anderem discount24 und travelchannel.de. In Tschechien wird das Versandhaus Otto Zasilatelstvi S.R.O. gegründet. Alexander Otto übernimmt bei der ECE den Vorsitz der Geschäftsführung von Dr. Heinrich Kraft. In Berlin-Neukölln wird das Werner Otto Haus eröffnet, in dem ehemals hörbehinderte Kinder und Jugendliche mit Hilfe eines Cochlear-Implantats wieder Hören lernen. In Hamburg wird die Stiftung „Lebendige Stadt" gegründet, die mit Hilfe zahlreicher Projekte einer Verödung der Innenstädte entgegenwirken will. Den Kuratoriumsvorsitz übernimmt Alexander Otto. Werner Otto stiftet drei Millionen Mark für den Wiederaufbau des Turms der Potsdamer Garnisonskirche. Michael Otto spendet 5,5 Millionen Mark für den Ausbau der Staatlichen Jugendmusikschule in Hamburg.

Alexander Otto übernimmt bei der ECE den Vorsitz der Geschäftsführung am 1. Juli 2000.

2001 Die ECE eröffnet in Breslau ihr erstes ausländisches Center. Der Erweiterungsbau des Werner Otto Instituts, für den Werner Otto mehr als vier Millionen Mark gestiftet hat, wird fertig gestellt. Zudem übernimmt Werner Otto die Patenschaft für die Illumination der Kornhausbrücke in der Hamburger Speicherstadt. Michael Otto wird erneut Manager des Jahres. Das Werner-Otto-Graduate-Programm des Deutschen Förderkreises der Universität Haifa wird ins Leben gerufen. Über das Programm werden besonders begabte arabische Studentinnen gefördert. Werner Otto wird im September durch Bundespräsident Johannes Rau mit dem nur äußerst selten verliehenen Großkreuz des Verdienstordens der Bundesrepublik Deutschland geehrt.

2002 Werner Otto finanziert den Wettbewerb zur Umgestaltung des Hamburger Jungfernstiegs, die von dem im selben Jahr gegründeten Verein „Lebendiger Jungfernstieg" betrieben wird. Für sein Lebenswerk wird er von der Konrad-Adenauer-Stiftung mit dem Preis Soziale Marktwirtschaft geehrt. Die ECE eröffnet in Budapest ihr erstes Center auf dem ungarischen Markt und startet ihre Aktivitäten in der Türkei. Die Umfirmierung von „Otto Versand“ in „OTTO“ und später in „Otto Group“ trägt der Entwicklung des Unternehmens zu einem international tätigen Handels- und Dienstleistungskonzern Rechnung.

2003 Auf dem Potsdamer Pfingstberg wird die Wiedereröffnung der Aussichtshalle „Belvedere“ durch Bundespräsident Johannes Rau gefeiert. Werner Otto hat für die Instandsetzung 6,5 Millionen Euro gestiftet. Im selben Jahr wird der Werner-Otto-Saal im Berliner Konzerthaus eröffnet, für dessen Ausgestaltung Werner Otto 4,5 Millionen Euro gestiftet hatte. Die Stadt Berlin ehrt ihn mit der Ernst-Reuter-Plakette.

Werner Otto (l.) mit Bundespräsident Johannes Rau (M.) und Hartmut Dorgerloh (Stiftung Preußische Schlösser und Gärten) bei der Wiedereröffnung des Belvedere im Juni 2003.

2004 Anlässlich seines 95. Geburtstags stiftet Werner Otto 150.000 Euro für die Instandsetzung der Orgel der Potsdamer Oberlinkirche. Im Frankfurter Societäts-Verlag erscheint Otto zu Ehren die Festschrift „Die menschliche Marktwirtschaft“. Die ECE übernimmt in Katar ihr erstes Center in der Golfregion.

2005 Die Stadt Hamburg verleiht Werner Otto die Bürgermeister-Stolten-Medaille. Die ECE eröffnet ihre ersten Center in Tschechien und Griechenland. OTTO bietet als Erster in der Branche drei Hauptkataloge im Jahr an.

2006 Die ECE eröffnet ihr erstes Center in Österreich. In Hamburg wird der umgestaltete Jungfernstieg eingeweiht, für den Werner, Michael und Alexander Otto insgesamt über 5,7 Millionen Euro gespendet haben. Die Otto Group macht einen Umsatz von rund 15,3 Milliarden Euro und beschäftigt 53.000 Mitarbeiter. Die eigenständige Hermes Warehousing Solutions wird gegründet, um alle Logistik-Dienstleistungen auch Dritten anbieten zu können. Werner und Michael Otto erhalten für ihr Lebenswerk den Deutschen Gründerpreis der Initiative StartUp. Im August wird Werner Otto mit dem Verdienstorden des Landes Brandenburg geehrt.

Der Hamburger Jungfernstieg nach der Umgestaltung.

2007 Nach knapp zweijähriger Bauzeit wird das von der ECE rekonstruierte Braunschweiger Welfenschloss fertig gestellt. In der Türkei stellt die

ECE das erste selbst entwickelte Center fertig. Alexander Otto erhält vom Hamburger Senat für sein gemeinnütziges Engagement die Alfred-Toepfer-Medaille. Das Online-Angebot auf www.otto.de umfasst mehr als 500.000 Artikel. Nach 26 Jahren an der Spitze des Otto-Konzerns wechselt Michael Otto in den Aufsichtsrat. Hans-Otto Schrader wird neuer Vorstandsvorsitzender der Otto Group.

2008 erhalten Maren und Werner Otto in Anwesenheit des Bundespräsidenten den erstmals verliehenen James-Simon-Preis.

2008 Michael Otto erwirbt den 25-prozentigen Konzernanteil zurück, der sich im Besitz der WAZ Gruppe befunden hatte. Zeitungen titeln: „OTTO ist wieder OTTO". Werner und Maren Otto werden in Berlin für ihr soziales Engagement mit dem erstmals verliehenen, mit 50.000 Euro dotierten James-Simon-Preis geehrt. Das Geld spenden sie. OTTO startet seinen Blog „Two for Fashion". www.otto.de wird von den Nutzern zum dritten Mal hintereinander zur beliebtesten Website in Deutschland gekürt. Die ECE eröffnet in Prag ihr 100. Einkaufszentrum.

2009 Werner Otto wird auf der CEE Real Estate Award Gala in Warschau mit dem Lifetime Achievement Award ausgezeichnet. Unter Führung von Alexander Otto expandiert die Familie mit ihren Shoppingcenter-Aktivitäten nach Amerika und baut die Beteiligung an dem an der New Yorker Börse gelisteten US-REIT Developers Diversified Realty (DDR) auf über 20 Prozent deutlich aus. DDR ist das führende US-amerikanische Shoppingcenter-Unternehmen mit Einzelhandelsimmobilien in 45 US-Staaten, Puerto Rico, Brasilien und Kanada. Die 710 Objekte umfassen insgesamt eine Fläche von 14,6 Millionen Quadratmetern. Die Otto Group besteht seit 60 Jahren. Vor 40 Jahren eröffnete die ECE ihr erstes Einkaufszentrum. Im August wird in Hamburg die Werner und Michael Otto-Stiftung gegründet, in Berlin die Werner und Maren Otto-Stiftung. Die Alexander Otto Sportstiftung lobt den Werner-Otto-Preis im Behindertensport aus, der jährlich vergeben wird. Am 11. August wird Werner Otto Berliner Ehrenbürger.

Alexander Otto ließ die Bronze-Statue seines Vaters vor der ECE-Zentrale in Hamburg aufstellen.

Werner Otto feiert seinen 100. Geburtstag zwei Tage später in Berlin. Zu den Ehrengästen zählen unter anderem Bundespräsident Horst Köhler und Bundeskanzlerin Angela Merkel.

Anfang Oktober wird vor dem Hamburger Verwaltungsgebäude der ECE in Anwesenheit der Familie Otto eine von dem Bildhauer Bernd Stöcker gefertigte Bronze-Statue Werner Ottos enthüllt.

Dienstag, 16. Oktober 1973

Spenden ermöglichen Millionen-Projekt

Institut in Alsterdorf für behinderte Kinder

Privater Initiative ist es zu danken, daß im nächsten Jahr in Hamburg ein Institut zur Früherkennung und Frühbehandlung mehrfach behinderter Kinder seine Arbeit aufnehmen kann. Es ist das dritte seiner Art in der Bundesrepublik. Von dem Sieben-Millionen-Projekt gibt es kein Baumodell, denn die dafür erforderlichen 10 000 Mark weiß man besser zu nutzen. Heute, bei der offiziellen Grundsteinlegung des Werner-Otto-Institutes der Alsterdorfer Anstalten, ist ein Teil des Gebäudes schon bis zum ersten Stockwerk hochgezogen. Zwei Beweise dafür, daß hier kaufmännisches Kalkül gepaart mit außerordentlicher Aktivität am Werk ist.

Der Hamburger Kaufmann Werner Otto, zu dessen Unternehmensgruppe der Otto-Versand gehört, stellte aus seiner Stiftung zur medizinischen Forschung an Hamburger Krankenhäusern 3,5 Millionen Mark zur Verfügung, um hirngeschädigten Kindern (Hauptgruppe ... die spastisch Gelähmten) ein ... ermög- mer lich stu jah Un sp

durch Komplikationen als Frühgeburtsfolge oder während der Neugeborenen-Periode hervorgerufen werden kann.

Erhöht wird diese Zahl noch durch die im Kleinkindesalter auftretenden Hirnschäden als Folge von Unfällen, Erkrankungen oder im Anschluß an Hirnoperationen, die bei Wirbelsäulen- und Rückenmarksmißbildungen not- ... Erhöhen wird sich diese

Montag, 10. September 1979

Hamburg

WIE ICH HÖRE

Der Kanzler malte zum Geburtstag

Seit 28 Tagen schon ist er 70 Jahre alt; und so wurde es gestern, am Sonntag, eine festliche Nachfeier des runden Geburtstages von **Dr. Werner Otto**, dem Gründer und Hauptgesellschafter des Otto Versandes in Hamburg: Im Atlantic Hotel trafen sich 150 Freunde und Gäste Werner Ottos zum Geburtstags-Dinner.

Ehrengast und Festredner Bundeskanzler **Helmut Schmidt** („Die Jahrgänge 08/09 sind ganz außergewöhnlich leistungsfähig in ihrem Leben gewesen, daran kann sich mancher heute ein

Donnerstag, 12. Dezember 1974

Hamburger Abendblatt

Nr. 289 - Seite 9

Prominente Hamburger, wie sie keiner kennt

Heute: Werner Otto, Unternehmer

Werner Otto, geboren am 13. August 1909 in Seelow bei Frankfurt an der Oder in der Mark Brandenburg. Kinder- und Schulzeit in der Kreisstadt Prenzlau, nördlich von Berlin. Eltern und Großeltern waren Kaufleute. Werner Otto erhielt seine kaufmännische Lehre und Ausbildung in Angermünde. Anschließend selbständiger Kaufmann in Stettin. Nach Rückkehr aus dem Kriege Aufbau einer Schuhfabrik in Hamburg. 1949 Gründung des Otto-Versands, der heute mit fast zwei Milliarden Mark Jahresumsatz das sechstgrößte Versandhaus der Welt ist. Anfang der 60er Jahre Beteiligung an der wirtschaftlichen Erschließung Kanadas, besonders im Raum Toronto. 1973 Ausdehnung dieser Aktivitäten auf die USA. Seit 1967 Bau von zehn Einkaufszentren in der Bundesrepublik. 1969 Errichtung der Werner-Otto-Stiftung für Medizin und Forschung aus privaten Mitteln. 1974 Arbeitsaufnahme des Werner-Otto-Instituts der Alsterdorfer Anstalten.

Werner Otto über…

… moderne Maler

Davon verstehe ich wenig. Ich liebe die deutschen Expressionisten. Das sind Maler meiner Generation und meiner norddeutschen Heimat.

… Politik

Ich bin politisch engagiert, doch nicht im engeren Sinne, sondern in größerem Rahmen. Die Probleme des Club of Rome interessieren mich mehr als irgendein Steuergesetz. Wachstumsgrenzen und Umweltprobleme interessieren mich mehr als politische Tagesfragen.

… seine Lebensphilosophie

Ich lehne alles Statische ab, daher liebe ich keine Routine. Das höchste Lebensgut ist für mich die Freiheit und nicht die Sicherheit.

… Zeitmangel

Ich finde, ein Mensch, dessen Zeit knapp ist, sollte sie nicht damit verbringen, allgemeine Sprüche zu machen, sondern er sollte versuchen, einen klaren Standpunkt zu den anstehenden Problemen zu finden.

Der Mann, der wie Goethe ein Stehpult hat

Werner Otto an seinem Stehpult in der Chefetage in Bahrenfeld. Von hier aus leitet er seine Gruppe, hier entstehen seine besten Ideen

Fotos: DU VINAGE/ZILLMANN/SCHNEIDER-SIEMT

Am liebsten „dirigiert" er seine Unternehmensgruppe vom Palisander-Stehpult in der sechsten Etage des Otto-Versandhauses in Hamburg-Bahrenfeld. Um auch zu Hause nicht auf diese liebgewonnene Eigenart verzichten zu müssen, steht dort ein zweites Stehpult, ein Zwilling sozusagen. Dennoch ist der Besucher in der Konzern-Zentrale erstaunt, den 65jährigen Chef des Hauses an einem solchen Stück Möbel vorzufinden.

„Sitzen", so meint Werner Otto, „ist nicht meine Sache." Die besten Ideen habe er nun mal an diesem Stehpult, das für ihn so etwas wie Tradition und Fortschritt gleichermaßen verkörpert.

Tradition: Werner Otto stammt aus einer Kaufmannsfamilie. Schon Eltern und Großeltern waren in der Mark Brandenburg Kaufleute. Er selbst hat das Einzelhandelsgeschäft von der Pike auf gelernt, so daß er sich auch

Von HANS-HENNING KROLL

heute noch mit einigem Recht und auch mit Stolz als Einzelhändler bezeichnen kann. Es spricht für dieses Traditionsbewußtsein, daß er dies auch gern tut. Allerdings mit der leichten Unterkühlung, wie sie in Hamburg eben üblich ist.

Der Fortschritt: Aus dem Einzelhändler Werner Otto ist inzwischen der zweitgrößte Versandhändler Deutschlands geworden. In seinen Katalogen werden etwa 80 000 Artikel von der Puderdose bis zum Persianer, vom Abfalleimer bis zum Farbfernseher, von der Abendtasche bis zum Zwiebelschneider angeboten und frei Haus geliefert. Er setzt fast zwei Milliarden D-Mark um und beschäftigt 5600 Leute.

Einkaufsbüros zwischen Hamburg und Singapur, zwischen Tokio und São Paulo versorgen die Zentrale in Bahrenfeld. Und damit alles reibungslos klappt, sorgt eine moderne elektronische Datenverarbeitung für die Auftragsabwicklung. So reibungslos, daß die Bundeswehr bei Werner Otto Nachhilfe-Unterricht für die Truppenversorgung erhielt.

Wie ist er geworden, was er ist? Werner Otto, mittelgroß, drahtig, hellwach, streicht sich nachdenklich über das widerborstige graue Haar, das sich nur schwer scheiteln läßt. „Eigentlich wollte ich Schriftsteller werden", sagt er zögernd. „Als ich noch zur Schule ging, träumte ich davon, meine Gedanken der Umwelt mitzuteilen." Wer hat das nicht gewollt! Man merkt, daß den Großkaufmann ein Anflug von Wehmut packt: Dieses Ziel hat er nicht erreicht. Bucherfolge hat er gleichwohl: Seine Bestseller sind heute seine Versandkataloge. Sie werden auf jeder Hallig und in jedem Bergdorf gelesen. Aber richtig ist auch, daß sie mit Sicherheit nie einen Literaturpreis erhalten werden.

Als Schüler hatte er, wie er sagt, ein Unternehmerbild, das mit dem des heutigen Werner Otto kaum identisch ist. Damals glaubte er, alle Unternehmer seien nur auf Profit aus, wie er es mal irgendwo gehört hatte. Heute weiß er, daß ohne Gewinne nichts geht, daß der Unternehmer aber auch Verpflichtungen gegenüber der Allgemeinheit hat. Danach versucht er zu handeln.

Durchsetzen konnte er sich als Schüler in Prenzlau allerdings auch schon. Unbewußt vielleicht, denn er erinnert sich noch heute mit leichtem Erstaunen, daß seine Klassenkameraden damals eine Art „Spielstreik" gegen ihn inszenierten, weil er immer „das Sagen" haben wollte. „Sie sagten mir plötzlich, daß sie nicht mehr mit mir spielen wollten, weil ich immer versuchte, meinen Willen durchzusetzen." Inzwischen hat er gelernt, damit zu leben. Die letzte Entscheidung nimmt ihm niemand ab — er läßt sie sich auch nicht nehmen.

Nur zögernd spricht Werner Otto davon, daß ihm die Gegnerschaft gegen das Naziregime zwei Jahre Haft eingebracht hat und daß er deshalb als Soldat auch nicht zu hohen Dienstgraden kommen konnte. Werner Otto, der von sich selbst sagt, daß er politisch durchaus engagiert ist, möchte trotzdem auch diese Zeit nicht aus seinem Leben streichen. Einen Versuch, daraus Vorteile zu ziehen, hat er jedoch nie unternommen.

Im Gegenteil: Er kam als einer von vielen Flüchtlingen nach Hamburg und versuchte sein Glück zuerst als Schuhfabrikant. Noch heute beherrscht er alle Fachausdrücke dieser Branche und erläutert begeistert den Aufbau eines Herrenschuhs von der Sohle bis zu den Löchern für die Schnürsenkel. Und es hätte nur eines Anstoßes bedurft, dann hätte er diese Demonstration an seinen eigenen Schuhen auch praktisch vorgeführt.

Der entscheidende Tag in seinem Leben als Unternehmer war jedenfalls der 17. August 1949. Damals, kaum mehr als ein Jahr nach der großen Währungsreform, eröffnete er in Hamburg seinen Versandhandel. Mit einem Anfangskapital von 6000 harten D-Mark und einem Gewerbeschein, den er für eine D-Mark bei den Hamburger Behörden beantragt hatte. Der erste Katalog war noch handgemacht, die Fotografien selbst eingeklebt.

Zum 25jährigen Bestehen des Otto-Versandes gratulierte auch Max Schmeling, eingerahmt von Frau Otto und Werner Otto

Heute zählt er zu den Umsatz-Milliardären

Damals sagten alle: „Das ist doch heller Wahnsinn, was der Otto da macht!" Ein Abenteuer war es wohl, harte Arbeit auch und nicht etwa nur Glückssache. Inzwischen haben sich diese 6000 Mark mehr als gut verzinst. Werner Otto zählt heute zu den Umsatz-Milliardären in der Bundesrepublik. Aber auch zu denjenigen, für die Besitz Verpflichtung bedeutet. So war ihm im Gespräch mit befreundeten Ärzten klargeworden, daß die Krankenhäuser in Hamburg auch heute noch auf Privatinitiativen angewiesen sind. Aus diesem Grunde rief er 1969 die Werner-Otto-Stiftung ins Leben, um Krankenhäusern bei der Beschaffung moderner, teurer Geräte zu helfen.

Die größte Aufgabe war für ihn die Gründung des „Werner-Otto-Institut der Alsterdorfer Anstalten". Hier soll geistig und körperlich behinderten Kindern geholfen werden. Und auch dies ist typisch für Werner Otto: „Ich werde mich so lange für dieses Institut persönlich engagieren, bis ich weiß, daß wir dort das Optimale an Hilfe für die kranken Kinder erreicht haben."

Dieser persönliche Einsatz ist eine der Grundlagen seiner Erfolge im Geschäftsleben. Denn längst ist der Otto-Versand nur ein Teil seiner „Gruppe". Da sind die Einkaufszentren — das Alstereinkaufszentrum in Hamburg-Poppenbüttel gehört dazu —, da sind die Industrieparks in Kanada, die Wohnblocks und Bürogebäude in Toronto und den USA. Alle wichtigen Unterlagen über seinen Konzern trägt er immer bei sich. Sie haben Platz in einem normalen schwarzen Aktenkoffer.

Es gibt eine grüne Mappe für Kanada und die USA: „Sehen Sie hier: Diese Grundstücke sind bebaut, hier die Erwerbskosten, dort die Kosten der Bebauung, hier die Erträge." Sein Finger zeigt auf die entsprechenden Spalten: Alle wichtigen Zahlen auf einen Blick. Eine schwarze Mappe enthält die Zahlen des „Otto-Versand". Eine braune alle Daten über die Grundstücke in Deutschland. Seine privaten Zahlen sind in einer roten Mappe zusammengefaßt. Und um ganz sicherzugehen, hat er das Wichtigste noch einmal in einem kleinen abgegriffenen braunen Notizblock in der Jackentasche zusammengefaßt. Veränderungen werden ständig notiert, alles ist auf dem laufenden.

Aber: Nicht alle seine Unternehmungen waren erfolgreich, wenn sie sich auch nie zu ausgesprochenen Fehlschlägen entwickelten, weil er eine Eigenschaft hat, um die andere ihn beneiden: Selbst Lieblingsideen läßt er sofort fallen, wenn sie sich als Fehlschläge erweisen. So vermietete er seine Warenhäuser an Horten, als er glaubte, daß der Erfolg für ihn ausblieb. Eine Kette von Autowaschanlagen verkaufte er kurz entschlossen, als sie ihm nicht die erhofften Gewinne einbrachte.

Daß er sich verkalkuliert, gibt es also auch bei ihm. Obwohl er ein Mann ist, den nichts so sehr fasziniert wie die gründliche Analyse einer Marktchance: „Die Weichenstellung für die Zukunft muß bis ins letzte Detail vorbedacht sein, schwierige Dinge müssen auf einen Nenner gebracht werden." Kompliziertes läßt er sich „gern noch einmal auf plattdeutsch" sagen. Über die Risiken wird dann innerhalb des Managements diskutiert, oft Stunden um Stunden. Dann folgt, was sein muß: „Die letzte Entscheidung treffe ich!" Aber nur bei Grundsatzfragen, das Tagesgeschäft interessiert ihn dann nicht mehr so sehr. Da mischt er sich, sagt er, nur ungern ein.

Wenn man sieht, wie er das sagt, dieses kleine verschmitzte Lächeln à la Rühmann in den Augen, ist man allerdings nicht ganz so sicher, daß er es nicht vielleicht doch tut. Die Daten, auch über das Tagesgeschäft, die er mit leiser, ganz undramatischer Stimme präsentiert, lassen vermuten, daß er seine Mitarbeiter sehr wohl mit präzisen Fakten zu überraschen weiß.

Mindestens während der ersten zehn Jahre nach dem Start eines neuen Projektes hat er alle Zahlen im Kopf und in seinem berühmten Aktenkoffer. Nach zehn Jahren spätestens muß das Geschäft laufen. Das ist ein „Otto-Prinzip". Das ist aber auch ein Grund dafür, daß der jetzt 65jährige nichts Neues mehr anpacken will. „Wenn ich Mitte Vierzig wäre, würde ich vielleicht noch in Brasilien etwas starten", meint er etwas nachdenklich. Aber dann winkt er doch ab: In zehn Jahren wäre er 75! Hinter der Handbewegung ist Bedauern zu spüren, etwas Reizvolles unterlassen zu müssen. Und Otto gibt auch zu: „Ich muß mich am Zügel halten, um nicht wieder in einem fremden Land etwas völlig Neues zu beginnen."

Vielleicht, daß er seinen Sohn noch dazu bringen wird, etwas in Brasilien zu unternehmen. Denn der Älteste, Dr. Michael Otto, ist schon im Vorstand des „Otto-Versand". Seine älteste Tochter hat eine Kunstgalerie und fördert dort progressive Kunst, mit der ihr Vater — wie er zugibt — wenig anfangen kann. Er besitzt Bilder von Max Pechstein, August Macke, Erich Heckel, Ernst Ludwig Kirchner und Emil Nolde. Eines der letzten expressionistischen Bilder, die er ersteigerte, war ein „Nolde". Dabei hat er es genossen, daß er sich keine Grenze im Bieten setzen mußte. Er wollte das Bild haben — ein ähnliches hängt noch heute in der Londoner Tate Galerie —, und er bekam es.

Am liebsten eine Mietwohnung …

Sonst gönnt Werner Otto sich wenig Luxus: „Mich reizt nicht der Besitz, mir fehlt auch das Bedürfnis nach einer Repräsentations-Kulisse." Wenn es nach ihm ginge, würde er mit seiner Familie eine Mietwohnung beziehen: „Man kann sie einfach abschließen und verreisen." Aber seiner Frau und den Kindern zuliebe hat er ein Haus gekauft, damit „sie im Grünen leben können".

Dort, im Grünen, geht er gelegentlich ein wenig spazieren. Sein Verhältnis zum Sport ist unkompliziert. Er hat sich die Weltmeisterschaftsspiele im Fußball angesehen. Aber keine Sportart treibt er mit Verbissenheit.

Noch heute allerdings schwärmt Otto von den vier Wochen Urlaub, die er vor längerer Zeit auf seinem Besitz in Chile verbracht hat. Dort, am anderen Ende der Welt, hat er vor Jahren ein riesiges Stück Urwald gekauft und ihn roden lassen, bis er einen Fundo mit Häusern, Schule und Kirche bauen konnte. Damals dachte er, dort könne sich „mal was entwickeln". Jeden Tag saß er bis zu acht Stunden im Sattel. „Oh, war das herrlich!" bekennt er in einem bei ihm geradezu ungewöhnlichen Gefühlsausbruch. Entwickelt hat sich drüben jedoch alles anders, als er dachte. Heute gehört ihm nur noch das urbar gemachte Land, das er verpachtet hat. Häuser, Gebäude und Urwald sind enteignet.

Nach Hause zurückgekehrt, brauchte er fünf Jahre, bis er wieder einmal zum Reiten kam. Früher war er ein begeisterter Scheibenschütze, heute ist er es nicht mehr. Heute schießt er gelegentlich auf Tontauben. Das einzige, was er seit Jahren gleichmäßig durchhält, ist ein Dauerlauf auf der Stelle. Mindestens dreimal in der Woche 30 Minuten auf einer Spezialmatte, die er auch auf Reisen mitnimmt.

Oft hat Werner Otto unter Fernweh gelitten. Nie aber unter Heimweh. Dieses Fernweh ist wohl auch der Grund dafür, daß er in Kanada Fuß faßte: „Die Fremde, die Weite und die Freiheit in Kanada lockten mich." Was zuerst, wie so vieles bei Otto, nur Liebhaberei war, wurde inzwischen ein wichtiges Geschäft. „In Toronto kenne ich mich bald besser aus als in Hamburg."

Trotzdem, Hamburg liebt er: „Ich bin eigentlich Hamburger geworden, ohne es zu merken." Bei allem Fernweh — Hamburg scheint ihn eingefangen zu haben. Hier steht sein Stehpult, das Dirigenten-Pult der Werner-Otto-Gruppe. Daß es so ist, hat er sogar per Werbung bekanntmachen lassen, damit es seine Millionen Kunden wissen: Otto-Versand Hamburg!

Lesen Sie am Sonnabend im Wochenend-Magazin:

Die Frau, der es so schwerfällt, ganz oben zu sein

Auch als erfolgreicher
Unternehmer blieb er immer
(Familien-)Mensch:
Werner Otto mit Ehefrau Maren
im April 2003 in Berlin.

Annäherung an den Jahrhundert-Mann

Der geborene Unternehmer *Seite 140*
Zwischen Firma und Familie *Seite 149*
Weggefährten erinnern sich *Seite 158*

Der geborene Unternehmer

„Der schlimmste Fehler, den ein Unternehmer machen kann, ist der, keine Entscheidungen zu treffen"

Werner Otto hat seine Mitmenschen über viele Jahrzehnte beeindruckt, ja fasziniert. Aus eher einfachen bürgerlichen Verhältnissen stammend, hatte er gleichwohl schon als junger Mann einen ungetrübten Instinkt für erfolgreiches Unternehmertum. Später, als weltbekannter Firmeninhaber, schien es ihm mühelos zu glücken, auf die empfindlichen Schwankungen des Marktes zu reagieren. Es gelang Werner Otto immer wieder, seine Unternehmungen auf- und auszubauen und die jeweilige Konkurrenz fast im Handumdrehen abzuschütteln. Schließlich wurde Otto, der längst nicht mehr nur der viel zitierte Versandhauskönig war, zu einem gefragten Ratgeber, der die wirtschaftlichen und gesellschaftspolitischen Entwicklungen in einer Reihe von Publikationen kommentierte und vielerlei Rat für andere geben konnte – allerdings ohne erhobenen Zeigefinger. Dabei dürften einige seiner bekannten Ausführungen – zum Beispiel zum viel gepriesenen Neuen Markt und zur Tätigkeit bekannter Unternehmer als Aufsichtsratsmitglieder – in den hohen und höchsten Finanzkreisen nicht überall nur Zustimmung ausgelöst haben. Doch Werner Otto konnte es sich erlauben, anderen gelegentlich den Spiegel vorzuhalten. Seine eigene Leistung war ja längst zu einem Bilderbuchbeispiel gelebten Unternehmertums geworden.

Viele Weggefährten Werner Ottos sind sich im Rückblick sicher, dass der Mann, der nach dem Zweiten Weltkrieg mit ein paar rasch zusammengebundenen Katalogen begann, das war, was man einen geborenen Unternehmer nennt – also einen Menschen, der ohne nennenswerte äußere Einflüsse, quasi aus sich selbst heraus, zielstrebig seinen Weg in die Selbstständigkeit und dann auf den Weltmarkt gehen konnte. „Ich bin eben einfach so", oder „Ich weiß auch nicht, woher das kommt" antwortete Otto mit der ihm eigenen Bescheidenheit denjenigen, die ihn nach den

Wurzeln seiner beispiellosen Karriere fragten. Vielleicht gibt es wirklich keine schlüssige Erklärung dafür, woher Werner Ottos Mut und Durchhaltekraft, sein Verständnis für Zahlen und die Gesetze des Marktes, seine Kenntnis internationaler Wirtschaftsgeflechte und sein untrüglicher Instinkt für immer neue, erfolgreiche Projekte originär stammen. Doch seine Fähigkeit, all diese Gaben nutzbringend für sich und andere einzusetzen, war keine Hexerei. Nachfolgend soll dargestellt werden, wie es Werner Otto gelang, den Weg vom geborenen zum bewunderten und vor allem beständig erfolgreichen Unternehmer zu gehen. Es gibt gewiss viele Menschen, die große Pläne hegen, aber längst nicht allen gelingt es auch, sie auf einem hart umkämpften Markt durchzusetzen. Den Sprung an die Weltspitze (der in Wahrheit ein langer, steiniger Weg ist) schaffen indes nur sehr wenige – Menschen vom Kaliber eines Werner Otto.

Durchsetzungsfähig, aber stets für andere aufgeschlossen: der geborene Unternehmer Werner Otto.

Was macht Werner Otto zum Bilderbuch-Unternehmer, wo liegt der Schlüssel zu seiner unvergleichlichen Erfolgsstory? Mag sein, dass Otto, wie er selbst immer gesagt hat „einfach so war, wie er war" – eben der geborene Unternehmer im klassischen Sinne. Aber letztlich greift diese Erkenntnis zu kurz. Wer sich mit Otto beschäftigt, stellt rasch fest, dass bestimmte Verhaltensmuster seine Arbeit über Jahrzehnte geprägt haben.

Otto ist an seine Projekte stets wagemutig, oft fast spielerisch herangegangen. Der schlimmste Fehler, den ein Unternehmer machen könne, sei der, keine Entscheidungen zu treffen, hat er einmal gesagt, und die schlichte, unreflektierte Hoffnung, dass sich etwas „einfach so" erfüllen könnte, sei „das Grab des Kaufmanns". Otto hat sich beim Start seiner Unternehmungen immer wieder auf Terrain vorgewagt, auf dem er nie zuvor gearbeitet hatte, ja von dem er oftmals überhaupt keine Kenntnisse hatte – sei es der Versandhandel im großen Stil, seien es die Immobiliengeschäfte in anderen Ländern. Dabei hat ihn stets die Erkenntnis geleitet, dass das, was im Kleinen wichtig und machbar ist, im Großen dieselbe Vorgehensweise erfordert. Aus seinen frühen Jahren als Einzelhändler hatte er beispielsweise verinnerlicht, dass für die Kunden unbedingte Qualität, schnelle Beziehbarkeit und eine optimale Lage von großer Wichtigkeit waren – Faktoren, die er auch dann nie aus den Augen gelassen hat, als sein Unternehmen längst ein Weltkonzern geworden war. Die Wünsche und Erwartungen der Kunden niemals zu missachten, blieb stets sein oberstes Gebot – von seinen Managern forderte er in Memos, Konferenzen und Ansprachen immer wieder, sie sollten sich weg vom rein „rechenhaften Denken“ hin zum „Kundendenken“ entwickeln. Die konsequent, oft sehr streng vorgetragene Forderung an seine Mitarbeiter, das Naheliegende, Unmittelbare nie aus den Augen zu verlieren, zieht sich wie ein roter Faden durch die Erfolgsgeschichte des Werner Otto. Von seinen Geschäftsführern forderte er einmal, nicht so viele Rundschreiben, sondern kurze und klare Anweisungen zu produzieren. „Vermeiden Sie Dauersitzungen, machen Sie nicht zu viele Exposees über Tagesprobleme, entwerfen Sie nicht zu viele Formulare, sondern gewöhnen Sie sich vielmehr daran, kurze und klare Anweisungen zu geben“, so Otto. Gerne berichtete er, dass ihm ein Spitzenmanager nach einem ausführlichen Gespräch einmal bescheinigt hatte, welche Wohltat es sei, jemanden vom Kaliber eines Werner Otto „gerade und einfach denken zu hören“.

Früh hatte sich Werner Otto in anderen Ländern umgesehen, aber genauso früh hatte er erkannt, dass sich nicht jedes Erfolgsmodell auf den deutschen Markt übertragen ließe. Seine Projekte, egal, ob es um den Ausbau des Versandhandelsnetzes oder den Bau von Einkaufszentren ging, waren daher nie simple Imitationen.

Ebenso klar und nüchtern denkend ging Werner Otto vor, als er sich entschloss, im Ausland zu investieren und dort neue Geschäftsfelder zu erschließen. Südamerika kam für ihn wegen der wackligen politischen und rechtlichen Verhältnisse nicht in Frage, Australien war ihm zu weit entfernt. Seine Entscheidung fiel also bekanntlich für Kanada und die USA – aus streng logischen, einfachen Überlegungen heraus, die ihn schließlich vor krassen Fehlinvestitionen bewahrten. Nur mit Hilfe dieser geraden, zielgerichteten Art konnte es sich Otto leisten, wagemutige, progressive Entscheidungen „aus dem Bauch heraus“ zu treffen – sein gesunder Menschenverstand hat ihn dabei so gut wie nie verlassen.

Doch Vorsicht. Wer glaubt, dass Werner Otto im Grunde nur ein reiner Instinktmensch war, der einige eher schlichte Lebensweisheiten in die Geschäftswelt übertrug, irrt sich gewaltig. Denn kaum hatte sich Otto für ein bestimmtes Projekt entschieden, sicherte er dessen Erfolg über ein eng geknüpftes Netz aus ständigen Analysen und Kontrollen ab. So scheinbar spontan und leichtherzig manche Entscheidung auch gefallen zu sein schien: Die weitere Entwicklung überwachte Werner Otto mit Konsequenz, Strenge und auch Härte. Wo andere lediglich Einkauf und Vertrieb auf- und ausbauten, schuf Otto umgehend eine Prüfabteilung. Wo andere Immobilien verwalten ließen, beauftragte Otto ein Team mit der Prüfung eben dieser Verwaltung. „Delegieren ohne Kontrolle ist laissez faire", hat Werner Otto einmal vor leitenden Mitarbeitern gesagt, und laissez faire bedeutete für ihn der Untergang jeder Unternehmung, auch wenn sie noch so erfolgreich gestartet worden war.

Otto verlangte genaue Kenntnisse der leitenden Mitarbeiter über ihre jeweiligen Bereiche, auf Anfrage musste jede Information für ihn abrufbar sein. Besonderen Wert hat er dabei auf verlässliches Datenmaterial gelegt – Zahlen zu einzelnen Verkaufsbereichen, Zahlen über Kundenströme, über Investitionen, über Erfolge und Misserfolge. Er nutzte diese Daten, um agieren und reagieren zu können – um Fehlentwicklungen zu bereinigen, personell und finanziell aufzustocken oder bei einer Planung andere Akzente zu setzen. Jede Ausweitung von Geschäftsbereichen, jede Umstrukturierung einzelner Abteilungen geschah auf der Basis dieses Datenmaterials. Wenn eine Firma nicht in der Lage war, die gewünschten Zahlen vorzulegen oder zu ermitteln, war das für Werner Otto wie „ein Blindflug ohne Radar".

Zwar hat Werner Otto, wie gesagt, von leitenden Mitarbeitern immer wieder verlangt, über alle Aspekte der ihnen unterstehenden Bereiche genaue Auskunft geben zu können. Allerdings hat er nie von ihnen erwartet, dass sie diese Kenntnisse selbst herausarbeiten. Im Gegenteil. Sitzungsprotokolle und abgedruckte Reden an die Belegschaft zeigen eindrucksvoll, wie auffallend ärgerlich Otto werden konnte, wenn sich Führungskräfte aus seiner Sicht mit „Kleinkram" verzettelt hatten. Stattdessen erwartete er von ihnen, die „große Linie" zu sehen und – wie er selbst – ein Gespür für neue Trends und Herausforderungen zu entwickeln. Die anderen Aufgaben sollten an untergeordnete Mitarbeiter übertragen werden, denn gerade diese Fähigkeit zum Delegieren war es aus Sicht Ottos, die einen Mitarbeiter zum Leitenden machte. „Ich selbst habe bei meinen Unternehmungen Erfolg gehabt – weniger durch Glück, sondern mehr durch gute Voraussicht und durch gute Übersicht", hat Werner Otto einmal gesagt. Die zu intensive Beschäftigung mit untergeordneten Aufgaben, so wusste er, blockiert die Kreativität, die wiederum wichtigster Motor jedes Unternehmens ist.

Der geborene Unternehmer

In seinem Büro hatte Werner Otto einen Sinnspruch von David Ogilvy aufgehängt, den er bei Ansprachen gerne zitierte und nach eigenem Bekunden seinen leitenden Mitarbeitern am liebsten ebenfalls in die Büros gehängt hätte. Er lautet: „Um kreativ zu bleiben, bedarf es mehr als der Vernunft. Die Mehrzahl aller Geschäftsleute ist unfähig, originell zu denken, weil sie der Tyrannei ihrer Vernunft nicht entfliehen kann. Ihre Fantasie ist blockiert."

Werner Otto hat sich in seinem Unternehmen gerne mit jungen Menschen umgeben und leitende Mitarbeiter schon mit höchst verantwortungsvollen Aufgaben betraut, als sie noch relativ jung waren. Dahinter stand die Erkenntnis, dass ein prosperierendes Unternehmen nur langfristig erfolgreich sein kann, wenn eine frische Führungsmannschaft gleichsam als Reserve bereitsteht und der Nachwuchs bei Bedarf bereits auf seine Aufgaben vorbereitet ist. Während es anderen bekannten Unternehmern nicht einmal gelungen ist, eine vernünftige Nachfolgeregelung für die Leitung ihrer Firma oder ihres Betriebes zu finden, hat Werner Otto eine konsequente Personalpolitik von Anfang an für alle Bereiche verlangt. In einer eindrucksvollen Ansprache forderte er seine leitenden Mitarbeiter einmal auf, nicht nur „nach oben zu schielen" und auf die nächste Beförderung zu warten. Der Blick müsse stattdessen nach unten gehen, um zu prüfen, wo ein junger, hoffnungsvoller Mitarbeiter zu finden sei, der auf eine höhere Position vorbereitet werden könne. Otto machte damals deutlich, dass er nur diejenigen für beförderungswürdig erachtete, die diese Form der Personalentwicklung in ihrer Abteilung zuvor erfolgreich praktiziert hatten.

In der hier bereits zitierten „Anweisung für alle Abteilungsleiter" aus dem Jahr 1954 fordert Otto seine wichtigsten Mitarbeiter demonstrativ auf, die Ideen anderer nicht für sich selbst zu reklamieren: „Ich appelliere an die Anständigkeit der Abteilungsleiter, dass sie nicht Vorschläge ihrer Untergebenen als die eigenen hinstellen. Sollte mir etwas Derartiges zu Ohren kommen, so kann der Abteilungsleiter damit rechnen, dass ich ihn entsprechend charakterlich beurteile." Und in seiner Informationsschrift für die leitenden Angestellten seines Unternehmens zitiert er demonstrativ den Satz eines führenden deutschen Unternehmers: „Wehe dem Vorgesetzten, der ein Talent abmauert oder blockiert."

In derselben Schrift vergleicht er die Arbeit einer idealen Führungskraft mit der eines Dirigenten: „Die wichtigste Aufgabe seiner Position besteht, wie beim Dirigenten, im Führen. Nicht im Führen von Geschäften oder Ämtern, sondern im Führen von Menschen." Der Vorgesetzte sei, wie der Dirigent, nur dann erfolgreich, „wenn er seine Mitarbeiter dahin gebracht hat, ihre Kräfte zu mobilisieren und innerhalb eines aufeinander abgestimmten Teams selbstständig erfolgreich zu arbeiten".

Geradezu visionär ist folgende Aussage Ottos aus den späten 1960er Jahren: „Mechanische Arbeit wird in immer größerem Maße von Maschinen gemacht. Der große Bürosaal mit Hunderten von Kräften, die primitive Routinearbeit verrichten, wird immer seltener. Je qualifizierter und differenzierter die Arbeit seiner Untergebenen ist, desto mehr muss sich der Vorgesetzte mit diesen ihm anvertrauten Menschen beschäftigen."

Delegation von Verantwortung sei die Aufgabe des modernen Managements. „Das Jahrhundert der Alleinherrscher ist vorbei", so Otto. „Mit der alten Divide-et-impera-Auffassung – unklare Kompetenz-Aufteilung, damit die Untergebenen gegeneinander um die Gunst des Vorgesetzten kämpfen und dieser umso besser herrschen kann, – sind die Leistungsanforderungen moderner Unternehmen nicht mehr zu erfüllen."

In dem Buch „Schöpfer und Zerstörer – Große Unternehmer und ihre Momente der Entscheidung" definieren die Autoren Uwe Jean Heuser und John F. Jungclaussen ausführlich, welche ausschlaggebenden Faktoren über Erfolg oder Misserfolg einer Unternehmerlaufbahn entscheiden. „Unternehmer lassen sich nicht fremdbestimmen", so die Autoren. „Sie machen zwar zuweilen ausgesprochen dumme Fehler und sind manchmal selbstgerecht. Stets aber begrenzen ihre starken Persönlichkeiten den äußeren Einfluss von Stimmungen und Stimmungsmache. Und die Erfolgreichen unter ihnen schaffen es trotz aller notwendigen Sturheit, belehrbar zu bleiben."

Das sind Kriterien, die auf Werner Otto zweifellos zutreffen. Doch damit nicht genug. Die Autoren stellen anhand einer ausführlichen Checkliste heraus, welche Punkte den dauerhaft erfolgreichen Unternehmer ausmachen. Laut Heuser und Jungclaussen müsse ein entsprechender Unternehmer zum Beispiel lernfähig bleiben. Explizit erwähnen sie – als negatives

Beispiel – Max Grundig, der einst zusammen mit Werner Otto und einer Handvoll anderer zu den ganz Großen auf dem deutschen Nachkriegsmarkt gehörte. „Max Grundig wollte nicht einsehen, dass sein Erfolgsrezept der soliden deutschen Wertarbeit in der Unterhaltungselektronik Ende der 70er Jahre überholt war. Potenzielle Nachfolger drängte er aus seinem Unternehmen und verhinderte auf diese Weise, dass andere die notwendige Lernkultur etablierten."

Zur „Lernfähigkeit" gehört es dann auch, die Nachfolgeregelung rechtzeitig auf den Weg zu bringen und potenzielle Nachfolger nicht als Konkurrenten zu sehen und auszuschalten. Werner Otto hat das nicht nur praktiziert, indem er seine Söhne Michael und Alexander rechtzeitig auf ihre leitenden Positionen vorbereitete und für eine reibungslose Übergabe sorgte. Vielmehr hat er auch für seine Spitzenmanager, zum Beispiel Günter Nawrath und Heinrich Kraft, neben sich Platz gelassen und sie schließlich ganz den jeweiligen Vorstandsposten einnehmen lassen.

Ein anderes Kriterium: Wer dauerhaften Erfolg haben will, muss die Marktmechanismen verstehen. Beispielhaft nennen die Autoren den Microsoft-Gründer Bill Gates, der viel früher als andere das ungeheure Geschäftspotenzial des digitalen Marktes verstanden habe. Dasselbe hat auch für Werner Otto Gültigkeit, der sich beim Einstieg in den Versandhandel zwar mit einer großen Gruppe von Konkurrenten konfrontiert sah, die Gesetzmäßigkeiten dieses Marktes aber viel gründlicher und damit nachhaltiger durchdrang als alle anderen. Das gelang ihm beispielsweise, indem er sich spezialisierte und früh auf Sammelbestellungen und das Bezahlen gegen Rechnung („Vertrauen gegen Vertrauen") setzte.

Eine weitere Regel lautet schlicht: Dranbleiben und auf einer Idee beharren. Die Autoren listen Beispiele hartnäckiger Unternehmer auf, die angehende Geschäftspartner und Investoren immer wieder bearbeitet haben und mit ihren Ideen und Vorstellungen oft über Jahre unermüdlich hausieren gingen. Werner Otto, daran sei erinnert, erlebte als Unternehmer in der Anfangsphase zunächst einige empfindliche Niederlagen, von denen er sich aber nicht unterkriegen ließ. Und auch als er bereits ein fortgeschrittenes Lebensalter erreicht hatte, setzte er seine Pläne weiterhin mit großer Hartnäckigkeit um.

Ein weiteres Beispiel ist die Fähigkeit, Gelegenheiten zu ergreifen. „In der Regel ist es das Glück der Unternehmer, mit ihren Talenten und Erfahrungen zur rechten Zeit am rechten Platz zu sein. Dann aber handeln sie und nehmen die Gelegenheit tatsächlich wahr. Dann werden sie tatsächlich die treibenden Kräfte", so die Autoren. Im deutschen Wirtschaftswunder sei es Unternehmern immer wieder gelungen, „große Geschäfte aus kleinen Gelegenheiten" zu machen, die von anderen gar nicht als solche erkannt worden seien. Werner Ottos Erfolgsgeschichte ist reich an Phasen, in denen er solche Gelegenheiten regelrecht beim Schopf ergriff. Schon in den 1950er Jahren bediente er den Wunsch der Menschen, sich elegant zu kleiden und zum Beispiel schön einzurichten, wobei er gleichzeitig eine schnelle, problemlose Lieferung auch in die entlegenen Gegenden bieten konnte. Und in den 1970er Jahren trug er mit seinem Engagement für Planung und Bau von Einkaufszentren den veränderten Einkaufsgewohnheiten der Menschen Rechnung, indem er ein komprimiertes Angebot an einem zentralen Ort schuf, der noch dazu verkehrstechnisch gut erreichbar war.

Wie wichtig es ist, die Zeichen der Zeit richtig zu erkennen, zu deuten und intelligent darauf zu reagieren, verdeutlicht der Autor Georg Etscheit in seinem Beitrag „Fräulein Gretel von der Quelle" für das Buch von Heuser und Jungclaussen, in dem er sich mit dem zeitweiligen Niedergang des Quelle-Konzerns beschäftigt. Quelle hatte noch Anfang der 1980er Jahre einen Umsatz von zehn Milliarden Mark gemacht. „Doch die Treue zur Tradition führt das Unternehmen in die roten Zahlen", so Etscheit. In dem Bestreben, Kontinuität zu wahren, habe die Führung gesellschaftliche und ökonomische Veränderungen verschlafen. Längst habe sich der einstige Verkäufermarkt in einen Käufermarkt gewandelt, auf dem die von Quelle gepflegte „Verteilermentalität" obsolet geworden sei. „In einem weithin mit Konsumgütern gesättigten Markt werden mühsam errungene Positionen wertlos", so Etscheit, „jetzt zählt weniger der behäbige Universalanbieter als der Trendsetter." Und über die damalige Situation bei Quelle schreibt der Autor wörtlich: „Zwar ist Erzkonkurrenz Neckermann schon lange abgehängt, aber der wendige, auch in den USA höchst erfolgreiche Otto Versand aus Hamburg lässt die Fürther hinter sich."

Abschließend noch ein Punkt, der nur auf den ersten Blick auf Werner Otto zuzutreffen scheint. Die Autoren stellen die Widersprüchlichkeit der

Anforderungen heraus, die an einen Unternehmer gestellt werden. Einerseits werde von ihm Führungsstärke erwartet, andererseits solle er bescheiden bleiben und „der Verantwortung für Jobs und Umwelt, Wirtschaft und Gemeinschaft gerecht werden". Nach Einschätzung von Heuer / Jungclaussen führen Unternehmer aufgrund dieser Widersprüchlichkeit sozusagen zwei Leben. In der Aufbauphase seien sie „knallhart", um dann später als Philanthropen aufzutreten, Stiftungen zu gründen und viel Geld für Museen, Hochschulen und Projekte der Dritten Welt zu spenden. Bezogen auf Werner Otto ist das nur eingeschränkt richtig. Zwar ging er in seiner aktiven Phase als Unternehmer – wie dargestellt – auch mit Härte und Konsequenz vor, jedoch setzten seine wohltätigen Aktivitäten ebenfalls schon früh ein. So gründete er die Werner Otto Stiftung bereits 1969 – also noch bevor die ECE zu ihrem Höhenflug startete. Außerdem hatte sich Otto bekanntlich viel früher als andere um die sozialen Belange des eigenen Unternehmens gekümmert, indem er viele der Sorgen seiner Mitarbeiter zu seinen persönlichen Anliegen machte und zum Beispiel früh eine Sozialabteilung gründete. Schon 1956 hatte Werner Otto, wie erwähnt, in seinem Unternehmen den Sonnabend als Arbeitstag abgeschafft und die Fünf-Tage-Woche eingeführt.

Geradezu exemplarisch ist, was die Autoren über den Unterschied zwischen klassischen Unternehmern und solchen Yuppies schreiben, die während des Börsenbooms der späten 1990er Jahre aus dem Stegreif Firmen gründeten. Die meisten dieser jungen Börsianer seien gar keine Unternehmer gewesen, oft noch nicht einmal gute Manager. Bei ihnen habe es sich letztlich bloß um „Trendhopper" gehandelt, „angestachelt von der scheinbar historischen Gelegenheit, das große Geld zu machen und sich zu verwirklichen". Im Gegensatz dazu seien Unternehmer schon von der Grundhaltung her anders strukturiert. Sie seien besessen von einer Geschäftsidee, nicht aber vom Geldverdienen, und die Freude am Risiko verbinde sich im besten Fall mit Instinkt und Selbstsicherheit. „Unternehmer erkennen Entwicklungen und nutzen sie aus, aber sie ergeben sich ihnen nicht. Sie lassen nicht nach, wenn die Widerstände wachsen, sondern sie wachsen genau an diesen Widerständen." Die selbst ernannten „Unternehmer" des Internetbooms hingegen seien schon bald zu Trendgefangenen geworden.

Zwischen Firma und Familie

„Man darf sich nicht hängen lassen"

Bislang haben wir uns vor allem mit dem Unternehmer Werner Otto beschäftigt. Die Schilderungen seiner Kindheit und Jugend und seines beruflichen Ein- und Aufstiegs haben zwar viele Einblicke vermittelt, aber der Mensch Werner Otto trat letztlich doch immer wieder stark hinter dem Firmengründer zurück. Einige private Einblicke in die frühen Jahre, dazu jede Menge Daten – das reicht nicht aus, um sich ein wirklich klares Bild vom Jahrhundert-Mann Werner Otto zu machen. Damit dieses Bild entstehen kann, müssen Menschen zu Wort kommen, die Werner Otto wirklich nahegekommen sind, die diesen vielschichtigen und vielseitigen Mann in unterschiedlichen Lebensphasen und -situationen erlebt haben.

Hamburg im Frühjahr 2005. Die Feierlichkeiten zu Werner Ottos 95. Geburtstag sind vorüber. Er hat sie – wie so viele andere Feste auch – um des Feierns willen genossen, wenngleich ihm das Aufsehen um seine Person auch ein wenig zusetzte. Nach Monaten ist er wieder einmal in Hamburg eingetroffen. Viele Jahrzehnte hatte er an der Alster seinen Hauptwohnsitz, inzwischen kommt er nur noch selten her. Das feuchte Klima hatte ihn zunehmend gestört, und nach einigen Jahren in Garmisch-Partenkirchen war er schließlich nach Berlin gezogen. Alexander Otto erzählt, dass sich sein Vater gegen Ende seines Lebens zudem immer stärker mit dem Osten Deutschlands verbunden gefühlt habe. Gegenden, in denen er den Hauptteil seiner Jugend verbracht hatte, wurden nach der Wiedervereinigung zu seinem bevorzugten Ausflugs- und Wanderziel. Er genoss Urlaube auf Usedom und besuchte die Berliner Umgebung zu ausgedehnten Spaziergängen. Als ihm das Laufen schließlich immer schwerer fiel, ließ er sich von seinem Chauffeur trotzdem noch an entlegene Orte fahren – so als wolle er dem Teil Deutschlands, der so lange abgeriegelt gewesen war, seine überfällige Reverenz erweisen.

Zwischen Firma und Familie

Nun ist der legendäre Unternehmer also endlich einmal wieder in die Stadt gereist, in der er seine größten Anfangserfolge erlebte, und prompt nieselt es.

Ottos Büro liegt ganz oben in dem Gebäude in Hamburg-Bramfeld, das weithin sichtbar seinen Namen trägt. Wer ihn besucht, wird schon am Fahrstuhl in Empfang genommen und nach oben geleitet. Die Familie und enge Mitarbeiter schirmen den betagten Konzernherren sorgfältig ab, ohne ihn zu isolieren. Anfragen für Interviews, Porträts und Gespräche kommen immer noch aus der ganzen Welt, und der disziplinierte, stets aufgeschlossene Otto muss davor bewahrt werden, sich zu übernehmen. Oben nimmt Maren Otto die Besucher in Empfang, die beiden sind seit mehr als vierzig Jahren glücklich verheiratet. Ende der 50er Jahre hatte sie ihren Mann in Hamburg kennen gelernt. Was sie an ihm bei einem ersten Treffen in einem Café am meisten beeindruckt hat? „Er konnte ungewöhnlich gut zuhören, und das hat sich nie geändert." Sie ist seit Jahren stets „die Frau an seiner Seite" und begleitet ihn bei allen privaten Aktivitäten rund um die Welt. Maren Otto unterstützt ihren Mann auch bei seinem vielfältigen Engagement im gemeinnützigen Bereich aktiv – zum Beispiel bei der Ausgestaltung von Einweihungsfeiern. Die geschmackvolle und fröhliche Eröffnung des Werner-Otto-Saals im Berliner Konzerthaus trug beispielsweise ihre Handschrift, Maren Otto hatte jedes Detail genau geplant.

Werner Ottos Refugium erinnert an eine Hotelsuite, und man merkt sofort, dass der Hausherr hier nicht nur repräsentieren, sondern sich auch wohl fühlen will. Die Szenerie flößt Respekt ein. Teppiche schlucken jeden Schritt, hinter den Fenstern lässt sich die Silhouette der Stadt erahnen. Ein Kellner hält sich mit einem Servierwagen voller Getränke bereit, es ist so still wie auf einem Berggipfel. Doch das Büro ist nicht rein funktional, sondern auch gemütlich. Hinter Glastüren stehen kostbare Bücher, die Wände sind mit hellem Holz getäfelt. Werner Otto sitzt kerzengrade in einem Sessel und studiert ein paar Unterlagen. Zum Anzug trägt er eine zünftige rote Weste, was ihm etwas Unprätentiöses verleiht. Sein störrischer Haarschopf ist etwas zerzaust und immer noch so dicht wie Jahrzehnte zuvor. Otto spricht mit eher leiser, aber fester Stimme. Er berlinert ein wenig, so als wolle er die Verbundenheit mit der neuen / alten Heimat unterstreichen. Seine Augen betrachten die Besucher fest.

Werner Otto im Jahr 2002 an seinem Schreibtisch in der Hamburger Firmenzentrale.

Maren und Werner Otto auf der Aidsgala, Deutsche Oper Berlin im Jahr 2005.

Über geschäftliche Dinge kann Werner Otto so klar und gelassen sprechen, als lägen sie erst wenige Tage zurück. Entspannt und ausführlich erzählt er von frühen Entbehrungen, harter Arbeit und vielen persönlichen Begegnungen. War es Scheu vor der Öffentlichkeit, dass er jahrelang keine Interviews gab? Wollte er sich nicht in die Karten schauen lassen, hatte er keine Lust auf den gesellschaftspolitischen Diskurs? Von wegen. „Ich hatte einfach keine Zeit, mich darauf vorzubreiten", so Werner Otto, „ich habe ja jahrelang immer nur gearbeitet." Zwei kluge Sätze für die vielen, die etwas über seine beispiellosen Erfolge wissen möchten: „Ich habe nie statisch gedacht, sondern dynamisch gehandelt." Und: „Ich hatte immer das Interesse, die Dinge, die ich angehe, auch richtig zu machen."

Doch Werner Otto ist auch bereit für ganz persönliche Einblicke. Der Gedanke an den Tod hat für ihn keinen Schrecken. Er ist ein nüchterner Mann, der ein hohes, ja biblisches Alter erreicht hat und der – das ist wahrscheinlich das Wichtigste – ein in jeder Beziehung erfolgreiches und damit glückliches, zufriedenes Leben geführt hat. „Ich glaube, dass ich einfach einschlafen werde, und das war es dann", ist sich Werner Otto sicher. Angst vor Krankheit oder Siechtum hat er auch nicht, es ist eher etwas anderes, das ihm mit Blick auf die kommenden Jahre klar ist: Werner Otto weiß, dass seine Umtriebigkeit, seine Neugier auf das Leben, sein Sinn für die schönen Dinge des Alltags nicht nachlassen dürfen. Dazu erzählt er die Geschichte von der letzten Begegnung mit einem Jugendfreund. Er wollte ihn zu einem Ausflug in ein Restaurant überreden, doch der alte Herr hatte abgelehnt. „Er sagte, dass er das Haus kaum noch verlässt und am liebsten auf dem Sofa sitzt", so Werner Otto nachdenklich. „Ein halbes Jahr später ist er dann leider gestorben." Man darf sich nicht hängen lassen, lautet in diesem Zusammenhang seine Botschaft. Geradezu am Riemen reißen müsse er sich heute, um nicht irgendwo auf der Welt noch ein Geschäft aufzuziehen oder zumindest im großen Stil einzusteigen, erzählt Otto lächelnd – wohl wissend, dass er sein unternehmerisches Können ja nun wahrlich genug unter Beweis gestellt hat. Alle Welt rede jetzt vom chinesischen Markt, so Otto, „ich habe schon vor Jahrzehnten damit gerechnet, dass es damit so kommen würde".

Werner Otto Anfang der 1980er Jahre bei einem Spiel des Hamburger Sportvereins (HSV).

Disziplin bei der Arbeit und körperliche Fitness – das waren für Werner Otto stets zwei Seiten derselben Medaille. Nach seinem körperlichen Zusammenbruch hatte er sein Leben radikal umgestellt. Bei der Ernährung verzichtete er auf Fett und aß stattdessen viel Obst und Gemüse. Schon in den 1960er Jahren praktizierte er im Büro während besonders stressiger Phasen zur Entspannung das damals nur wenig bekannte Yoga, und auch auf Dienstreisen machte er Fitnessübungen, manchmal sogar „zwischendurch" auf dem Hotelzimmer. Angehörige erinnern sich, dass er zuhause stets eine Schale Obst parat hatte und die Äpfel genüsslich selbst schälte. Das Golfspiel gab er nach einer Weile erfolglosen Trainings wieder auf. „Ich muss mich im Büro schon genug ärgern," habe er zu seinem Sohn Michael gesagt, „da will ich mich nicht auch noch in der Freizeit ärgern." Fußball hat ihn als Zuschauer interessiert, jahrelang sah man ihn bei den Heimspielen des Hamburger Sportvereins (HSV) im Publikum.

Wie berichtet, hatte Werner Otto schon immer ein Faible fürs Spazierengehen. Im Schnitt geht der Mensch täglich 3.000 Schritte zu Fuß, so haben statistische Erhebungen ergeben. 7.000 sollten es nach Einschätzung von Medizinern aber mindestens sein, 10.000 wären ideal. Bei geschäftlichen Verabredungen verzichtete Otto oft auf seinen Fahrer und ging zu Fuß zum Termin. Wichtige Geschäftsentscheidungen traf er immer wieder auf ausgedehnten Spaziergängen – „weil ich dann einen freien Kopf habe". Auch „erlief" er sich ganze Städte, bevor er dort Investitionen tätigte. Aus diesem Hobby wurde mit den Jahren eine echte Leidenschaft. Werner Otto, der bekanntlich immer am Stehpult gearbeitet hatte, und von dem Helmut Schmidt sagte, er könne einfach nicht still sitzen, hatte einen Sport gefunden, der ihn fit hielt und zugleich nicht langweilte. Als sich Otto Anfang der 70er Jahre entschloss, seinen Lebensmittelpunkt vom regnerischen Hamburg weg zu verlegen, fiel seine Wahl auch deshalb auf Garmisch-Partenkirchen, weil er dort ausgiebig durch die Berge wandern konnte. Mit der Zeit gab es keine Gegend, die er sich nicht zu Fuß erobert hatte. Unterwegs hatte er neben einer schlichten Brotzeit auch immer etwas zu Schreiben mit. Im Laufe der Jahre legte er kleine Hefte an, in denen er Naturbeobachtungen von unterwegs festhielt, zum Beispiel, welches Tier er unterwegs wo gesehen hatte. Die gesunde Ernährung und das Wandern waren laut Werner Otto auch dafür verantwortlich, dass er ein so hohes Alter erreichte – „sonst hätte ich das nie geschafft". In Garmisch entdeckte er dann noch eine andere Sportart, die ihm viel Freude machte: Mit einer befreundeten Clique traf er sich jahrelang regelmäßig zum Curling.

Der 89-jährige Werner Otto bei einer Wanderung.

Über Familiäres zu sprechen fällt ihm nicht so leicht, er weiß, dass selbst jemand wie er da nicht alles steuern konnte. Was hat ihm in seinem langen Leben die Liebe bedeutet? Ein kurzer Blick in Richtung seiner Frau, dann die feste Antwort: „Ich bin seit mehr als 40 Jahren glücklich verheiratet, das ist Liebe." „Glück" ist das Wort, das er dabei immer wieder benutzt. Fünf Kinder, auf ihren Gebieten allesamt erfolgreich und eng miteinander verbunden. Er habe letztlich gar nicht viel dazu beigetragen, wehrt Werner Otto bescheiden ab, das sei – wie gesagt – eben letztlich alles Glückssache gewesen. Seine Kinder sind da etwas anderer Meinung. Dr. Michael Otto, der älteste Sohn, residiert als langjähriger Chef der Otto Group ebenfalls in der Konzernzentrale in Bramfeld. Die Ruhe und Aufgeschlossenheit des Vaters haben sich auf ihn übertragen, wie auch die große Belastbarkeit.

Michael Otto engagiert sich über seine unternehmerische Tätigkeit hinaus seit vielen Jahren in zahlreichen Aufsichtsräten und in der Handelskammer seiner Heimatstadt. Außerdem nimmt er sich Zeit für Umweltschutzorganisationen und karitative Einrichtungen, die er nicht nur finanziell fördert, sondern auch regelmäßig besucht. Gemeinsam mit Altbundeskanzler Helmut Schmidt gründete er die Deutsche Nationalstiftung, in deren Kuratorium er sitzt. Die Stiftung vergibt regelmäßig den

Zwei Söhne, die in die Fußstapfen des Vaters traten: Michael (l.) und Alexander Otto.

Nationalpreis, unter anderem ging er an Fritz Stern, Václav Havel und Wolf Biermann.

Eine klassische Kindheit haben Michael Otto und seine Schwester Ingvild sicherlich nicht gehabt. Die Eltern waren schon Ende der 1940er Jahre getrennte Wege gegangen, und die Geschwister wuchsen bei der Mutter auf. Gerade in den 50er und 60er Jahren wurde Werner Otto in seinem Unternehmen dann über Gebühr beansprucht, er war quasi Tag und Nacht für die Firma im Einsatz. Wie ist es möglich, dass sich das Verhältnis zwischen Vater und Sohn trotzdem spannungsfrei entwickelte und dass der Sohn sich früh entschloss, in die doch so riesigen Fußstapfen des Vaters zu treten?

Michael Otto berichtet, dass sein Vater einerseits schon früh deutlich gemacht habe, dass er seinen Ältesten gerne im Unternehmen sehen würde. Andererseits habe Werner Otto aber stets die Wünsche und Entscheidungen seines Sohnes akzeptiert und ihn sogar bei seinem jeweiligen Kurs unterstützt. Schon Ende der 40er Jahre habe er dem kleinen Sohn das von ihm erworbene Grundstück in Schnelsen gezeigt und ihm von seinen weiteren Plänen berichtet. In diesem Zusammenhang sieht Michael Otto auch die künstlerische Ader seines Vaters: „Die Arbeit des Unternehmers ist ja auch schöpferisch-kreativ strukturiert, nicht nur wirtschaftlich oder mathematisch.“ Auf diese Weise sei er, Michael Otto, zwar früh, aber trotzdem eher spielerisch in das Denken und Handeln eines Selbstständigen eingeführt worden. „Mein Vater ging mit mir über die Wiese und erläuterte mir genau, wo er seine Firma aufbauen wollte. Dabei wurde mir früh klar, dass Unternehmer viel Arbeit und Verantwortung, aber auch sehr viel gestalterische Freiheit haben“, erinnert sich der jüngere Otto. Schon sehr früh nahm der Vater den Sohn mit auf Geschäftsreisen in ferne Länder wie zum Beispiel Chile oder Kanada. Schon als 16-Jähriger hatte Michael Otto Versandunternehmen in England und Holland kennen gelernt. Dabei habe ihm der Vater einerseits die Geschäftswelt erläutert, andererseits sei aber immer noch Zeit für Ausflüge, Kulturprogramme und Gespräche „von Mann zu Mann" gewesen. „In Griechenland hat sich mein Vater Zeit genommen, sich gemeinsam mit mir die antiken Stätten anzusehen", so Michael Otto, „da war er rein Privatmann." Auch bei der Planung der Ausbildung habe der Vater ihm viele Freiräume gelassen.

Am liebsten hätte es Werner Otto gesehen, wenn sein ältester Sohn so schnell wie möglich in die Firma eingetreten wäre. „Ich habe meinem Vater dann deutlich gemacht, dass ich erst eine Lehre absolvieren und studieren wollte", erinnert sich Michael Otto, „und er hat meine Planung schnell akzeptiert." Diese Haltung habe Werner Otto seinem Sohn gegenüber nie abgelegt, auch nicht, als Michael Otto 1971 in den Vorstand kam. „Ich habe meinem Vater deutlich gemacht, dass ich in manchen Bereichen die Akzente innerhalb der Firma anders setzen würde", so Michael Otto, „ich wollte zum Beispiel neue Beschaffungsmärkte und eine modernere Einkaufsstruktur." Er habe damals mit dem Vater ausführlich darüber diskutiert, und schließlich habe der Senior gesagt, dieses oder jenes könne man zwar auch anders machen, aber der Sohn solle seinen eigenen Weg ruhig gehen. „Mein Vater hat immer viel Vertrauen in seine Kinder gesteckt", so Michael Otto, „und wenn er mir nicht diese Freiräume gelassen hätte, wäre ich gar nicht erst ins Unternehmen eingetreten."

Nachfrage bei Ottos Sohn Alexander, dem erfolgreichen Vorstandschef der ECE. Zwischen zwei Terminen hat er sich Zeit genommen, um über den Vater zu sprechen. Die Ähnlichkeit zwischen beiden ist nicht zu übersehen, Alexander Otto ist allerdings wesentlich größer und breitschultriger. Als Alexander Otto 1967 geboren wurde, war Werner Ottos „Kampfphase" der frühen Jahre schon abgeflaut. Ein Jahr zuvor hatte er den Vorstandsvorsitz bei OTTO an Günter Nawrath übergeben und sich damit für alle sichtbar aus der Konzernspitze zurückgezogen. Die 1965 gegründete ECE lief von Anfang an in ruhigerem Fahrwasser als der Otto Versand, denn die Rahmenbedingungen waren insgesamt übersichtlicher, und außerdem hatte Werner Otto ja reichlich Erfahrungen als Unternehmer sammeln können. Der Vater habe zwar nach wie vor sehr viel gearbeitet, erinnert sich Alexander Otto, aber mittlerweile habe es auch Tage gegeben, an denen er schon um 18 Uhr aus dem Büro ins Garmischer Haus gekommen sei. Alexander Otto erinnert seinen Vater als einen gütigen Mann voller Energie und Lebensfreude. „ Er sah stets die große Linie", so Alexander Otto, „und war anders als sein Bruder Hans überhaupt kein Tüftler oder Mann des Details." Gelegentlich habe er sich mit seinen beiden jüngsten Kindern – Alexander und Katharina – im Fernsehen alte Slapstick-Serien angeschaut. „Dann hallte das ganze Haus wider von seinem schallenden Gelächter", so Alexander Otto.

Nach seinen Wanderungen sei der Vater häufig in den Gasthöfen der Umgebung eingekehrt. „Wenn sie gut besucht waren, wenn Musik gespielt wurde, wenn also insgesamt gute Stimmung herrschte, hat sich mein Vater immer besonders wohl gefühlt", erzählt Alexander Otto. Geselligkeit und Lebensfreude haben sich – neben harter Arbeit – offenkundig als roter Faden durch das Leben des Vaters gezogen. Alexander Otto verweist darauf, dass seine Mutter, Maren Otto, erheblich zum stabilen Gesundheitszustand des Vaters beigetragen habe, indem sie sich mit liebevoller Sorge um ihn kümmerte, ihn wo nötig bremste, ihn aber auch umgekehrt zu Spaziergängen, Ausflügen und Reisen motivierte. Als Werner Otto seinen Lebensmittelpunkt nach der Wiedervereinigung in sein geliebtes Berlin zurückverlegen wollte, hatte er mit seiner Ehefrau eine engagierte Unterstützerin für diesen Plan, die sich auch schnell damit abfinden konnte, die Zelte in Garmisch abzubrechen.

Dass das harmonische Miteinander letztlich auch zu einem großen Erfolg für Werner Ottos Unternehmen wurde, führt auch Alexander Otto darauf zurück, dass der Vater keinen Druck auf ihn ausübte. Ein Beispiel: Wegen dessen guter Amerikakenntnisse hätte Werner Otto es gerne gesehen, dass sein jüngster Sohn die US-Geschäfte vor Ort koordiniert hätte. Dass er stattdessen bei der ECE in Hamburg einstieg, erfüllte den Vater dann aber mit ebensolchem Stolz.

Als einen Mann, der gut alleine sein konnte, der trotz eines großen Freundeskreises im besten Sinne ein Einzelgänger war, definieren beide Söhne den Vater. Geradezu symbolisch dafür waren die langen Spaziergänge

Werner Otto mit seinen Söhnen Frank (l.), Alexander und Ehefrau Maren im Juli 2005.
In der Hamburger Landesvertretung in Berlin wird er mit der Bürgermeister-Stolten-Medaille geehrt.

Werner Ottos, auf denen er Kraft schöpfen und Entscheidungen treffen konnte. Bei aller Lockerheit im Umgang mit den Kindern verrät Maren Otto dann doch eine Eigenart, die zeigt, dass Werner Otto auch in der Familie der Chef war: Bei Spaziergängen mochte er es nicht sonderlich, wenn die Kinder weit vorpreschten – Richtung und Tempo wollte der Vater selbst vorgeben.

Legendär ist auch seine Anspruchslosigkeit. Enge Mitarbeiter wie Heinrich Kraft erinnern sich, dass Otto auf Dienstreisen die Zeit von Anfang an fürs Geschäftliche nutzte. „Schon während der Fahrt zu irgendwelchen Terminen zückte er sein Notizbuch und hakte die einzelnen Punkte mit uns ab", so Kraft. Gegessen wurde nicht in irgendwelchen teuren Restaurants, sondern in Autobahnraststätten oder an Imbissen. „Werner Otto genügten oft Würstchen mit Kartoffelsalat, dann ging die Fahrt weiter." Auch Werner Ottos Sinn für das, was die Amerikaner „practical jokes" nennen, ist Geschichte. Ein Mitarbeiter berichtet beispielsweise, wie ihn Otto unmittelbar vor dem Abflug aus den USA am Flughafen mit Grabesmiene fragte, ob er denn auch seine „Ausreisepapiere" ausgefüllt habe. „Mir brach der kalte Schweiß aus und ich begann ganz irritiert in meinen Taschen zu forschen. Was für Papiere waren mir da entgangen, ich wurde immer nervöser. Da blickte mich Werner Otto grinsend an und ich sah, dass er mich auf den Arm genommen hatte."

Weggefährten erinnern sich

„Und machen Sie gleich einen Mietvertrag über zehn Jahre Laufzeit"

Sommer 2006, ein Besuch in der Hamburger Finanzbehörde. Wolfgang Peiner ist zu diesem Zeitpunkt Finanzsenator und gilt als der starke Mann des politischen Hamburgs. Dass er sein Amt zum Jahresende aufgeben und sich ganz aus der Politik zurückziehen wird, wissen zu diesem Zeitpunkt nur wenige. Peiner ist ein kühler Rechner mit scharfem Verstand, er gilt als einer der angesehensten Finanzexperten in der gesamten deutschen Politik, schuftet „nebenbei" auch noch als Bundesschatzmeister der CDU. Trotz eines randvollen Terminkalenders ist es für ihn Ehrensache, sich für ein Gespräch über seinen ehemaligen Chef Werner Otto zur Verfügung zu stellen.

Peiner war mehr als sieben Jahre ein enger Mitarbeiter Werner Ottos. Er stand ihm nicht nur während zahlreicher Weichenstellungen in Deutschland zur Seite, sondern er begleitete ihn auch immer wieder zu Transaktionen in andere Länder, vor allem in die USA und nach Kanada. Obwohl die gemeinsame Arbeit schon einige Jahre zurückliegt, sind Peiners Erinnerungen klar und lebendig und es wird deutlich, dass seine Wertschätzung für Werner Otto die Jahre überdauert hat. Peiner spricht in dem ihm eigenen Stakkato-Stil, die häufigen Unterbrechungen durch enge Mitarbeiter, die das politische Tagesgeschäft betreffen, können ihn nicht aus der Ruhe bringen oder seinen Gedankenfluss unterbrechen.

Peiner gehört zu denjenigen, die Werner Otto für einen geborenen Unternehmer halten. Dabei kann der ausgefuchste Finanzexperte eine ganze Palette von Fähigkeiten aufzählen, die ihm noch heute größten Respekt für Ottos Leistungen abnötigen. Laut Peiner hatte Werner Otto ein untrügliches Gespür „für Menschen, Märkte, Trends und Entwicklungen". Diese Fähigkeit sei bei ihm so ausgeprägt gewesen, dass er, so Peiner, auch ein hervorragender Politiker hätte werden können. Dazu gehörte auch, dass er, wie Peiner es ausdrückt, „das Ruder innerhalb von fünf Minuten herumreißen und einen ganz anderen Kurs steuern konnte". Auch in Gesprächen mit „hohen Tieren" habe Otto stets eine einfache, klare Sprache benutzt, ohne dabei jemals versimplifiziert zu haben. Dieser Wunsch nach Klarheit, dieses Bestreben, den Arbeitsalltag frei von unnötigen Verwirrungen zu halten, sei auch in anderen Bereichen deutlich geworden. So sei Werner Otto völlig frei von jeglichem Hierarchiedenken gewesen. „Er hatte mehr Respekt vor einem selbstständigen Handwerksmeister als vor jedem noch so gut dotierten Vorstandsvorsitzenden", so Peiner, letztere seien für ihn „angestellte Manager" gewesen. Im Konzern habe er auch die Meinung von untergeordneten Mitarbeitern angehört und respektiert. Es sei dabei stets ausschließlich um die Frage gegangen, was jemand zum Gelingen einer bestimmten Aktivität beitragen könne. Dazu gehört auch, dass Werner Otto jede Art von Nebentätigkeiten für sich selbst kategorisch abgelehnt habe und in keinem Aufsichtsrat und keinem Kuratorium mitarbeitete. Seine Kraft sollte allein in sein Unternehmen fließen – so hat er es über Jahrzehnte gehalten, auch wenn er noch so hartnäckig von anderen zur Mitarbeit gedrängt wurde. Andererseits habe er es bei seinen Führungskräften durchaus geschätzt, wenn sie sich politisch oder sozial engagierten. Wegen Peiners entsprechenden Nebenbeschäftigungen – er war zeitgleich auch Bürgerschaftsabgeordneter in Hamburg – habe es nie Probleme gegeben.

Bei der Arbeit das Wesentliche, Greifbare sehen – hier liegt sicherlich auch ein Schlüssel für Ottos Misstrauen gegenüber den Kapitalmärkten. Auch dort habe er sich laut Wolfgang Peiner nicht engagieren wollen – trotz etlicher verlockender Vorschläge aus dem engeren Umfeld. „Werner Otto gehörte auch zu denjenigen Menschen, die sich zum Standort Deutschland bekannten und hier ihre Steuern bezahlten", so Peiner. Und auch dabei habe er einfache, klare Strukturen bevorzugt, sich also nicht in „irgendwelche entsetzlichen Steuersparmodelle" (Peiner) geflüchtet. Otto sei ein „starker Patriot" gewesen, dessen Einsatz im Osten Deutschlands durchaus auch emotional gesteuert worden sei.

Geld sei für ihn immer nur Mittel zum Zweck gewesen, dass ausschließlich zum Um- und Ausbau seiner Geschäfte genutzt werden durfte. „Er konnte kein Geld liegen sehen", so Peiner, „sondern er wollte es arbeiten sehen." An erster Stelle sei es dabei immer um die Frage gegangen, wie das Geld für den Konzern eingesetzt werden könne – „nicht um die Frage, welche Yacht oder welche Villa jetzt gekauft werden muss". Für den zeitweiligen Finanzsenator ist Werner Otto auch heute noch die „personifizierte soziale Marktwirtschaft" – ein Mann also, der seine Gewinne fast ausschließlich unternehmerisch und sozial einsetzte. Als Unternehmer sei Otto rasch ungeduldig geworden, so Peiner, er habe immer auf eine schnelle Umsetzung seiner Vorstellungen gedrungen.

In seinem Buch „Die Otto-Gruppe" erinnert sich Werner Otto wohlwollend an seine ehemalige Mitarbeiterin Elisabeth Lange aus der Marktforschungsabteilung. Sie habe 1969 während einer Diskussion über einen Grundstückskauf einen so hervorragenden Eindruck gemacht, dass er sie vom Fleck weg befördern wollte, so Otto. Elisabeth Lange habe am nächsten Tag dankend abgelehnt, weil sie sich mit einem eigenen Marktforschungsinstitut selbstständig machen wollte. So geschah es auch. Doch der berufliche Kontakt zwischen Langes Institut „Prisma" (heute GfK Geomarketing GmbH / GfK Prisma Institut) und dem Otto Versand blieb bestehen, und der Familie Otto fühlt sich Elisabeth Lange auch noch 40 Jahre später freundschaftlich verbunden. „Das war typisch Werner Otto", so die vitale Vollblutunternehmerin, die auch als Ruheständlerin immer mal wieder im Institut anzutreffen ist. „Er nahm es einem nicht übel, wenn man eigene Ziele verfolgte – im Gegenteil. Werner Otto hatte immer etwas für Menschen übrig, die etwas riskierten und eigene Wege beschreiten wollten." Ein sehr guter Analytiker sei Otto stets gewesen, der nie müde wurde, „lebenslanges Lernen" zu praktizieren. Dass es – gerade in seiner frühen „Kampfzeit" – im Büro auch einmal lautstarke Auseinandersetzungen geben konnte, erinnert Lange sehr wohl, allerdings ließ sich Otto auch dann niemals wirklich gehen. Das Besondere sei gewesen, dass er in solchen Momenten quasi neben sich treten und sich selbst beobachten konnte, so Lange. „Das war nur äußerlich", habe Otto Mitarbeitern geantwortet, die ihn nach einer emotionalen Auseinandersetzung einmal besorgt darauf ansprachen. Und auch das erinnert Elisabeth Lange bestens: Nie habe sich Werner Otto mit fremden Federn geschmückt, sondern stets vor versammelter Mannschaft mitgeteilt, auf wen eine gute Idee zurückgehe, wem ein besonderer Erfolg zu verdanken sei. Die Konkurrenz habe er stets scharf beobachtet, um nötigenfalls schnell reagieren zu können. „Aber", erinnert sich Lange, „er hat sich dabei nie den anderen angepasst." Im Gegenteil. Oft habe sich Otto völlig antizyklisch verhalten – und sei damit meistens sehr gut gefahren.

Seit 1960 arbeitete Max Kullmann, Jahrgang 1926, eng mit Werner Otto zusammen. Als „Betriebsleiter" war er nacheinander für mehrere völlig unterschiedliche Bereiche des Unternehmens verantwortlich. „Herr Otto hat immer gesagt: ‚Das können Sie'", erläutert Kullmann Ottos Motivationsstrategie. Später wechselte er in den Vorstand, und erst 1986 schied er als Aufsichtsratsmitglied aus dem Otto Versand aus. In einem quirligen Café lässt der jung gebliebene Kullmann diese Jahre noch einmal Revue passieren. Als „sehr durchsetzungsfähig, aber auch humorvoll" erinnert er Otto, mit dem er sich zuletzt auch freundschaftlich verbunden fühlte. Otto sei auch angesichts ständig wachsender Erfolge „ein normaler Mensch" geblieben, „nie eingebildet oder durchgedreht". Kullmanns Bilanz: „Werner Otto hat die Hälfte meines Lebens entscheidend mitgeprägt. Ich habe ihn bewundert, und er war mir auch ein Vorbild." Der beständige Motor für Werner Ottos unermüdliches Wirken? Laut Kullmann sei es der brennende Wunsch gewesen, völlig unabhängig als Selbstständiger zu arbeiten und auch immer unabhängig zu bleiben. Aufgeschlossen für alles Neue sei Werner Otto stets gewesen, habe sich beraten – und auch mal belehren lassen. „Ich lächle seit Jahren müde, wenn ich in der Zeitung lese, was irgendwelche Unternehmer von heute angeblich erfunden hätten", so Kullmann. Faktisch habe es viele dieser „Innovationen" schon vor Jahren im Otto Versand gegeben – zum Beispiel flexible Schichtmodelle.

Zwar habe Werner Otto sehr gute Kenntnisse über wirtschaftliche Zusammenhänge gehabt, trotzdem aber auch früh auf die Unterstützung von Unternehmensberatern gesetzt. „Das war in den großen Konzernen, vor allem in den Familienunternehmen, damals noch ganz unüblich", erinnert sich Kullmann, „und während andere unbedingt alles selbst machen wollten, holte Herr Otto die Meinung dieser Fachleute noch zusätzlich ein, besprach sich lange mit ihnen und entschied erst dann." Ein weiterer wichtiger Mosaikstein für das Bild des Menschen und Unternehmers Werner Otto: Er verlegte Vorstandssitzungen immer wieder nach außerhalb, um die eingetretenen Pfade zu verlassen. „Wir gingen zum Kegeln oder in ein Lokal und sagten uns in der aufgelockerten Atmosphäre über die zurückliegenden Arbeitswochen dann Dinge, die wir in den Räumen des Unternehmens so wohl nicht ausgesprochen hätten", erläutert Kullmann. Zur Erstellung des internen Fünf-Jahres-Plans reiste der Vorstand in jedem Jahr für acht Tage nach auswärts – meistens in ländliche Gegenden. „Auch hier ging Werner Ottos Konzept auf", so Kullmann, „denn bei Lokalrunden und abendlichen Spaziergängen waren alle inspiriert, und wir konnten unsere Planung sozusagen mit offenem Geist angehen."

Dazu passt auch, dass in den 1970er Jahren originär kein Vorstandsmitglied aus dem Versand- oder Einzelhandel kam, sondern alle hatten ihre beruflichen Wurzeln in der Industrie. „Ich möchte nicht, dass alle nur im eigenen Saft schmoren und nur in eine bestimmte Richtung denken", habe Werner Otto zur Begründung gesagt.

Bis auf seine Familienangehörigen haben außer Max Kullmann vermutlich nur sehr wenige Menschen Werner Otto über einen so langen Zeitraum so hautnah erlebt wie Dr. Heinrich Kraft. 26 Jahre lang – von 1974 bis 2000 – war er Vorstandschef der ECE – ein Mann für alle Fälle, dessen Verdienste auch Otto selbst in Wort und Schrift immer wieder hervorgehoben hat. Noch immer hat Kraft ein Büro hoch oben in der ECE-Zentrale in Hamburg-Poppenbüttel. Dass er kein Mann ist, der sich gerne mit sentimentalen Rückblicken beschäftigt, ist nur eine der vielen Gemeinsamkeiten mit seinem früheren Chef, dem er sich zuletzt fast freundschaftlich verbunden fühlte. Für einen Blick aus dem Fenster auf das neu gestaltete Alstertal-Einkaufszentrum (AEZ) ist er dann aber doch zu haben, und rasch kann sich Kraft die Anfangsjahre bei der ECE wieder ins Gedächtnis rufen. Schon 1972 war er Assistent Werner Ottos in dem damals noch jungen Unternehmen geworden. Die Zentrale residierte auf einem Teil des großen Areals, das inzwischen längst im AEZ aufgegangen ist. Der heutige Hauptsitz ist mittlerweile ein zentraler Knotenpunkt geworden, und die Fassaden von ECE-Zentrale und AEZ prägen den Blick durch die Straße jetzt fast auf ganzer Länge.

1972 sah es hier noch völlig anders aus. Damals konnte Werner Otto in der Mittagspause noch das Gespräch mit Anwohnern und Ladenmietern

Werner Otto anlässlich der Übergabe der ECE an seinen Sohn Alexander im Juli 2000. Michael und Alexander Otto stehen hinter dem Vater. Unter den anwesenden Politikern mit dabei: Ole von Beust, Dirk Fischer, Eberhard Diepgen, Thomas Mirow, Wolfgang Tiefensee und Henning Voscherau.

suchen, gelegentlich sprachen sogar einzelne Kunden bei ihm vor, um Lob oder Kritik loszuwerden. Obwohl der Konzernchef damals bereits über 60 Jahre alt war, habe er sich dem Neubeginn bei der ECE laut Heinrich Kraft mit Leidenschaft und Energie hingegeben, so als sei es seine erste Geschäftstätigkeit, die hier entfaltet wurde.

Nie habe er während der fast 30-jährigen Zusammenarbeit ein lautes Wort von Werner Otto vernommen, erinnert sich Kraft, allerdings sei dessen „Kampfphase", also vor allem die Aufbaujahre des Otto Versands, ja auch schon eine Weile verstrichen gewesen. „Wenn Werner Otto zu engen Mitarbeitern Vertrauen gefasst hatte", so Heinrich Kraft, „dann hat er ihnen sehr viele Freiheiten gelassen." Bei entscheidenden Sachfragen habe es oft stundenlange Diskussionen gegeben, die gelegentlich auch am Telefon ausgetragen wurden, weil Werner Otto seine Meinung nie im Alleingang „durchdrücken" wollte. „Es war eher so, dass er die Mitarbeiter aus dem Hintergrund geleitet und geführt hat", erinnert sich Heinrich Kraft.

„Jederzeit konnte ich ihn anrufen und sagen: ‚Herr Otto, es gibt ein Problem. Wir haben folgende drei Lösungsmöglichkeiten, und für eine müssen wir uns entscheiden.'" Oft habe Werner Otto dann am Ende einer solchen Diskussion gesagt: „Herr Kraft, ich bin zwar anderer Meinung als Sie, aber machen Sie mal." Allerdings sei es ein harter Weg bis zu einer solchen Vertrauensbasis gewesen, die schließlich beinahe einer Gleichberechtigung im Unternehmen entsprochen habe. In der Anfangsphase habe Otto mit ihm noch jedes einzelne Detail besprochen, so Kraft. Von den Reisekostenabrechnungen der Mitarbeiter bis zu den Umsatzzahlen einzelner Mieter wurde alles genauestens analysiert. „Einmal musste ich wegen der Kosten für eine kleine Fußgängerbrücke dreimal nach Hannover fahren, bis es mir endlich gelungen war, die veranschlagten Kosten auf ein aus Sicht Werner Ottos vernünftiges Maß zu reduzieren", erinnert sich Kraft.

Zunächst sei er sehr erstaunt gewesen, dass sich Werner Otto derart tief in einzelne Details verbohrt habe, so Kraft, zumal er ja damals mit dem Otto Versand bereits überragende Erfolge erzielt hatte. „Erst mit der Zeit verstand ich, dass das seine Methode war, mir deutlich zu machen, was ihm eben auch wichtig war, worauf es ihm eben auch noch ankam." Nach einer Weile habe sich Werner Otto aus den Detailfragen dann wieder herausgezogen und seinem Mitarbeiter die Verantwortung dafür übertragen.

Genau wie Werner Otto entstammt auch Heinrich Kraft einer Einzelhändler-Familie, in der es nicht eben großbürgerlich zuging. „Ich glaube, dass Werner Otto in seinem Herzen im besten Sinne auch immer ein Einzelhändler geblieben ist", meint Heinrich Kraft, „für den zum Beispiel der Kontakt zum Kunden immer etwas ganz Unmittelbares bleiben musste." Werner Otto war überzeugt, dass Kriterien wie Standortwahl, demografische Entwicklungen und Kundenorientiertheit im Kleinen wie im Großen gleichermaßen entscheidend waren.

Auch Werner Ottos viel gepriesenes Talent, Probleme zu vereinfachen, hing laut Kraft mit dieser Grundhaltung zusammen. „Junger Mann, kommen Sie mal auf den Punkt, ich habe nicht so viel Zeit", habe Werner Otto seinen Assistenten, der aus der Universität lange Diskurse gewohnt war, in der Anfangsphase immer wieder wissen lassen.

Dass die Otto-Gruppe ein Familienunternehmen blieb, habe laut Kraft für Werner Ottos unternehmerisches Denken und Handeln immer eine entscheidende Rolle gespielt. Auf diese Weise sei es Otto stets möglich gewesen, seine Aktivitäten langfristig auszurichten, ohne zu kurzfristigen

Zugeständnissen an den viel zitierten Shareholder-Value verpflichtet zu sein. „Werner Otto hatte stets gute Nerven und einen langen Atem, und das hat seinen Unternehmen gutgetan“, so Kraft.

Zu diesem „langen Atem“ Ottos passt auch eine Anekdote aus der Zeit nach der Wiedervereinigung, die Heinrich Kraft erzählt. „Werner Otto bat mich unmittelbar nach 1989, für ihn ein Büro am Ku' damm zu finden, weil er unbedingt da sein wollte, wo etwas los war“, erinnert sich Kraft. „Und machen Sie gleich einen Mietvertrag über zehn Jahre Laufzeit“, so der damals 80-Jährige. Überflüssig zu erwähnen, dass der Mietvertrag nach Ablauf der zehn Jahre auf Wunsch des Berlin-Fans Werner Otto gleich noch einmal verlängert werden musste.

Dr. Andreas Mattner, Geschäftsführer der ECE, hat Werner Otto 1993 kennen gelernt, als dessen „Kampfzeit“ also eigentlich schon vorbei war und er das Ruder dort weitgehend abgegeben hatte. Trotzdem hätten Ottos Dynamik, Willenskraft und sein scharfer Verstand Mattner sofort beeindruckt. „Er wusste, was er wollte und wie es funktioniert“, so Mattner, „klar denken und handeln war für ihn eins. Er hätte auch damals noch ein Unternehmen führen können.“ Aus Sicht des ECE-Managers habe Ottos überragende Intelligenz bei dessen vielen Erfolgen eine ganz entscheidende Rolle gespielt, nur so seien seine Fähigkeit zur Analyse und seine schnelle Auffassungsgabe zu erklären. Immer wieder sei es im Gespräch um wirtschaftspolitische Fragen gegangen, und Otto konnte mit vielen historischen Rückgriffen und Vergleichen aufwarten, ohne die aktuelle Entwicklung jemals aus dem Blick zu verlieren.

Werner Ottos auch im hohen Alter noch bemerkenswerte Rüstigkeit habe für Mattner mit dessen scharfem Verstand direkt zusammengehangen, ein „freier Kopf“ sei für Otto ohne körperliche Fitness undenkbar gewesen. Nach einem Abendessen in Potsdam – Werner Otto war damals bereits Mitte 80 – habe man sich bei einer Zigarre und einem Cognac noch etwas verplaudert. Werner Otto habe dann seinen Fahrer angewiesen, an einem bestimmten Punkt auf ihn zu warten. „Wir sind dann zügig losgegangen und weit nach Mitternacht mehrere Kilometer durch Potsdam marschiert, um irgendwann wieder auch den Chauffeur zu treffen“, erinnert sich Mattner beeindruckt. Werner Otto habe der stramme Spaziergang überhaupt nicht angestrengt. Mattner, der die rege Spendentätigkeit des legendären Unternehmers jahrelang aktiv begleitet hat, ist sicher: „Für einen so erfolgreichen Mann, der so stark im Blickfeld der Öffentlichkeit steht, war Werner Otto ganz ungewöhnlich uneitel. Absolut uneitel.“ Dass er anlässlich von Spendenübergaben überhaupt öffentliche Präsenz zeigte, habe ausschließlich mit Ottos Vorstellung zusammengehangen, andere zur Nachahmung zu motivieren.

Und wie erlebten die anderen Werner Otto – all diejenigen, die ihn nicht persönlich kannten, sondern nur gelegentlich etwas über ihn lasen oder im Fernsehen sahen? Werner Otto hat sich nie in die Öffentlichkeit gedrängt, aber er hat – gemeinsam mit seiner Frau Maren – öffentliche Termine gerne wahrgenommen. Voraussetzung dafür war, dass sie entweder mit den von ihm gegründeten Unternehmen zusammenhingen oder einen karitativen Hintergrund hatten. Dabei zeigte er sich bis ins hohe Alter rüstig und interessiert. Einige Beispiele: Im Jahr 2007 sah man das Ehepaar Otto beim Empfang zum 40. Geburtstag seines Sohnes Alexander ebenso wie bei der Gala, die im selben Jahr anlässlich von Michael Ottos Wechsel in den Aufsichtsrat der Otto Group veranstaltet wurde. Auch bei der Aidsgala Ende 2007 in Berlin waren Werner und Maren Otto mit unter den Gästen. Ehrensache auch, dass er gemeinsam mit seiner Frau Maren im Juni 2008 den erstmals verliehenen James-Simon-Preis in Berlin persönlich entgegennahm, der an das Ehepaar gemeinsam verliehen wurde. Die Laudatio hielt Ottos langjähriger Weggefährte Prof. Kurt Biedenkopf. Ehrensache natürlich auch, dass beide das Preisgeld in Höhe von 50.000 Euro umgehend für wohltätige Zwecke spendeten.

OTTO

OTTO

Bewahren und helfen über Jahrzehnte: Mäzen Werner Otto im November 1997 vor der mit seiner Großspende restaurierten Seelower Kirche.

Die Jahre der Reife – Werner Otto als Mäzen

Einer muss ja was tun *Seite 170*
Das Werner Otto Institut und die Werner Otto Stiftung *Seite 172*
Das Werner Otto Haus *Seite 176*
Ein Stück Kindheit wird gerettet: die Kirche von Seelow *Seite 179*
Die Werner-Otto-Hall in Harvard / Cambridge *Seite 181*
Der Werner Otto Saal im Berliner Konzerthaus *Seite 183*
Schön wie einst: das Belvedere *Seite 185*
Der Hamburger Jungfernstieg in neuem Glanz *Seite 188*
Stifter sein – und Anstifter *Seite 190*

Einer muss ja was tun

„Erst kommt der Mensch"

Werner Otto gehört zu den Menschen, die ihre großen Erfolge – auch und vor allem die finanziellen – von Anfang an mit anderen geteilt haben. Erst in seinen letzten Lebensjahren hat er dabei in der Öffentlichkeit mehr Präsenz gezeigt, zuvor hatte er seine vielen Spenden, den Aufbau von Stiftungen, Sammlungen und anderen wohltätigen Einrichtungen, eher im Stillen abgewickelt. Angesprochen auf dieses Understatement, hat Werner Otto einem Journalisten einmal gerade heraus gesagt: „Bescheiden bin ich gar nicht, aber ich mache eben nicht so einen Rummel wie andere." Dass Otto selbst den „Rummel" erst relativ spät mitmachte, dass er für Aktionen warb, bereitwillig lange Interviews gab und bei Einweihungsfeiern bis zum Morgengrauen dabei blieb, hat mehrere Gründe.

Werner Otto hat die sich rasch entwickelnde deutsche Mediengesellschaft nicht boykottiert. Er hat sie akzeptiert, hat – wo nötig – selbst Flagge gezeigt. Tue Gutes und sprich darüber – so hat es Werner Otto mit den Jahren immer stärker gehalten. Die Klassenkampf-Diskussionen der 68er waren spätestens seit Mitte der 1980er Jahre vorbei, wer in Deutschland Geld hatte und damit anderen helfen wollte, konnte das nun auch öffentlich tun. Doch wer Stifter ist, soll auch Anstifter sein – das hat Werner Otto immer gewusst. Als er – wieder einmal – wegen einer großzügigen Spende interviewt wurde, sagte er nicht ohne eine gewisse Provokation: „Einer muss ja was tun." Diese Botschaft dürfte angekommen sein, und es ist klar, was Werner Otto dabei im Sinn hatte: Der Werbeexperte wusste, dass es eben auch bei karitativen Zuwendungen gilt, die Werbetrommel zu rühren und andere zum Mitmachen anzustiften.

„Erst kommt der Mensch", hat Werner Otto bei Diskussionen zur politischen und wirtschaftlichen Standortbestimmung immer wieder gesagt.

Selbstverständlich hat er es bei seinen Spenden auch so gehalten. Als Werner Otto begann, sein Geld für karitative Zwecke einzusetzen, standen diejenigen ganz oben auf der Liste, die gemeinhin als die Schwächsten der Gesellschaft bezeichnet werden: die Kinder. Schon im Jahr 1963 stiftete Werner Otto 85.000 Mark für einen Spielplatz im Hamburger Stadtteil Hamm – zu dieser Zeit eine problematische Gegend, in der es an Freizeitmöglichkeiten mangelte. Ganz natürlich mischte er sich unter die Festgesellschaft – Berührungsängste hat Werner Otto nie gekannt.

Kinder kamen in Scharen

In Hamm gibt es einen neuen Kinderspielplatz. In Scharen waren gestern nachmittag die Jungen und Mädchen zur Eröffnung an der Ecke Kentzlerdamm/Pröbenweg gekommen. Innensenator Helmut Schmidt fand kaum Zeit für seine kurze Einweihungsansprache, da die Kinder den Kasper sehen (Bild oben) und die Spielgeräte ausprobieren wollten. Besondere Attraktionen sind Schiffswanten aus Tauwerk zum Klettern und eine Boccia-Bahn. Ein Wasserspielplatz kann im Frühling und Herbst als Rollschuhbahn und im Winter als Eislauffläche benutzt werden. Für die Herrichtung des Platzes hat Werner Otto, Chef des Otto-Versands (unteres Bild links neben Senator Schmidt) 85 000 Mark gestiftet.

1963 stiftet Werner Otto einen Spielplatz in Hamburg-Hamm. Der damalige Innensenator Helmut Schmidt erklimmt mit ihm gemeinsam eine Rutsche.

Das Werner Otto Institut und die Werner Otto Stiftung

„Gebt Kindern die optimale Starthilfe zum Leben"

Auch Werner Ottos nächste Großspende hatte wieder mit Kindern zu tun: 1974 wurde in seinem Auftrag auf dem Gelände der Evangelischen Stiftung Alsterdorf (damals noch Alsterdorfer Anstalten) die erste Spezialeinrichtung Norddeutschlands eröffnet, die sich ausschließlich der Früherkennung und Behandlung entwicklungsgestörter oder behinderter Kinder und Jugendlicher widmet. Wie es dazu kam, ist wieder so eine Geschichte, die ein bezeichnendes Licht auf Werner Ottos unkomplizierte Spontaneität wirft, die man leider oft bei der Geisteshaltung anderer wohlhabender Menschen vermisst.

Der Kinderarzt der Familie, Dr. Joachim Siebert, hatte lange als Rehabilitationsarzt in Amerika gearbeitet und war damals Leiter der Ambulanz zur Behandlung und Betreuung spastischer Kinder im Rahmen der Universitäts-Kinderklinik. Aus seiner Praxis wusste er, wie unglaublich wichtig eine frühzeitige Förderung entwicklungsgestörter Kinder ist – und wie schlecht es damit Anfang der 70er Jahre in der Millionenstadt Hamburg bestellt war. Siebert wies nach, dass in der Region Hamburg bei einer damaligen Einwohnerzahl von 2,5 Millionen Menschen jährlich etwa 110 Kinder mit zentralen Bewegungsstörungen geboren werden. Erhöht werde die Zahl noch durch Hirnschäden im frühen Kindesalter – zum Beispiel als Folge eines Unfalls. Was damals fehlte, war eine zentralisierte, effektive Förderungs- und Betreuungsstätte für diese Kinder.

Werner Otto, der schon jahrelang den Verein zur Förderung und Betreuung spastisch gelähmter Kinder e. V. mit erheblichen Geldbeträgen unterstützt hatte, hörte sich die Sorgen des vertrauten Mediziners kurz an, dann handelte er und sagte den Großteil der Baukosten für das Institut zu, das später nach ihm benannt wurde. Es sollte darum gehen, den Kindern ein

Anlaufstelle für verzweifelte Eltern: das Werner Otto Institut in Hamburg.
Werner Otto hat Anfang der 1970er Jahre nicht nur den überwiegenden Teil der Baukosten übernommen, sondern er bezahlt 1999 auch den dringend benötigten Erweiterungsbau.

menschenwürdiges Dasein zu ermöglichen, Familien von Sorgen und Belastungen zu befreien und der Allgemeinheit die Kosten jahrzehntelanger Pflege zu ersparen.

Im Sommer 1971 begannen intensive Planungsarbeiten für das zukünftige Institut. Dazu mussten unter anderem Erhebungen über die Zahl der voraussichtlichen Behandlungsfälle und die geplanten Investitionskosten angestellt werden. Genau ein Jahr später trafen die Mitarbeiter der Werner Otto Stiftung zufällig mit Pastor H.-G. Schmidt, dem Leiter der damaligen Alsterdofer Anstalten zusammen. Auch in dieser Einrichtung sah man die dringende Notwendigkeit, ein neues Therapiezentrum zu bauen, und entsprechende Planungen waren ebenfalls angedacht. Schließlich einigte man sich darauf, beide Vorhaben zu einem gemeinsamen Projekt zu vereinigen. Im Oktober 1973 erfolgte die Grundsteinlegung.

Pastor Schmidt schrieb: „Nun kann man ja heute in vielen Kreisen unserer Gesellschaft Kritisches über die Verhaltensweise der Unternehmer hören. Wir Alsterdorfer allerdings können uns im Hinblick auf die schon seit vielen Jahren laufende Unterstützung medizinischer Forschung durch Herrn Werner Otto keinesfalls mit solcher Kritik identifizieren. Unser Institut wäre ohne diesen echten Mäzen nicht zustande gekommen. Für diesen großherzigen Dienst an den von unserer Gesellschaft immer noch trotz vieler gegenteiliger Beteuerungen vernachlässigten Behinderten sagen wir Herrn Otto von Herzen Dank."

In einem Zeitungsartikel vom Tag der Eröffnung ein Jahr später berichten dankbare Eltern davon, dass sie im Universitätsklinikum Hamburg-Eppendorf (das zu dieser Zeit noch Universitätskrankenhaus hieß), der einzigen Einrichtung, in der Kinder damals in vergleichbarer Weise diagnostiziert, behandelt und gefördert wurden, sechs- bis achtmonatige Wartezeiten in Kauf nehmen mussten. Dass dabei wertvolle Zeit verloren ging, die für eine erfolgreiche Therapie von großem Nutzen gewesen wäre, versteht sich von selbst. „Ich werde mich so lange für dieses Institut persönlich engagieren, bis ich weiß, dass wir dort das Optimale an Hilfe für die kranken Kinder erreicht haben", sagte Werner Otto entschlossen in einem Interview. Er hat – wie immer – Wort gehalten.

Bei Dreharbeiten anlässlich seines 90. Geburtstages sah sich Werner Otto in dem Institut die gerade laufenden Renovierungsarbeiten an der Fassade und den Fenstern an. Dabei erfuhr er eher nebenbei, dass die Architekten eigentlich eine größere Lösung vorgesehen hatten, die angesichts der nicht eindeutigen Finanzierung aber zunächst auf Eis gelegt werden müsse. Schon einen Tag später kam aus Ottos Büro der Bescheid: Für die „große Lösung" stehen 8,4 Millionen Euro bereit. Und auch das ist typisch Werner Otto: Als der Erweiterungsbau im Jahr 2001 eröffnet wurde, begab er sich nach dem Festakt nicht – wie die meisten anderen Gäste – ans Büfett, sondern auf einen Rundgang durch das Haus, um in Ruhe mit Kindern, Eltern und Pflegern zu sprechen.

Um seine vielen Hilfsprojekte auf dem Gebiet der Medizin zu bündeln, hatte der erfolgreiche Unternehmer – dem bei der Abwicklung seiner vielen Geschäfte ja eigentlich kaum Zeit blieb – bereits 1969 die Werner Otto Stiftung gegründet. Sie leistet primär die Ergänzung staatlicher Forschungsfinanzierung, das heißt, sie springt dort ein, wo der Staat aus finanziellen Gründen nicht oder nicht schnell genug Gelder zur Verfügung stellen kann. Ihr Leitsatz lautet: „Der Forschung dienen – dem Menschen helfen."

Die Fähigkeit, schnell zu entscheiden und zu handeln, vom Unternehmer Werner Otto in seinem weit verzweigten Imperium bereits über Jahrzehnte erfolgreich praktiziert, ist die besondere Stärke dieser privaten Forschungsfinanzierung. Damit konnten in den vergangenen Jahren unzählige For-

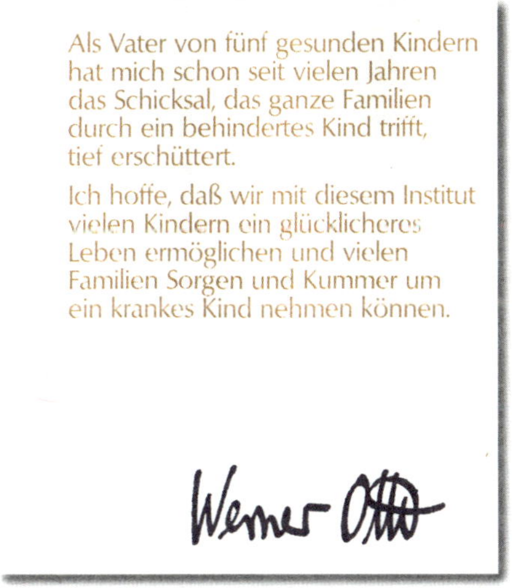
Als Vater von fünf gesunden Kindern hat mich schon seit vielen Jahren das Schicksal, das ganze Familien durch ein behindertes Kind trifft, tief erschüttert.

Ich hoffe, daß wir mit diesem Institut vielen Kindern ein glücklicheres Leben ermöglichen und vielen Familien Sorgen und Kummer um ein krankes Kind nehmen können.

Werner Otto

Mit diesem persönlichen Bekenntnis erläutert Werner Otto in einer Broschüre seinen Einsatz für das von ihm initiierte Institut.

schungsarbeiten vor dem vorzeitigen Abbruch aus Geldmangel bewahrt werden. Ein wichtiges Projekt der Werner Otto Stiftung ist zum Beispiel das wissenschaftliche Behandlungszentrum für Krebskrankheiten im Kindesalter am Universitätsklinikum Hamburg-Eppendorf, das zahlreichen leukämiekranken Kindern das Leben gerettet hat.

Für hervorragende wissenschaftliche Leistungen wird alle zwei Jahre der Preis der Werner Otto Stiftung zur Förderung der medizinischen Forschung an in Hamburg tätige Forscher und Ärzte verliehen. Damit nicht genug: 1996 – anlässlich der 50. Kuratoriumssitzung der Stiftung – wurde das „Werner Otto Stipendium zur Förderung des medizinisch-wissenschaftlichen Nachwuchses an der Universität Hamburg“ eingerichtet.

Das Werner Otto Haus

„Zu allen Projekten habe ich eine persönliche Beziehung"

Mit einem fröhlichen Fest wurde im Sommer 2000 in Berlin-Neukölln das „Werner Otto Haus" eröffnet. Die renommierte „Beratungsstelle für Hörbehinderte" hatte damit einen dringend benötigten, hochmodernen Erweiterungsbau erhalten. Zwischen den geladenen Gästen, darunter der damalige Berliner Bürgermeister Eberhard Diepgen, tobten viele vergnügte Kinder herum, die immer wieder den Kontakt zum Ehrengast und Namensgeber des neuen Hauses suchten. Vielen dieser Kinder blieb dank Ottos Großzügigkeit ein Leben in der Isolation erspart. Denn im Werner Otto Haus lernen hörbehinderte Kinder und Jugendliche mithilfe einer Cochlear-Implant-Operation wieder zu hören.

Der Unternehmer hatte sich für das damals neue Verfahren rasch begeistern können, das auf folgendem Prinzip beruht: Eine Innenohrprothese versorgt den Hörnerv anstelle der geschädigten Haarzellen mit Sinneseindrücken. Während ein Hörgerät nur den Schall verstärkt, wandelt das Implantat den Schall in elektrische Impulse um. Sie werden über die Hörschnecke (Cochlea) an den Hörnerv weitergeleitet, der sie in ein Muster umwandelt, das dem gesprochenen Wort entspricht.

Das Cochlear-Implant (CI) besteht aus dem Implantat (mit Magnet, Empfänger und Elektroden), einem Sprachprozessor und einem Mikrofon. Das Ganze wird unter Vollnarkose hinter dem Ohr in den Knochen eingepflanzt und ist später von den Haaren völlig verdeckt. Das Mikrofon wird dabei wie ein Hörgerät in die Ohrmuschel gesetzt. Es nimmt die Schallwellen der Sprache auf und leitet sie an den Prozessor weiter. Dort werden die Schallwellen in elektrische Signale umgewandelt, die zur Sendespule weiterwandern und dann über das Implantat in die Hörschnecke gelangen. Vereinfacht gesagt: Ein CI ersetzt das Innenohr und leitet die

Werner Otto mit ehemals hörgeschädigten Kindern im Berliner Werner Otto Haus im Juni 2000.

Töne direkt ans Gehirn weiter. Voraussetzung für eine erfolgreiche Operation ist allerdings, dass der Hörnerv nicht geschädigt ist.

Einrichtungen wie das Werner Otto Haus sind heute unverzichtbar, denn immer noch kommt eines von tausend Neugeborenen gehörlos zur Welt. Die Zeit drängt jedes Mal aufs Neue, denn je länger die Taubheit unbehandelt bleibt, desto stärker stellt sich das Gehirn darauf ein. Spätestens mit sieben Jahren, so vermuten Experten, schließt sich das „Sprachfenster“ für immer. Aus diesem Grund werden gehörlose Kinder heute immer früher operiert – viele schon im ersten Lebensjahr oder kurz danach. Weltweit tragen inzwischen 75.000 Menschen ein Cochlear-Implantat, alleine in Deutschland sind es 7.000.

Das Werner Otto Haus nimmt jährlich rund 35 Kinder auf, denen das CI implantiert wird. Die Therapie wird auf drei Jahre angesetzt und dient vor allem dazu, den geduldigen Umgang mit der Hörhilfe zu lernen. „Kinder und Jugendliche, die sonst für den Rest ihres Lebens taub oder schwerhörig sein müssten, erhalten hier die Möglichkeit, ihr Leben als normal Hörende zu gestalten“, so Werner Otto bei der Eröffnungsfeier.

Erst nachdem sein Institut, die Stiftung und all die anderen damit verbundenen helfenden Einrichtungen etabliert und für die Zukunft abgesichert waren, begann Werner Otto damit, sich für die Erhaltung von Baudenkmälern und die Aufwertung bedeutender Orte einzusetzen.

Dabei wandte er sich verstärkt den Stätten seiner Jugend zu: Berlin und die Umgebung der Stadt, Seelow, Potsdam. Das mag damit zusammenhängen, dass Werner Otto hier nach eigenem Bekunden besonders glückliche Jahre verlebt hat.

„Mir liegt am Herzen, dass die Kriegsschäden beseitigt werden und die Kunstschätze damit erhalten bleiben“, hat Werner Otto in einem Interview gesagt. „Zu allen Projekten habe ich eine persönliche Beziehung und mich verbinden Erinnerungen an diese Bauten.“ Und in einem Interview stellte er im Jahr 2005 klar: „Ich unterstütze Projekte dort, wo ich wirklich Engagement finde, wo ich sicher sein kann, dass der Bau vollendet wird und die Idee, die dahinter steht, nachhaltig wirkt.“

Außerdem ist sein bedingungsloses Engagement für Berlin zugleich auch ein Bekenntnis zur Wiedervereinigung und zum Standort Deutschland. Hier wollte Werner Otto eindeutige Zeichen setzen: Auch die Hauptstadt und der vernachlässigte Osten sollten von seiner Großzügigkeit profitieren. Entsprechend hat sich Werner Otto für seine Zuwendungen auch viele exponiert liegende Bauten von großem symbolischem Wert ausgesucht.

Ein Stück Kindheit wird gerettet: die Kirche von Seelow

„Viele Wunden sind verheilt"

Die Restaurierung der Seelower Kirche, seiner Taufkirche, ist ein besonders eindrucksvolles Beispiel für Werner Ottos Art, anderen zu helfen. Der Seelower Superintendent Roland Kühn hatte sich eines Tages an Otto gewandt und angefragt, ob der wohlhabende Sohn der Stadt nicht den Vorsitz im Förderverein zum Wiederaufbau übernehmen wolle. Otto lehnte ab. Zum Glück tat er das, denn gleichzeitig stellte er dem Verein die Übernahme der Kosten für den Wiederaufbau in Aussicht. Vom Vereinsvorsitz hätten die Seelower nichts gehabt, so Otto später zur Begründung, was hier gebraucht wurde, war schnelle finanzielle Hilfe. Werner Otto hatte einmal mehr Unterstützung genau so zugesichert, wie er seine Geschäfte immer angegangen war: unbürokratisch, kurz entschlossen, auf das Wesentliche beschränkt.

Werner Otto 1997 mit Brandenburgs Ministerpräsident Manfred Stolpe (l.) in Seelow.

Das Richtfest in Seelow im November 1997 war sicherlich einer der eindrucksvollsten Tage im Leben Werner Ottos. In seiner Ansprache an die Bevölkerung erinnerte er daran, dass er in der Kirche fast 90 Jahre zuvor getauft worden war – eine Tatsache, die viele dem rüstigen alten Herrn gar nicht recht glauben konnten, der die Turm-Baustelle so forsch erklommen hatte. Von allen Spenden Werner Ottos hat der Wiederaufbau der Seelower Kirche die größte historische Dimension. Hier schloss sich in gewisser Weise nicht nur sein Lebenskreis, sondern mit dem Wiederaufbau wurde auch versucht, eine schreckliche Wunde aus den letzten Tagen des Zweiten Weltkrieges symbolisch zu heilen.

An diesem Ort hatte im April 1945 der Kampf um die Seelower Höhen getobt – die Gegend war das größte deutsche Schlachtfeld während des ganzen Krieges. 40.000 russische Geschütze hatten am 16. April gleichzeitig das Feuer eröffnet, um den Durchbruch nach Berlin zu schaffen. Au-

So sah die Kirche von Seelow nach der Zerstörung im Zweiten Weltkrieg aus.

genzeugen erinnerten sich, dass die hochgeschleuderte Erde wie eine dichte Wand in den Himmel geragt habe, alle Gegenstände hätten angesichts der permanenten Erschütterungen auf dem Boden „getanzt". 12.000 deutsche Soldaten fanden bei der Entscheidungsschlacht den Tod, auf russischer und polnischer Seite gab es 35.000 Gefallene. Nur wenige Tage zuvor hatten deutsche Soldaten den Turm der bis 1835 nach Plänen Friedrich Schinkels erbauten Kirche gesprengt, um den herannahenden Truppen die Orientierung zu erschweren. Die Maßnahme – nur vier Wochen vor dem Ende des Krieges – erwies sich nicht nur als völlig nutzlos, sondern die Sprengung wurde in der Eile auch noch so wenig sachgemäß durchgeführt, dass der Turm ins Kirchenschiff stürzte und zusätzliche große Schäden anrichtete. Über viele Jahre hatten die Seelower versucht, den Turm aus eigener Kraft und mit eigenen Mitteln wieder aufzubauen. Als sich atheistische DDR-Bonzen in den 1980er Jahren plötzlich für den Wiederaufbau stark machten – preußische Architektur war damals gerade angesagt – schaltete die Bevölkerung auf stur: Aufbau ja, aber nicht unter diesen Vorzeichen. Erst der energische Einsatz des 1994 gegründeten Fördervereins brachte den Bau in Gang, allerdings wurde damals ein Zeitrahmen von mindestens zehn Jahren angenommen.

Nur wenige hundert Meter von der Kirche entfernt liegt der örtliche Friedhof. Etliche Reihen mit Ehrengräbern erinnern an die gefallenen Soldaten, viele von ihnen gerade mal 20 Jahre alt. Es ist ein Ort, der auch heute noch Gefühle von Trauer und Ehrfurcht auslöst – aber auch Wut angesichts der vielen sinnlos geopferten Menschenleben. Werner Ottos Rede an jenem Tag war trotz der übergroßen historischen Bedeutung der Stätte frei von jedem Pathos. Stattdessen gelang es ihm sogar, das Richtfest als ein Symbol für die Wiedervereinigung in Zeiten des Friedens zu interpretieren. Der Aufbau des Turms sei ein Symbol für den Aufschwung in den neuen Bundesländern, sagte der 88-Jährige damals vor mehreren hundert Zuhörern – „viele Wunden sind verheilt".

Werner Otto trat nicht als besserwisserischer Unternehmer aus dem Westen vor die gebeutelten Seelower. Er sprach als Mitbürger, der aus einer anderen Gegend an die Stätte seiner Kindheit zurückgekehrt war, um beim Wiederaufbau mitzuhelfen. Der Förderverein hatte die Vorarbeit geleistet, er, Otto, war als Helfer eingeschert, als man ihn darum bat.

Die Werner Otto Hall in Harvard / Cambridge

„... speaks of its time with strong convictions"

Ein dreistöckiges modernes Gebäude. Die Fassade besteht aus grauen Metallplatten, sie ist mit grünem Schiefer und rosa Granit verkleidet. Der Neubau des Busch-Reisinger Museums auf dem Gelände der Harvard University in Cambridge ist ein Schmuckstück – und ein weiteres kostbares Geschenk Werner Ottos an die Allgemeinheit. Das berühmte Busch-Reisinger Museum wurde im Jahr 1901 auf Initiative des Germanistik-Professors Kuno Francke als „Germanic Museum" gegründet. Als einziges Museum außerhalb Europas sieht es sich ganz der Präsentation von Kunst aus dem deutschsprachigen Raum verpflichtet, wobei der stärkste Akzent auf Deutschland liegt. Zunächst zeigte man dort ausschließlich Kopien, vor allem von bekannten Plastiken. Unter der Leitung von Charles L. Kuhn entwickelte es sich zu einem der wichtigsten Häuser zur Bewahrung moderner Kunst aus Deutschland, Österreich und der Schweiz. 1951 erhielt das Museum seinen heutigen Namen, als zwei der wichtigsten Stifter-Familien geehrt wurden. Zum Bestand gehören heute Arbeiten der österreichischen Sezession, des deutschen Expressionismus und der Bauhaus-Bewegung. Die Joseph-Beuys-Sammlung gilt als eine der besten der Welt.

Mehr als drei Millionen Dollar hatte Werner Otto in den 1991 eröffneten Bau gesteckt, der ihm zu Ehren den Namen „Werner Otto Hall" erhielt. Die Hall wurde von den renommierten New Yorker Architekten Gwathmey und Siegel entworfen. Sie beherbergt die ständigen Ausstellungen des Museums zu den Themen Kunst und Design, außerdem eine Bibliothek und Studienräume, und sie ist dem Fogg-Kunstmuseum direkt angegliedert. Das Fachmagazin „Architecture Magazine" schrieb im Jahr der Eröffnung: „Like its neighbours and the art within its galleries, Werner Otto Hall speaks of its time with strong convictions."

Formschön und gehaltvoll: Die Werner Otto Hall auf dem Gelände der Harvard University in Cambridge.

Besonders eindrucksvoll ist die Sammlung deutscher Expressionisten, darunter Beckmann, Barlach und Kirchner. Werner Otto, der seine Kunstliebe an seine Kinder weitergegeben hat, ist selbst ein völlig undogmatischer Sammler. Er besitzt ebenfalls Gemälde der großen deutschen Expressionisten. Nachdem er als noch relativ junger, aber schon sehr erfolgreicher Unternehmer ein Bild Emil Noldes ersteigert hatte, bekannte er in einem Interview, es sei ein Genuss gewesen, beim Bieten endlich einmal nicht an ein finanzielles Limit gebunden gewesen zu sein.

Der Werner-Otto-Saal im Berliner Konzerthaus

„Berlin bedankt sich"

Vom Glück, einer Stadt ein Geschenk zu machen" titelte eine Zeitung zur Einweihung des Werner-Otto-Saals in Berlin. Das trifft es genau. Im April 2003 gelang es Werner Otto mit dieser spektakulären Spende, Bleibendes zu schaffen und wiederum allen Bevölkerungsschichten zugänglich zu machen. Zugleich beschenkte er seine alte, neue Heimatstadt Berlin, die in vielen Phasen seines Lebens – mehr als jeder andere Ort – für ihn von großer Bedeutung war. Die Rede ist vom Werner-Otto-Saal im Konzerthaus am Gendarmenmarkt. Otto ließ den vergessenen, großen Raum, der nur sporadisch für Proben genutzt wurde, für 4,5 Millionen Euro erneuern und wieder beleben. Der Saal, der seit der achtmonatigen Umgestaltung Platz für 280 Besucher bietet, kann heute als Probenraum, für Bankette, Theater und Kammermusik genutzt werden. Alles wurde hochmodern und beweglich eingerichtet – Decken, Bühne, Zuschauerreihen – und das Haus spielt seitdem eine noch wichtigere Rolle für die kulturelle Vielfalt der Stadt. Der damalige Bundesbauminister Manfred Stolpe sagte bei der Eröffnung, Ottos Einsatz sorge mit dafür, dass die Gesellschaft nicht „entmenschlicht" werde. Durch sein Mäzenatentum habe er deutlich gemacht, dass die Erhaltung des baukulturellen Erbes eine Aufgabe sei, die nicht nur die öffentliche Hand und Investoren etwas angehe, sondern jeden Bürger. Später witzelte Stolpe in Anspielung auf die halb fertigen Pläne zum Wiederaufbau des Berliner Stadtschlosses an Werner Ottos Adresse: „Wir haben da noch einen leeren Platz in Berlin, vielleicht helfen Sie uns ja auch dabei."

Ein Geschenk für eine Stadt: Der Werner-Otto-Saal (ganz oben) wird im April 2003 eingeweiht. Mit Werner und Maren Otto freut sich Intendant Frank Schneider (M.).

Am Rande der Veranstaltung bekannte Werner Otto übrigens, dass er sich im Laufe der Jahrzehnte zum begeisterten Opernfan gemausert habe. Als Junge sei er allerdings völlig unmusikalisch gewesen und habe im Schulchor „kläglich versagt". Und sein Klavierlehrer habe ihm nach einem Jahr

Am 31. Januar 2003 erhält Werner Otto die Ernst-Reuter-Plakette der Stadt Berlin aus den Händen von Bürgermeister Klaus Wowereit.

Unterricht mitgeteilt, dass er keinerlei Fortschritte gemacht habe. Der Werner-Otto-Saal war damit vielleicht ein bisschen zur späten Aussöhnung des Stifters mit der klassischen Musik geworden. Das geschah nur 80 Kilometer von Seelow entfernt, wo er als junger Sänger nach eigenem Bekenntnis zu den „Brummern“ gehört hatte. Werner Otto verließ das rauschende Einweihungsfest, das auch zu einer Wiedersehensfeier mit der ganzen Familie wurde, übrigens erst um zwei Uhr morgens. Er war damals fast 94 Jahre alt.

Anfang 2003 wurde Otto mit der Ernst-Reuter-Plakette ausgezeichnet – einer der höchsten Ehrungen, die das Land Berlin zu vergeben hat. „Berlin bedankt sich damit für ein bürgerschaftliches Engagement im besten Sinne“, sagte Bürgermeister Klaus Wowereit bei der Verleihung im großen Saal des Roten Rathauses.

Schön wie einst: das Belvedere

„Wir sollten das jetzt mal fertig bauen, ich übernehme auch noch den anderen Turm"

Und noch eine jener spontanen Entscheidungen Werner Ottos, von der inzwischen alle profitieren. Bei einem Geburtstagsspaziergang mit seiner Ehefrau Maren entdeckte er in den Wäldern um Potsdam ein verwunschenes Märchenschloss: Hoch auf dem Pfingstberg, mit 76 Metern die höchste Erhebung der Gegend, liegt das „Belvedere", eine kolossale Aussichtshalle im Stil römischer Renaissancevillen. Das Belvedere war von 1847 bis 1852 und dann von 1860 bis 1863 im Auftrag des Preußenkönigs Friedrich Wilhelm IV. errichtet worden. Die Skizzen des Königs waren die Grundlage, die weitere Bearbeitung übernahmen die Architekten Ludwig Persius, Ludwig Ferdinand Hesse und Friedrich August Stüler. Ende des 19. Jahrhunderts war es erstmals öffentlich zugänglich gemacht worden. Nach der Teilung galt das Belvedere DDR-Bonzen als „Sicherheitsrisiko", weil man von dort einen unversperrten Blick auf die Grenzanlagen hatte. Ganz in der Nähe unterhielt der russische Geheimdienst einen Stützpunkt, der erst 1994 geräumt wurde. Vom DDR-Regime vernachlässigt, verkam die Anlage zur Ruine. Brandenburgs Ministerpräsident Matthias Platzeck erinnerte anlässlich einer Stiftungsratssitzung der Stiftung Lebendige Stadt im Jahr 2004 daran, dass linientreue Publizisten im Niedergang des Belvedere alles andere als einen schmerzlichen Verlust sahen. „Noch 1988 beschrieb Waltraud Volk das Belvedere abwertend als ‚dekorative Baukulisse ohne Zweckbestimmung und Nutzungsmöglichkeiten'", erinnerte sich Platzeck. „Genau, möchte man hinzufügen, denn seine wichtigste Bestimmung war es nämlich, wunderschön zu sein."

Mehr als ein Aussichtspunkt: das Belvedere auf dem Potsdamer Pfingstberg. „Seine wichtigste Bestimmung war es, wunderschön zu sein."

Letztlich blieb der Bau nur deshalb einigermaßen erhalten, weil engagierte Anwohner ihn mit ihren bescheidenen Mitteln pflegten und vor Vandalismus bewahrten. Im Sommer 1989 zerstörte ein von Brandstiftern gelegtes Feuer das hölzerne Arkadendach, kurz danach wurde das Belvedere mit Stahlplatten versperrt und mit Ketten gegen unliebsame Besucher gesichert. Trotzdem blieb es ein beliebter Treffpunkt. Viele Feste wurden hier gefeiert, und es war in den Zeiten vor der Wende lange ein Anlaufpunkt mutiger Oppositioneller. Glück im Unglück: Zwar verfiel das Schloss in raschem Tempo, aber viele der Besucher bewahrten viele wichtige Fundstücke auf, die dann später bei der Instandsetzung für die Rekonstruktion unverzichtbar waren.

Regelrecht verliebt habe er sich in den Bau, bekannte Werner Otto später, und in der Tat passt das „Traumschloss mit Ausblick“ auf ganz besondere Weise zu ihm. Das Belvedere war nämlich schon immer ein Schloss, das so gar nicht zum scheinbar rein Martialischen der Preußen passen wollte. Hartmut Dorgerloh, Generaldirektor der Stiftung preußische Schlösser und Gärten, brachte es einmal so auf den Punkt: „Die Preußen, die angeblich so sparsam und sachlich waren, leisteten sich dieses zweckloseste aller Schlösser. Man geht hin, trinkt Tee, genießt die Aussicht – es war, als würde man Italien in die Mark holen.“ Werner Otto hat preußische Tugenden wie Fleiß und Pünktlichkeit geschätzt, den tumben, überhöhten Militarismus, wie er zum Beispiel zum Teil in der Wilhelminischen Ära kultiviert wurde, aber abgelehnt. Als historisch sehr interessierter Mensch war Otto darüber informiert, dass der Staat Preußen ursprünglich eben auch für Toleranz und für eine unbedingte Förderung von Wissenschaft und Kunst gestanden hatte. Das Belvedere symbolisierte immer schon dieses andere Preußen, das zu Unrecht in Vergessenheit geraten ist. Bei seinen ersten Erkundungsbesuchen hatte Otto offenbar das Juwel unter der brüchigen Fassade erkannt, denn zu diesem Zeitpunkt war das Belvedere weit entfernt von einem Schmuckstück. Der Bau, inzwischen in die Liste des Weltkulturerbes aufgenommen, war verfallen, beschmiert und überwuchert, sämtliche Renovierungspläne waren im märkischen Sand verlaufen. Werner Otto zögerte nicht lange. Ihm gefiel neben der versteckten Schönheit und der unvergleichlichen Lage auch der symbolische Wert des Schlosses.

2,3 Millionen Euro sagte er 1998 zunächst als Finanzspritze zu – damit sollte der Westturm instand gesetzt werden. Er habe das der damaligen brandenburgischen Finanzministerin Wilma Simon kurz entschlossen bei einem gemeinsamen Besuch am Belvedere mitgeteilt, berichtete Otto später. Bei Kaffee und Pflaumenkuchen saßen beide neben der Ruine im Gras, wurde später glaubhaft berichtet, und zu Werner Ottos Umtriebig-

Links: Der damalige Potsdamer Oberbürgermeister Matthias Platzeck (l.) und Brandenburgs Finanzministerin Wilma Simon setzen zusammen mit Werner Otto den ersten Stein zur Restaurierung.
Rechts: Ein wahr gewordener Traum – das renovierte Belvedere.

keit passte es ja, dass er eine solche Entscheidung nicht im stillen Kämmerlein treffen konnte. Drei Jahre später sagte Otto bei der Eröffnung des renovierten Teils zu Wilma Simon spontan: „Wir sollten das jetzt mal fertig bauen, ich übernehme auch noch den anderen Turm.“ Die Umstehenden glaubten zunächst, sie hätten sich verhört. „Aber“, so der spätere brandenburgische Ministerpräsident Matthias Platzeck: „Wenn Werner Otto etwas sagt, dann meint er es auch so. Das hat man mir gesagt, und ich habe schnell gemerkt, dass es auch stimmt.“

Insgesamt 6,5 Millionen Euro hat Werner Otto in die Renovierung des Belvedere gesteckt. „Das über Jahre anhaltende Engagement der Potsdamerinnen und Potsdamer für ‚ihren Berg‘ hat Werner Otto die Gewissheit gegeben, dass eine große Spende hier nicht dazu führt, dass der bisherige Schwung zum Erliegen kommt, sondern Motivation für weitere Unterstützung ist“, schrieb Matthias Platzeck später und brachte damit eine wichtige Überlegung Werner Ottos auf den Punkt. Mehrmals habe sich der berühmte Mäzen in die Besucherschlange am Eingang eingereiht, um „möglichst still und unerkannt“ zu erleben, was durch seine Unterstützung möglich geworden sei, erinnerte sich Platzeck. Das frisch renovierte Anwesen wurde im Juni 2003 vom damaligen Bundespräsidenten Johannes Rau eröffnet. Werner Otto hatte nicht nur diese Kosten übernommen. Die Einweihung wurde mit einem rauschenden Fest gefeiert, an dem auch Bauarbeiter, Anwohner und sonstige gute Geister teilnahmen. Der Mäzen selbst und seine Frau Maren setzten sich damals mitten unter die Gäste an einen der langen Tische. Bei einem frisch gezapften Bier ließ sich Werner Otto noch einmal ausführlich über die zurückliegenden Arbeiten informieren. An einen schnellen Aufbruch war an dem warmen Sommerabend wieder einmal nicht zu denken.

Der Hamburger Jungfernstieg in neuem Glanz

„Hamburg braucht den Jungfernstieg, er ist wichtig für die Entwicklung dieser Stadt"

Jüngstes Beispiel für Werner Ottos Großzügigkeit ist eine Spende, mit der er noch einmal den Ort seiner größten unternehmerischen Triumphe bedachte: Hamburg. Im Jahr 2002 stiftete er vier Millionen Euro für den Verein „Lebendiger Jungfernstieg", der es sich zum Ziel gemacht hat, den gleichnamigen Boulevard an der Hamburger Binnenalster wieder in altem Glanz erstrahlen zu lassen. In dem Verein, eng verbunden mit Alexander Ottos Stiftung „Lebendige Stadt", engagierten und engagieren sich zahlreiche Hamburger Honoratioren, alleine der Vorstand gleicht einem „Who's who" der Hansestadt.

Werner Otto mit dem Vorstandsvorsitzenden der Stiftung Lebendige Stadt, Dr. Andreas Mattner (r.), am Modell des Jungfernstiegs.

An der einstigen Prachtstraße, die eine lange Tradition hat, in Liedern und Gedichten verewigt wurde und bei den Hamburgern besonders beliebt ist, hatte in den vergangenen Jahren der Zahn der Zeit erheblich und deutlich sichtbar genagt. Durch Bausünden der 1970er Jahre war die Achse zwischen der Alster auf der einen und den prachtvollen Gründerzeit-Fassaden auf der anderen Seite unterbrochen worden, den Blick zum Wasser versperrten Pavillons aus Beton und Stahl. Die viel genutzten Fahrbahnen waren mittlerweile so dominierend geworden, dass der Jungfernstieg seinen Charakter als Flaniermeile für immer eingebüßt zu haben schien, zudem durchschnitt ihn auch noch ein unansehnlicher Zaun – angelegt für die Sicherheit der Fußgänger – auf ganzer Länge. Es wurden Gespräche mit Hamburgs Bürgermeister Ole von Beust geführt, deren Ergebnisse auch Werner Otto davon überzeugten, dass hier etwas geschehen müsse. Dabei verband er die großzügige Geste einmal mehr mit geschickter, unternehmerisch geschulter Planung. Denn die geplante optische Aufwertung des Jungfernstiegs war von Anfang an so angelegt, dass sie auch für die Infrastruktur der Innenstadt nutzbringend sein würde. Der Boulevard wurde so gestaltet, dass er die verschiedenen Bereiche der Hamburger Innenstadt – Mönckebergstraße, Rathausmarkt, Neuer

Der renovierte Jungfernstieg ist wieder ein Prachtboulevard.

Michael und Christel Otto, Werner und Maren Otto, Dorit und Alexander Otto (v. l.) Ende Mai 2006 beim Jungfernstieg-Fest.

Wall, Gänsemarkt und Colonnaden – optimal verband. Außerdem bildet der Jungfernstieg in Richtung Elbe eine wichtige Verbindungsachse zur neu geschaffenen HafenCity – und er fungiert inzwischen wie ein großes Förderband in Richtung der südöstlichen Innenstadt. Wie pragmatisch Werner Otto bei aller Großzügigkeit auch gedacht hat, zeigt sich an seinen strikten Vorgaben für die Umgestaltung. So legte er von Anfang an fest, dass das Projekt innerhalb weniger Jahre abgeschlossen sein müsse – seine langjährige Erfahrung mit zähen Verwaltungsabläufen spielte dabei zweifellos eine Rolle.

Anfang September 2003 wurde in der Hamburger Fischauktionshalle die Jungfernstieg-Gala gefeiert, ein großes Fest für mehr als 1.000 Gäste, dessen Einnahmen ausnahmslos in die Jungfernstieg-Sanierung flossen. Einer der Höhepunkte des Abends: Künstler Michael Batz tauchte die dunklen Docks der Werft Blohm & Voss in Lichterglanz, zeitgleich wurde der Jungfernstieg auf Pontons im Wasser nachgestellt. Werner Otto, damals bereits über 95 Jahre alt, war natürlich Ehrengast. „Hamburg braucht den Jungfernstieg", so Otto am Rande der Veranstaltung, „er ist wichtig für die Entwicklung der Stadt."

Ab dem 19. Mai 2006 war es dann so weit: Mit einer dreitägigen Party feierten rund 250.000 Besucher die Eröffnung des neu gestalteten Jungfernstiegs. Zum spektakulären Programm gehörten eine schwimmende Bühne auf der Binnenalster, eine Licht-Wasser-Inszenierung, ein Alsterdampfer-Ballett und ein großes Feuerwerk. Gemeinsam mit Bürgermeister Ole von Beust schnitt der 96-jährige Werner Otto schließlich das symbolische rote Band durch und übergab den Boulevard so wieder an die Öffentlichkeit. Zum VIP-Empfang vor Ort trafen sich abends dann noch einmal 200 Gäste.

Stifter sein – und Anstifter

„Eigentum verpflichtet. Sein Gebrauch soll zugleich dem Wohle der Allgemeinheit dienen"

Werner Otto gehörte nicht zu denjenigen Erfolgsmenschen, die ein mönchisches Dasein pflegten und anderen mit erhobenem Zeigefinger kluge Ratschläge erteilten. Beim Rückblick auf sein langes Leben hat er immer gerne erwähnt, dass er als junger Mann kein Kind von Traurigkeit war, sondern auch ein Partygänger, eifriger Tänzer und Nachtmensch. Daran hat sich nie etwas geändert, und auch bei seinen Geburtstagsfeiern im hohen Alter war er ein munterer, aufgeschlossener Gastgeber. Insofern ist es nicht verwunderlich, dass er auch seine Spenden gelegentlich offensiv „verkaufte": Werner Otto tat das aus Dankbarkeit. Er wollte Zeichen dafür setzen, dass er im Leben alles erreicht hatte und darüber glücklich war, und er wollte seine Freude offen mit anderen teilen.

„Werner Otto ist ein Unternehmer, der sich seiner sozialen und politischen Verantwortung bewusst war und – auch im größten Erfolg – geblieben ist", schrieb Helmut Schmidt über den von ihm geschätzten Weggefährten. Er, Schmidt, habe viele Male erlebt, wie sich Werner Otto für das öffentliche Wohl engagierte, ohne davon von irgendjemandem oder vom Gesetz verpflichtet gewesen zu sein. „Nicht viele Großunternehmen", so Schmidt, „haben sich in vergleichbarer Weise gemeinnützig engagiert."

Auch mit weniger spektakulären Spenden hat Werner Otto stets geholfen, wenn Not am Mann war. Sei es, indem er Geld für medizinisches Gerät zur Verfügung stellte, sei es, dass er Helmut Schmidts Ehefrau Loki unter die Arme griff, die Geld für ihre „Stiftung zum Schutz gefährdeter Pflanzen" brauchte, um damit eine Narzissenwiese in den Ardennen zu retten. Jahrelang unterstützte Werner Otto die Gala in der Deutschen Oper Berlin zugunsten der Aids-Stiftung mit hohen Zuwendungen, und er ließ es sich nicht nehmen, auch als fast 100-Jähriger bei der Gala persönlich zu erscheinen. Im Jahr 2001 wurde zudem das Werner-Otto-Graduate-Programm des Deutschen Förderkreises der Universität Haifa ins Leben gerufen. Damit werden besonders begabte arabische Studentinnen gefördert.

Werner Otto scheint Artikel 14 des Grundgesetzes verinnerlicht zu haben, in dem es bekanntlich heißt: „Eigentum verpflichtet. Sein Gebrauch soll zugleich dem Wohle der Allgemeinheit dienen." Werner Otto, dem ein harmonisches Familienleben immer sehr wichtig war, hat seine altruistische Haltung mit Erfolg auf seine Kinder übertragen. Seine Tochter Ingvild, eine erfolgreiche Kunstsammlerin, macht ihre berühmte Sammlung in einem selbst entworfenen Museum für jeden zugänglich. „Die Ottos bunkern ihre Schätze nicht", schrieb eine Zeitung dazu einmal.

Werner Ottos ältester Sohn schützt mit seiner „Michael Otto Stiftung" seit Jahren erfolgreich Flüsse und Seen vor der Zerstörung. „Seiner Hartnäckigkeit ist es zu verdanken, dass die Oberelbe von einem wahnwitzigen Ausbau zur Wasser-Magistrale verschont blieb", schrieb das „Manager-Magazin" 2004 anerkennend. Michael Otto ist Vorsitzender des Stiftungsrates der deutschen Sektion des World Wide Fund For Nature (WWF) und gründete gemeinsam mit Helmut Schmidt und anderen die Deutsche Nationalstiftung. Aus der Fülle seiner Zuwendungen seien noch beispielhaft Spenden über drei Millionen Euro für die Hamburgische Jugendmusikschule und 1,5 Millionen für ein Vogelschutz-Institut erwähnt. Im Jahr 2007 stellte er zehn Millionen Euro für den Bau der Elbphilharmonie in Hamburg zur Verfügung. Pelze und Tropenhölzer verbannte Michael Otto aus dem Katalog, viel früher als andere ließ er im Unternehmen den anfallenden Müll in allen Bereichen des Konzerns trennen.

Im Jahr 2006 veröffentlichte das „Manager Magazin" eine Liste der spendabelsten deutschen Unternehmer. Werner Otto belegte mit errechneten 14,1 Millionen Euro den vierten Platz – unmittelbar gefolgt von seinem Sohn Michael, der 14 Millionen für andere zur Verfügung gestellt hatte. Die Summen bezogen sich auf Spenden und Spendenzusagen aus den zurückliegenden zwölf Monaten.

Werner Ottos zweiter Sohn, der erfolgreiche Medienunternehmer Frank Otto, ist seit 1994 Schirmherr der Aidshilfeorganisation Hamburg

Leuchtfeuer. Für die entsprechende Stiftung spendete er 300.000 Euro, außerdem unterstützt er mit Geld und verschiedenen Aktionen ein Hamburger Kinderhospiz. Seit Jahren sichert er zudem mit hohen Spenden die Existenz des Kontaktstudienganges „Popularmusik" an der Hamburger Universität. Seit Anfang der 1980er Jahre bietet dieser Studiengang talentierten jungen Musikern Einstiegshilfe in das Berufsleben eines Popmusikers. Dabei geben erfahrene Praktiker ihr Wissen an die junge Generation weiter. Außerdem bietet der Kurs jungen Musikern die Möglichkeit, Erfahrungen auszutauschen und ein persönliches Netzwerk zu knüpfen. Frank Otto gehörte auch zu den Hauptsponsoren, die den Bau des im Jahr 2008 eingeweihten Hamburger Beatles-Platzes möglich machten.

Alexander Otto ist Vorsitzender der im Jahr 2000 gegründeten Stiftung „Lebendige Stadt", die mit zahlreichen Projekten einer Verödung der Innenstädte entgegenwirkt. Dazu gehören zum Beispiel die Illumination der Hamburger Speicherstadt, des Kölner Rheinpanoramas und des Karlsruher Zentrums für Kunst und Medientechnologie (ZKM) sowie die Neugestaltung des Leipziger Nikolaikirchhofs. Den Aufbau einer Freizeit- und Erholungslandschaft auf dem Gelände der ehemaligen Kruppschen Gussstahlwerke in Essen unterstützte die Stiftung mit 150.000 Euro, für die Renovierung des denkmalgeschützten Kinos Central Theater in Esslingen stellte sie 30.000 Euro zur Verfügung. Auch eine Premiere: Experten der Stiftung und der Stadt Heilbronn erarbeiteten gemeinsam den ersten kommunalen „Grünmasterplan", mit dem das Zentrum grüner und attraktiver gestaltet werden konnte.

Die gemeinnützige Alexander Otto Sportstiftung setzt sich dafür ein, Sportmöglichkeiten für jedermann zu schaffen – also auch für diejenigen, denen der Weg zum Breitensport sonst nicht möglich wäre. Als erstes Projekt wurde eine neue Eis- und Ballsportarena für den Spitzen- und Freizeitsport in Hamburg auf den Weg gebracht, deren Grundstein im November 2007 gelegt wurde und deren Eröffnung bereits 2008 mit einer großen Gala gefeiert werden konnte.

Gefragter Gesprächspartner: Der frühere Bundeskanzler Helmut Schmidt und Unternehmer Werner Otto unterhalten sich im Berliner Schauspielhaus, Juni 2003.

Ein Leben wird betrachtet – Selbst- und Fremdzeugnisse

Kluge Worte zur Lage der Nation *Seite 196*

Werner Ottos Weisheiten *Seite 200*

Ehre, wem Ehre gebührt *Seite 206*

Zeitgenossen über Werner Otto *Seite 212*

Werner Ottos Unternehmerprinzipien *Seite 215*

Kluge Worte zur Lage der Nation

„Anregungen an andere weitergeben"

Werner Ottos Lebensgeschichte, sein Erfolg als Unternehmer, seine Menschlichkeit, sein Engagement auf vielen unterschiedlichen Gebieten haben ihn in den vergangenen Jahrzehnten zu einem begehrten Interviewpartner gemacht. Journalisten aus der ganzen Welt bemühten sich, seine Botschaften weiterzuverbreiten.

„Wenn er … einmal etwas großzügiger aus dem Nähkästchen plaudert", so die „Wirtschaftswoche" zu Ottos 75. Geburtstag, „dann geht es ihm weniger darum, sein Lebenswerk zu präsentieren." Vielmehr wolle Werner Otto aus seinem reichen Erfahrungsschatz schöpfen und „Anregungen an andere weitergeben".

Seine Ratschläge waren gesucht, spätestens seit die deutsche Wirtschaft ab Mitte der 90er Jahre immer stärker zu kränkeln begann. Werner Otto war dabei in – mindestens – dreifacher Hinsicht Anstifter für andere. Zum einen gab er als Mäzen wertvolle Impulse für das Miteinander innerhalb der Gesellschaft. Zum anderen – und hier verzahnen sich zwei Punkte – fungierte er als Ratgeber bei Wirtschaftsfragen und als soziales Unternehmer-Gewissen gleichermaßen. Otto, der vorbildliche, sozial engagierte Firmengründer, hatte frühzeitig erkannt, wie stark eine erfolgreiche Konjunktur von einer positiven Grundstimmung im Land abhängig ist. Der wirtschaftliche Erfolg kommt nur, wenn die Menschen innerlich dabei sind, und auf dem wirtschaftlichen Erfolg liegt kein Segen, wenn diejenigen, die dazu beigetragen haben, nicht mitgenommen werden.

Werner Otto gehörte nicht nur zu den ganz wenigen Unternehmern der viel zitierten Gründergeneration, denen der Erfolg ein ganzes Leben lang treu geblieben ist. Er war außerdem ein Mann, dem andere noch im ho-

Werner Otto feiert im Sommer 1979 seinen 70. Geburtstag im Hamburger Hotel Atlantic. Mit dabei (v. l.) Bundesbankpräsident Karl Klasen, Bundeskanzler Helmut Schmidt und Michael Otto.

hen Alter zugetraut haben, dass er sich so weit auf die Veränderungen am Markt einstellen konnte, dass er – vor die Aufgabe gestellt – immer wieder ein weltumspannendes Unternehmen hätte aufbauen können. Anders gesagt: Werner Otto ist nie die Puste ausgegangen, er hat seine schöpferische Kraft nie verloren.

Damit war er kein Gesprächspartner, der gleichsam aus dem Museum sprach, sondern einer, der immer am Puls der Zeit blieb. „Wenn er heute, ein halbes Jahrhundert später, mit 6.000 Mark und einem leeren Fabrikgebäude beginnen würde … So würden ihm Erfolg und Aufstieg vermutlich noch sehr viel schwieriger werden als damals", schrieb Helmut Schmidt in seinem Beitrag für die Festschrift zum 90. Geburtstag Ottos, um dann fortzufahren: „Aber auch heute würde ihm der Erfolg gelingen … Auch heute würde er keine großen öffentlichen Klagen führen, sondern zunächst unauffällig seinen Weg suchen – mit Neugierde und Erfindungsgabe. Auch heute würde er zu Mitarbeitern und Belegschaft stehen. Werner Otto war damals und ist ebenso heute … ein sozial gesonnener Unternehmer."

Keine Betrachtung Werner Ottos, in der er nicht den korrekten Umgang mit dem „human capital" (ein Ausdruck, den er nicht schätzte) anmahnte, kaum eine Rede, in der er nicht vor einer Entmenschlichung der Wirtschaft warnte. Helmut Schmidt hat diesen Zusammenhang anschaulich beschrieben. Und auch wenn er Werner Otto dabei nicht explizit erwähnte, griff er fast automatisch dessen Sichtweise auf. Schmidt schrieb: „Der Markt ist einerseits national wie international eine Einrichtung, die man nur bejahen kann; aber andererseits schafft der Markt aus sich heraus weder ausreichende soziale Sicherungen noch fiskalische und monetäre oder ökologische Vernunft. Weder kann der Markt sozialen Ausgleich bewirken noch ein sozialverträgliches Klima im eigenen Unternehmen und zwischen Arbeitgeberverbänden und Gewerkschaften schaffen. Sondern für eine die Würde des Menschen wahrende Gesellschaft sind Gesetze des Staates notwendig – aber ebenso auch verantwortungsbewusste Personen in der Führung von Unternehmen und Verbänden."

1996 beispielsweise machte Werner Otto mit einem energisch vorgetragenen Vorschlag von sich reden, den viele Spitzenmanager gar nicht gerne hörten. „Wir benötigen bei den Großkonzernen einen Aufsichtsratsvorsitzenden, der sich mit nur einem, höchstens zwei Unternehmen beschäftigt. Die Erhaltung von tausenden Arbeitsplätzen verlangt die Konzentration auf wenige Mandate", so seine Forderung. Mit detaillierten Argumenten wandte er sich gegen die „grassierende Ämterhäufung" in Aufsichtsräten (Helmut Schmidt), und er empfahl sogar, das deutsche Aktienrecht entsprechend zu ändern.

Viele Menschen, die irgendwelche Ämter bekleiden oder aus irgendwelchen anderen Gründen im Licht der Öffentlichkeit stehen, melden sich heute zu Wort – gefragt oder ungefragt.

Werner Otto wäre schon alleine aufgrund seiner beispiellosen Erfolgsgeschichte legitimiert, als Weiser immer und überall um Rat gefragt zu werden. Doch Otto hat sich auch hier nicht auf den vorhandenen Lorbeeren ausgeruht.

So wie er in den 50er Jahren als bereits sehr erfolgreicher Versandhändler nach Amerika reiste, um den Versandhandel noch besser kennen zu lernen, hat er es auch im Zusammenhang mit der Entwicklung der Gesellschaft praktiziert. Werner Otto setzte auch hier auf Austausch, auf Dialog, auf Diskussion. In seinem Festschrift-Beitrag erinnerte sich Helmut Schmidt, der als Altkanzler in zahllosen Beiräten saß, auch daran, wie diese geistige Fortbildung im Hause Otto praktiziert wurde. „Das bei weitem angenehmste Gremium dieser Art ist mir immer noch der sehr kleine private Beraterkreis, den Werner und Michael Otto um sich versammelt haben", so Schmidt damals.

Und: „Die Ottos haben selbst einen guten Überblick über die Welt, aber sie stellen Fragen … Man fährt nach der Sitzung mit dem befriedigenden Bewusstsein nach Hause, Neues gehört, auch Neues gesagt und mit klugen Kaufleuten zu tun gehabt zu haben, die ohne Schnörkel, ohne große Worte oder Emotionen und ohne Geltungsbedürfnis, gleichwohl aber mit großem Erfolg, ihrem Geschäft nachgehen."

Bei wichtigen Entscheidungen und dem Entwickeln langfristiger Konzepte zog sich Werner Otto auch noch nach vielen Jahren ungebremster Erfolge erfahrene Gesprächspartner zu Rate. Wichtig war ihm dabei, dass deren Gedanken nicht nur ums Tagesgeschäft kreisten, sondern dass sie in den von ihm oft erwähnten großen Bögen dachten. Neben Helmut Schmidt gehörte dazu beispielsweise auch der langjährige Bundesbankpräsident Karl Klasen, der Ottos „Bescheidenheit und kaufmännische Genialität" pries. Rainer Barzel, langjähriger CDU-Fraktionschef und Bundestagspräsident, schrieb über Werner Otto einmal: „Er hat Fantasie. Er sieht hinter den Horizont. Er hat die Nase für die Zukunft. Er ist nicht nur begabt, sondern fleißig und von ungeheurer Disziplin. Er verlangt von anderen nichts, was er nicht selbst leistet."

Werner Ottos Weisheiten

„Menschen sind mir wichtiger als Bilanzen"

Nachfolgend einige Sätze, die Werner Otto im Laufe seines langen Unternehmerlebens gesprochen oder geschrieben hat. Es sind oft nur wenige Worte – aber sie sind nie ohne Botschaft, und sie verraten viel über Ottos Denken und die Motive seines Handelns. In ihrer Zeitlosigkeit sind sie auch jetzt noch gültig. Auch wer sie nicht befolgen kann, könnte zumindest darüber nachdenken.

„Wir brauchen eine neue Philosophie, eine neue Besessenheit. Im Konsum liegt nicht alles, wir müssen auch an andere Dinge denken. Wir brauchen eine neue Verinnerlichung."

„Wer nur bei seinen Aufgaben stehen bleibt, wer nur in der gelernten Routine des einmal Erreichten verharrt, wer nicht von der Begeisterung für die Weiterentwicklung besessen ist, hat es schwer bei uns. Denn wir bauen immer an der Zukunft."

„Natürlich darf man auch mal hinfallen im Leben. Aber niemals liegen bleiben."

„Der Vorgesetzte kann Mitarbeiter nur entwickeln, indem er ihnen verantwortliche Arbeiten übergibt, er kann ihre Selbstständigkeit nur fördern, wenn er ihnen Entscheidungsraum gibt."

„Leitende müssen sich entscheiden können und sollen nicht durch Dauersitzungen und ellenlange Exposees einen Schutzwall aufbauen. Solchen Leuten leuchtet immer die Angst vor Entscheidungen aus den Augen."

„Das Glück kann einem zwar die Hand reichen, aber für den Erfolg muss man selber sorgen."

„Wir brauchen keine Kaufleute für 100 Prozent optimale Leistungen. Ich brauche Kaufleute mit Schneid. Vorgesetzte sollen nicht zu Buchhaltern herabsinken, die sich an jedem Pfennig festklammern, sondern sollen die Geschicke der Firma leiten und daher etwas unternehmen – unternehmerisch sein."

„Jede Firma hat einen Charakter. Wenn der verloren geht, verschwindet auch der Erfolg."

„Derjenige, der glaubt, sein Ansehen und sein Gehalt wüchsen, wenn er Personal hortet, also mehr Leute unter sich hat, der irrt gewaltig, denn gerade das Gegenteil ist der Fall. Nicht die größere Belegschaftsstärke eines Ressorts ist entscheidend, sondern die größere Leistung. Die aber wird erreicht und gehalten durch Rationalisierung der Arbeit und Durchdenken der Arbeitsabläufe des Bereiches hinsichtlich Leistungsfähigkeit von heute und der ganz anderen Leistungserfordernis von morgen."

„Ich bin kein typischer Liberaler, aber ich bin progressiv."

„Wenn ich nachts durch den Betrieb gehen und entdecken würde, dass der Geldschrank offen steht und in ihm eine Million DM liegen, werde ich am nächsten Tag monieren, dass so etwas nicht wieder vorkommen sollte. Das gäbe einen kleinen Ärger, bedeutet aber keine Katastrophe. Aber wenn ich erleben sollte, dass man unsere Kundschaft schlecht behandelt, in der ein Wert von 50 oder 100 Millionen steckt, könnte man bei mir kein Verständnis finden."

„Menschen sind mir wichtiger als Bilanzen."

„Einen Menschen zu enttäuschen, sein Vertrauen zu verlieren, ist schlimmer als ein Umsatzverlust. Den materiellen Verlust kann man durch Tüchtigkeit ausgleichen, der immaterielle Schaden ist nie wieder gutzumachen."

„Man kann nicht immer nur an der Rechenmaschine sitzen."

„Bescheiden bin ich gar nicht, aber ich mache eben nicht so einen Rummel wie die anderen."

Werner Ottos Weisheiten

„Fehler wachsen wie Unkraut aus allen Fugen. Darüber braucht man sich gar nicht aufzuregen, man kann sachlich darüber reden. Ein Unternehmen ohne Fehler gibt es nicht – ein Handeln ohne Fehler gibt es auch nicht. Das ist ein ganz natürlicher Vorgang."

„Die Shareholder-Value-Ideologie ist eine Pervertierung der sozialen Marktwirtschaft. Damit rutschen wir wieder in den Frühkapitalismus hinein."

„Die Bürokratie baut sich ständig von alleine auf; da wird getüftelt, werden unnötige Exposees erstellt, Sitzungen angeordnet, bei denen immer viele eingeladen sind, dabei wird um des Kaisers Bart gestritten. Dabei vergisst man den Kunden. Der Kunde aber ist der Maßstab aller Dinge. Wenn man den Kunden nicht kennt, hilft einem keine noch so aufwendige Analyse oder Statistik."

„Nur ein entferntes Ziel zwingt dazu, einen geraden Weg zu gehen. Wenn die Ziele zu dicht vor den Augen liegen, entsteht ein Zickzackweg. Das bedeutet, dass man eine viel längere Strecke zur Erreichung des gesteckten Zieles zurücklegen muss."

„Mich reizt nicht der Besitz. Mir fehlt das Bedürfnis nach einer Repräsentationskulisse."

„Wir sind zu bedächtig, zu vorsichtig, vielleicht auch zu pingelig. Die Amerikaner sind unwahrscheinlich optimistisch, nehmen alles leichter. Die Menschen lieben den Erfolg, auch wenn sie ihn nicht selber haben."

„Ich habe mich oft gefragt, warum gerade unser Versandhausunternehmen sich so gut entwickelt hat; in anderen Firmen wird auch fleißig gearbeitet. Ich glaube, es ist unsere innere Bereitschaft, für den Kunden wirklich das Beste zu tun, das Bemühen, selbst dem Mann am Fließband oder an der Elektronik klar zu machen, dass hinter jedem Auftrag ein Mensch mit seinen Wünschen und Hoffnungen steht."

„Eine Entscheidung wird nicht besser, wenn man sich zigmal zusammensetzt. Sie wird nur teurer."

„Ich schätze meine Kunden und bin der Ansicht, den Menschen, die mir ihr Geld bringen, die mir ihr Vertrauen schenken und die sich auf mich verlassen, muss ich auch entsprechend gegenübertreten; ich darf sie nicht enttäuschen. Es ist mir unverständlich, mit welcher Arroganz in manchen Geschäften die Inhaber dem Kunden gegenüber auftreten – so als sei es eine Gnade, dass der Kunde bei ihnen kaufen darf."

„Wir brauchen ein gesundes Gleichgewicht zwischen Stabsstellendenken und kaufmännischem Unternehmerdenken."

„Es ist unzweifelhaft, dass im Wirtschaftsleben eine Menge Ethik stecken muss. Es geht nicht um das reine Geldverdienen. Ich vertrete nachdrücklich die Ansicht, dass der Unternehmer eine Aufgabe zu erfüllen hat, dass er Freude an dieser Aufgabe haben und von dieser Aufgabe besessen sein muss. Wenn dann alles nach Plan läuft und funktioniert, ergibt sich automatisch der Gewinn."

„Zum guten Verkaufen gehören nur wenige Grundsätze. Außerdem gilt es, eine Einstellung zu besitzen, die sich nicht erlernen lässt: ein inneres Engagement für den Kunden. In manchen Einzelhandelsgeschäften vermisst man es. Ich glaube, einen guten Instinkt dafür zu haben, und prophezeite oftmals Geschäften aufgrund ihrer unzureichenden Bedienung ein baldiges Ende. Es ist dann fast immer eingetreten."

„Oft genug scheitern Unternehmer, die ihre Tätigkeit in erster Linie auf den Gewinn ausrichten, weil sie letzten Endes ihrem Unternehmen nicht die tragende Säule gegeben haben, die darin besteht, eine Grundsatzmoral zu haben, grundsätzlich bestimmte Auffassungen zu vertreten, sich an sie zu halten und sich von ihnen auch leiten zu lassen."

„Das einzelne Vorstandsmitglied muss mit seinen Entscheidungen bis an die Front einwirken können; sonst geht die Flexibilität verloren. Trotz Delegation und Selbstständigwerden der unteren Führungsgremien darf die Spitze nicht im Elfenbeinturm sitzen."

„Der Lebenswert muss dem Marktwert vorangestellt werden."

Werner Ottos Weisheiten

„Die gute Führung und Zusammenarbeit in einem Unternehmen ist die Basis des Erfolges. (…) Risikofreude, Beweglichkeit und Lernbereitschaft sind ganz wesentliche Faktoren, um in einem hart umkämpften Markt Anteile zu erobern und auszubauen."

„Die Marktforschung ist nicht dazu da, um uns selbst zu beweihräuchern und um uns ein ‚sanftes Ruhekissen' zu verschaffen, sondern sie muss kritisch sein und muss treibend wirken, sonst brauchen wir die Kosten für die Marktforschung nicht auszugeben."

„Bürokratische Gängelei erstickt den Pioniergeist."

„Wenn man bedenkt, dass Menschen im Betrieb die meiste Zeit ihres Tages verbringen, ihr gesamtes Berufsleben auf den Betrieb abgestellt haben! Wenn man beobachtet, welchen Loslösungsprozess ein Mitarbeiter durchmacht, der in Pension geht! Es ist, als wenn er einen Teil seines Lebens zurücklässt. Damit weiß man um die große Verpflichtung, die man als Unternehmer den Mitarbeitern gegenüber hat."

„Die große Krise ist wahrscheinlich lebensnotwendig. Die Menschen werden wieder Respekt vor Fleiß und Einsatz bekommen müssen."

„Dass die Umweltverhältnisse in manchen Ländern noch schlimmer sind, befreit uns nicht von der Verpflichtung, die wir für unseren Lebensraum tragen, in dem unsere Nachkommen auch noch ein lebenswertes Leben führen wollen."

„Der Erfolg eines Unternehmens ist auf die Leistung und Dynamik von Menschen zurückzuführen, aber diese können nur positiv wirken, wenn sie die entsprechende Organisation und das dazugehörige Arbeitsklima haben."

„Umsatzdenken muss vor Kostendenken gehen."

„Zur sozialen Marktwirtschaft zähle ich nicht nur das gesellschaftliche Engagement, beispielsweise in Form von Spenden für wohltätige Zwecke. Sie beginnt bereits, wenn ein kleiner Unternehmer in wirtschaftlich schwieriger Zeit versucht, sich und seine Mitarbeiter über Wasser zu halten. Und dazu

gehört auch, wenn ein erfolgreicher Unternehmer Überschüsse reinvestiert, anstatt sie dem Unternehmen zu entziehen."

„Die Menschen werden heute nicht mehr so gefordert wie früher. Das gibt ihnen vielleicht zu viel Raum nachzudenken und zu zweifeln."

„Wer führen will, muss Autorität ausüben. Das kann nur der, der von seiner Aufgabe überzeugt ist und andere überzeugen kann; der aus seiner Überzeugung heraus gerecht urteilt und der von seiner Persönlichkeit her selbstsicher ist und den Mut besitzt, ein gerechtes Urteil schnell in Entscheidungen umzusetzen."

„Nicht nur an Umsatzzahlen und Produktionsziffern wird der moderne Unternehmer gemessen, sondern immer mehr auch daran, was er aus sozialer Verantwortung heraus bereit ist, für die Gesellschaft zu tun."

„Mut und Entscheidungsfähigkeit bestimmen das Schicksal."

„Wer die Begeisterungsfähigkeit und den Gestaltungswillen mitbringt, der sollte sich selbstständig machen. Er hat als Unternehmer – gleich dem Künstler – allen anderen Berufen eines voraus: die Freiheit der Gestaltung."

„Expansion ist nur möglich, wenn man Maß halten kann. Wenn es mal brenzlig wird, muss man noch bremsen können. Das ist man auch den Mitarbeitern schuldig."

„Man muss Körper und Geist trainieren. Wenn man das nicht tut, keine neuen Aufgaben vor sich hat, dann verliert man."

„Da ist zum Beispiel die Fairness gegenüber unseren alten Mitarbeitern. Den Mitarbeitern, die neu bei uns sind, möchte ich sagen, dass ich darauf ganz besonderen Wert lege. Wir haben keine Pfründe für die alten Mitarbeiter. Ich muss Ihnen aber sagen, der Geist, der in diesem Unternehmen steckt, wird zum großen Teil durch diese Mitarbeiter getragen."

Ehre, wem Ehre gebührt

„Panta rhei – alles fließt"

Werner Otto ist im Laufe seines Lebens immer wieder geehrt und gefeiert worden. Mal wurden ihm Orden und Titel verliehen, mal zollten ihm Politiker anlässlich runder Geburtstage Respekt und Anerkennung. Otto hat das alles mit derselben Freude und dem wachsamen Interesse registriert, mit dem er seinen Geschäften nachgegangen ist, aber die beinahe unzähligen Auszeichnungen in Wort und Tat haben ihn nie hochmütig werden lassen. Kurze, herzliche Reden haben ihm immer gutgetan, zum Beispiel, wenn die Menschen aus Seelow oder Potsdam den Wohltäter direkt ansprachen, und es hat ihm auch gefallen, wenn in die lobenden Worte zu seinem Lebenswerk die Verdienste seiner Mitarbeiter mit einbezogen wurden. Manche andere Laudatio ließ er – bei allem Respekt für den Laudatoren – eher gleichmütig über sich ergehen. Symptomatisch ist, was das Ehepaar Otto anlässlich der Verleihung der Ernst-Reuter-Plakette am Rande der Feierstunde verriet. Die Plakette werde in einer Vitrine untergebracht, in der schon andere wichtige Dinge einen Platz gefunden hätten – zum Beispiel die ersten Zeichnungen ihrer Kinder.

Als Werner Otto im Jahr 2002 mit dem Preis „Soziale Marktwirtschaft" der Konrad-Adenauer-Stiftung geehrt wurde, erinnerte die damalige CDU-Fraktionsvorsitzende Angela Merkel in ihrer Laudatio an die ungeheure Leistung Werner Ottos während der Gründungsjahre der jungen Bundesrepublik. „Aufbruchstimmung und Offenheit für das Neue, verantwortete Freiheit und Selbstständigkeit, Leistungsbereitschaft und Risikoübernahme, Hilfe für Arme und solidarische Unterstützung, betriebliche Partnerschaft und Zutrauen zu den Kräften der Menschen in Handwerk, Industrieunternehmen und Dienstleistungsbetrieben waren mentale Stützpfeiler der sozialen Marktwirtschaft", so Merkel. „Das Entwickeln von Zielen und Visionen, das Eingehen von Wagnis und Risiko,

Werner Otto (mit Angela Merkel) erhält im Jahr 2002 den Preis Soziale Marktwirtschaft der Konrad-Adenauer-Stiftung.

Der spätere Bundespräsident Horst Köhler gratuliert.

Freude am Wettbewerb wie an der Kooperation, Neugier und Entdeckerlust, Fleiß und Anstand, Übernahme von Eigenverantwortung und Mitverantwortung, Einsatzbereitschaft und freiwilliges Engagement – all das entsteht nicht von selbst, sondern muss initiiert, gefördert und ermuntert werden." Und in der Begründung der Jury hieß es: „Als genialer Unternehmer der ersten Stunde hat Prof. Dr. Werner Otto mit visionärer Kraft und ausgeprägtem Erfindungsreichtum eindrucksvolle, nachhaltige unternehmerische Leistungen vollbracht, unter anderem durch den Aufbau eines Unternehmens von Weltgeltung, das auch heute noch von der Gründerfamilie entscheidend geprägt wird. Weitsicht, Optimismus, Verantwortungsbereitschaft, Fairness und Partnerschaft kennzeichnen eine herausragende Erfolgsgeschichte. Prof. Dr. Werner Otto hat das sozial verpflichtete Unternehmen gelebt und als Mäzen wertvolle Dienste für die Gemeinschaft erbracht. Sein Werk steht im Geiste der sozialen Marktwirtschaft. Er ist Vorbild und Ansporn für die heutige Generation."

Altbundeskanzler Helmut Kohl schrieb anlässlich des 90. Geburtstages von Werner Otto: „Als Unternehmer der Aufbaugeneration nach dem Zweiten Weltkrieg war er am deutschen ‚Wirtschaftswunder' – das in Wahrheit die Frucht gemeinsamer Anstrengungen vieler war – unmittelbar beteiligt. Mit großem persönlichem Einsatz hat er sich nach dem Fall der Mauer und der Wiedervereinigung Deutschlands für den Aufbau Ost engagiert; auch hier hat er sich um eine gute Zukunft unseres Landes verdient gemacht." Bei zahlreichen Begegnungen während vieler Jahre, so Kohl, habe ihn immer wieder Werner Ottos beispielhafter Einsatz über das unternehmerische Tätigkeitsfeld hinaus beeindruckt. „Wirtschaftlicher Erfolg und gesellschaftliche Verpflichtung waren für Werner Otto stets zwei Seiten derselben Medaille", so Kohls Erkenntnis.

In Hamburg, wo man Werner Otto gelegentlich auch als „wichtigsten Steuerzahler der Stadt" bezeichnete, haben ihn die dazu Berufenen naturgemäß mit besonderer Herzlichkeit gewürdigt. Als Werner Otto 75 Jahre alt wurde, erinnerte der damalige Bürgermeister Klaus von Dohnanyi an den grandiosen Unternehmer und den Menschenfreund gleichermaßen, indem er unter anderem schrieb: „Als Begründer und Leiter Ihres weltweiten Unternehmens sind Sie zu einem der führenden Wirtschaftler der Bundesrepublik geworden. Durch Ihre Stiftungen konnten medizinisch und wissenschaftlich hervorragende Leistungen erbracht werden; es wurden international anerkannte Erfolge erzielt."

Zu Werner Ottos 90. Geburtstag zog Dohnanyis Nachfolger, der Hamburger Bürgermeister Henning Voscherau, launig eine historische Parallele zum Reich der Ottonen: „In unserer Zeit, vor 50 Jahren, war es wieder der erste Otto, Begründer einer gleichnamigen Dynastie, der nach verheerenden kriegerischen Zerstörungen Visionen und Gründermut aufbrachte. Doch war der Aufschwung nicht zaghaft, sondern stürmisch." Voscherau fuhr fort: „Werner Otto hat durch Wagemut und Tüchtigkeit, verbunden mit einer untrüglichen ‚Nase' für Zukunftstrends, mit Gespür für die Welt von morgen gleich zweimal einen Beitrag zum Wiederaufstieg Hamburgs aus Ruinen geschaffen, wie dies den Besten seiner und früherer Generationen nur selten gelungen ist: durch die Gründung des Otto Versands 1949 und die Gründung der ECE 1965."

1999

Als der Otto Versand 1999 seinen 50. Geburtstag in Hamburg mit einer großen Gala feierte, sagte der damalige Bundeskanzler Gerhard Schröder, der Otto-Konzern werde geführt „durch ein aufgeklärtes Unternehmertum in bester Familientradition". Der Erfolg des Unternehmens sei zudem „ein guter Beleg dafür, dass Deutschland schon längst keine Dienstleistungswüste mehr ist", so Schröder. Der damalige Hamburger Bürgermeister Ortwin Runde erinnerte an Werner Ottos Wahlspruch „Panta rhei – alles fließt", um dann festzuhalten: „Werner Otto hat es verstanden, diese Erkenntnis mit Leben zu füllen. Den steten Wandel nicht als Gefahr, sondern als Herausforderung zu begreifen, und dieser Herausforderung mit Übersicht und Weitblick entgegenzutreten." Mit Blick auf die ungeheure Lebensleistung des Unternehmers sagte Runde weiter: „Nicht nur eine zündende Idee, wohl und vor allem aber Kreativität, Pioniergeist und Mut bestimmten den

Februar 1999: Werner Otto wird im Hamburger Rathaus vom Senat mit dem Ehrentitel Professor geehrt. Mit ihm freuen sich die Söhne Alexander (2. v. l.) und Michael (r.).

Aufstieg vom kleinen Schuhversand zum Weltkonzern." Im selben Jahr war Otto vom Hamburger Senat der Ehrentitel Professor verliehen worden. „Ich danke Ihnen im Namen des Senats für Ihr soziales Engagement", so Wissenschaftssenatorin Krista Sager in ihrer Laudatio, „Sie haben Hamburg in hervorragender Weise unterstützt. Ich möchte Dank aussprechen für Ihr Engagement – für leidende Menschen, gerade auch für kranke Kinder."

Hamburgs Bürgermeister Ole von Beust, der Nachfolger Ortwin Rundes, erinnerte aus Anlass des 95. Geburtstages von Werner Otto noch einmal daran, dass es von jeher zum Selbstverständnis der Hamburger Bürgerrepublik gehört habe, Verantwortung für das Gemeinwesen zu übernehmen. „Hier haben Persönlichkeiten wie Werner Otto Maßstäbe gesetzt", bilanzierte von Beust. „Kaum eine Person, kaum eine Familie nimmt sowohl hanseatische Tradition als auch Unternehmensverantwortung so ernst wie Werner Otto, wie die Hamburger Unternehmerfamilie Otto." Von Beusts Erkenntnis beim Blick auf Werner Ottos Lebensleistung: „Werner Otto hat als einer der erfolgreichsten Unternehmer Deutschlands maßgeblich die Wirtschaft und Unternehmenskultur in diesem Land geprägt. Geleitet haben ihn dabei seine wirtschaftliche Unabhängigkeit, sein Mut und seine Überzeugung. Als Mäzen folgt Werner Otto ebenfalls diesen Prinzipien. Und beweist, dass unternehmerischer Erfolg soziale Verantwortung fordert. Und dass es Zeichen eines bürgerlichen Selbstverständnisses ist, dieser Verpflichtung verantwortungsvoll und gern zu entsprechen."

Ehre, wem Ehre gebührt

Als Werner Otto im Jahr 2005 vom Hamburger Senat mit dessen höchster Auszeichnung, der Bürgermeister-Stolten-Medaille, geehrt wurde, sagte von Beust: „Prof. Werner Ottos herausragende Verdienste um Staat und Politik sind dieser hohen Auszeichnung würdig. Als Unternehmer wie auch als Mäzen bleibt sein Lebenswerk eng verbunden mit der enormen, von Hamburg ausgehenden nationalen und internationalen Ausstrahlung." Zur Verleihung der Medaille war der Bürgermeister extra in die Hamburger Landesvertretung nach Berlin gereist – eigentlich ein unübliches Verfahren, aber im Fall Werner Otto wurde natürlich eine Ausnahme gemacht, wie von Beust betonte. Vor hochrangigen Gästen, darunter Altbundespräsident Johannes Rau, erinnerte Ole von Beust auch noch einmal an Ottos unternehmerische Anfänge. „Ihr Lebenswerk steht für eine Generation, die viel durchgemacht hat und der der Wohlstand nicht in den Schoß gefallen ist", so der Bürgermeister. Das von Werner Otto gegründete Unternehmen habe längst Weltgeltung erlangt. „Einziger Wermutstropfen", so von Beust scherzhaft, „Sie sind kein Hamburger."

Auch Werner Ottos Einsatz für die Region, in der er seine Kindheit verbracht hatte und die für ihn stets die eigentliche Heimat geblieben war, erwiderte man mit dankbarer Anerkennung.

Im August 2006 wurde er mit dem Verdienstorden des Landes Brandenburg geehrt. „Sie haben sich um das Gemeinwohl verdient gemacht", so Ministerpräsident Matthias Platzeck bei der Verleihung, „es ist mir eine Herzensangelegenheit, Ihnen heute dafür zu danken." Bei der Jahrestagung des Kulturkreises der deutschen Wirtschaft hatte Platzeck bereits drei Jahre zuvor gesagt: „Werner Otto hat sich mit seinem rastlosen, großzügigen Einsatz um das Land Brandenburg verdient gemacht. Er hat sich in die Geschichtsbücher der Stadt Potsdam eingeschrieben."

Werner und Michael Otto erhalten im September 2006 den Deutschen Gründerpreis.

Und noch eine Ehrung: Im September 2006 erhielten Werner Otto und sein Sohn Michael gemeinsam den Deutschen Gründerpreis in der Kategorie Lebenswerk – verliehen von einem Konsortium, dem unter anderem das ZDF und das Magazin „stern" angehören. „Leidenschaft für das, was man tut – für Prof. Dr. Werner Otto und seinen Sohn Dr. Michael Otto ist das der Schlüssel zum Erfolg", begründete die Jury ihre Entscheidung. Und weiter: „Permanente Innovation, strikte Kundenorientierung und

Top-Qualität halten das Hamburger Familienunternehmen seit über 50 Jahren auf Erfolgskurs. Den oft problematischen Generationswechsel in den kurz nach dem Krieg gegründeten Firmen hat Otto mühelos bewältigt. Und die nächste Generation steht schon bereit." Diese „Kontinuität und die weit überdurchschnittlichen unternehmerischen Erfolge" hatten die hochkarätige Gründerpreis-Jury überzeugt. Michael Otto erwiderte die Worte von Laudator Florian Langenscheidt auch im Namen seines 97-jährigen Vaters. Vor 350 Gästen im ZDF-Hauptstadtstudio sagte er unter anderem: „Jede Zeit ist eine Gründerzeit. Wenn man eine gute Idee hat und Energie und Mut, dann sollte man gründen."

Drei Jahre zuvor hatte der Regierende Bürgermeister von Berlin, Klaus Wowereit, bei der Verleihung der Ernst-Reuter-Plakette an Werner Otto unter anderem gesagt, der Geehrte habe sich große Verdienste um die Kulturlandschaft Berlins erworben. Die Verleihung erfolge „für sein Mäzenatentum, sein soziales Engagement und für sein damit verbundenes Lebenswerk".

Alexander Otto (l.) nimmt bei der CEE Real Estate Award Gala in Warschau im Februar 2009 den Lifetime Achievement Award für seinen Vater entgegen.

Als Werner und Maren Otto im Juni 2008 in Gegenwart von Bundespräsident Horst Köhler den James-Simon-Preis entgegennahmen, unterstrich der Vorsitzende der James-Simon-Stiftung, Peter Raue, ihr „vorbildliches soziales und kulturelles Engagement". Und als Werner Otto im Februar 2009 auf der CEE Real Estate Award Gala in Warschau den Lifetime Achievement Award erhielt, den sein Sohn Alexander stellvertretend entgegennahm, wurde damit explizit „sein bedeutsamer Beitrag zum Immobilienmarkt in Mittel- und Osteuropa" gewürdigt.

Ehre, wem Ehre gebührt, aber erinnert sei auch an einen Satz von Matthias Platzeck, der 2004 in einer Rede schlicht, aber treffend befand: „So wie ich Herrn Dr. Otto kennen gelernt habe, muss Dank nicht mit Orden und Preisen ausgedrückt werden." Gerade dieser Satz dürfte Werner Ottos Geschmack besonders getroffen haben.

Der 100. Geburtstag

„Mit Stolz können Sie auf ein beispielloses Lebenswerk blicken“
Angela Merkel

Der 100. Geburtstag eines großen Mannes ist ja schon an sich ein Ereignis. Doch Werner Otto nutzte seinen Ehrentag auch dazu, ein weiteres Mal mit gutem Beispiel und guter Tat voranzugehen.

Bereits am 11. August schaute das ganze Land nach Berlin. An diesem Tag stand Werner Otto im Mittelpunkt, alle Fernseh- und Radiosender berichteten über ihn. Noch zwei Tage bis zu seinem Ehrentag, aber es gab schon jede Menge Vorfreude, jede Menge gute Nachrichten vorab. Es ist in gewisser Weise typisch für Werner Otto und Maren Otto, dass sie sich anlässlich des runden Geburtstags etwas schenkten, das anderen zugute kommen soll: Bei einer Pressekonferenz im Werner-Otto-Saal des Berliner Konzerthauses stellte Maren Otto die frisch gegründete „Werner und Maren Otto-Stiftung“ vor, die alte und bedürftige Menschen in Berlin und Brandenburg unterstützen wird. Die neue Stiftung sei auch ein Zeichen der Dankbarkeit dafür, dass ihrem Mann das große Glück vergönnt sei, gesund zu bleiben und in der Familie alt zu werden, so Maren Otto. Bei dieser Gelegenheit verriet sie einiges aus dem gemeinsamen Alltag, zum Beispiel, dass sie mit ihrem Mann abends regelmäßig Karten spielt und er dazu ein Glas Baileys trinkt. Auch lasse sich Werner Otto täglich – oft auch zweimal – in die Stadt oder in die Umgebung fahren, wobei er nach wie vor gerne in einer Gaststätte einkehre. Er bevorzuge dabei die herzhafte Berliner Küche, wie zum Beispiel gebratene Leber mit Zwiebeln. Seine Leibspeise sei Crème Caramel, die es zweimal täglich geben müsse.

Am Nachmittag desselben Tages wurde Werner Otto im Wappensaal des Roten Rathauses zum 116. Ehrenbürger seiner Heimatstadt ernannt. Der Berliner Senat würdigte damit seinen vielfältigen Einsatz – unter anderem unterstützt Otto in Berlin das Jüdische Museum und die Stiftung Neue

Berlins Regierender Bürgermeister Klaus Wowereit (r.) verleiht Werner Otto in Anwesenheit seiner Söhne Michael (M.) und Alexander (l.) die Berliner Ehrenbürgerwürde. Mit dabei: Martina Michels vom Präsidium des Abgeordnetenhauses.

Synagoge Berlin, außerdem hatte er das Werner Otto Haus in Neukölln gestiftet. Der Regierende Bürgermeister Klaus Wowereit, seit Jahren ein Freund der Familie, sagte in seiner Laudatio: „Es gibt nur wenige Menschen, in denen sich unsere jüngere Geschichte so klar spiegelt wie in dem Mann, der seit zehn Jahren – wieder – seinen Lebensmittelpunkt in Berlin hat." Es sei ein großes Glück, dass Werner Otto ein Bürger Berlins genannt werden dürfe. „Sie nehmen am Leben der Hauptstadt teil, lassen sich durch die Vielfalt der Begegnungen inspirieren und leisten unendlich viel für unsere Stadt." Ottos Vita könne man als „ein Leben in gesellschaftlicher Verantwortung" lesen. Werner Ottos am Menschen orientierte Unternehmensführung sei immer vorbildlich gewesen, so Wowereit. Alexander Otto erwiderte die Worte Wowereits stellvertretend für den Vater und sagte unter anderem: „Das Herz meines Vaters gehört Berlin. Er hat hier seine schönsten Jugendjahre verbracht und seine Zuneigung ist nie verloren gegangen." Werner Otto hatte die Zeremonie ruhig, aber aufmerksam verfolgt, beim anschließenden Empfang im Säulensaal des Roten Rathauses sah man ihn bei Kaffee und Kuchen mit den zahlreichen Gästen plaudern.

Das gesellschaftliche Ereignis ging dann am eigentlichen Jubiläumstag, dem 13. August, über die Bühne. Unter dem Motto „100 Jahre, 100 Gäste" hatten Werner und Maren Otto zum mittäglichen Empfang in ihr Haus im Grunewald geladen. Allerdings musste diese Gästezahl schon im Vorfeld leicht geändert werden, weil neben der Familie auch etliche Freunde des Jubilars dabei sein wollten. Trotz aller nötigen Sicherheitsvorkehrungen wollten die Ottos den Umbau ihres Hauses zu einer unpersönlichen Festung in jedem Fall vermeiden, so hatten sie vorab klargestellt. Auch die Nachbarn und andere Anwohner sollten von dem Trubel nicht in Mitleidenschaft gezogen werden, was dank der festlichen, aber zugleich diskreten Ausgestaltung auch gelang. Der Geburtstagsabend klang dann im Familienkreis aus.

Katharina Otto-Bernstein würdigte ihren Vater mit einer sehr persönlichen, bewegenden Rede, die aber auch voller Humor war. Das Besondere: Sie hatte alle Otto-Kinder befragt, wie jeder für sich genommen den Vater wahrgenommen hätte und was das jeweils Spezifische sei. Alle diese Antworten waren, neben zahlreichen Anekdoten, in die Rede eingeflossen. Eine Geschichte, über die auch Werner Otto herzhaft lachen musste, drehte sich um Ottos Vorliebe, auf Reisen stets stundenlang Einkaufscenter zu besichtigen. Als die Kinder einmal dagegen protestierten, habe er gesagt: „Seid doch froh, dass ich nicht in Kohlebergwerke investiert habe."

Nicht zu überbieten war das Geschenk, das sich Maren Otto für ihren Mann ausgedacht hatte: Der von ihm sehr geschätzte Künstler André Rieu trat mit seinem Ensemble im Garten auf und unterhielt den Jubilar und seine Gäste mit teils schmissiger, teils gefühlvoller Musik. Insider wissen, dass Rieu normalerweise nie für private Veranstaltungen zu haben ist, aber für die Ottos machte er eine Ausnahme. Werner Otto zeigte sich von dem Geschenk begeistert: Streckenweise schunkelte er sogar mit seinen Platznachbarn.

Neben allen fünf Kindern und sämtlichen Enkelkindern hatten unter anderem Bundespräsident Horst Köhler mit seiner Frau Eva Luise, Bundeskanzlerin Angela Merkel, Bürgermeister Klaus Wowereit und Brandenburgs Ministerpräsident Matthias Platzeck zugesagt. Die Ex-Ministerpräsidenten Kurt Biedenkopf und Manfred Stolpe waren ebenso mit dabei wie zahlreiche Berliner Prominente. Altbundeskanzler Helmut Schmidt musste wegen einer hartnäckigen Erkrankung absagen, hatte seinem Duzfreund Werner Otto aber einen langen, persönlichen Brief zukommen lassen, der von Maren Otto verlesen wurde. Darin schrieb Schmidt unter anderem, er verbeuge sich voller Respekt vor Ottos Lebenswerk.

Angela Merkel sprach Otto persönlich Dank und Anerkennung aus. Er habe vielen Menschen in Deutschland Ausbildungs- und Arbeitsplätze geboten, vielen Menschen geholfen. „Ihr Unternehmertum empfanden Sie stets auch als soziale Verpflichtung und gesellschaftspolitische Aufgabe", so Merkel, „mit Stolz können Sie auf ein beispielloses Lebenswerk blicken."

Hamburger Abendblatt

Milliardär, Mäzen, Menschenfreund

Werner Otto, einer der großen deutschen Unternehmer, wird morgen 100 Jahre alt. In Berlin wurde er gestern zum Ehrenbürger ernannt. Porträt eines außergewöhnlichen Mannes von *Barbara Möller*

Die Klavierstunden sind kein Erfolg. Nach einem Jahr teilt der Lehrer den Eltern mit, der Sohn habe keinerlei Fortschritte gemacht. Danach ist Schluss mit der Quälerei. Latein und Griechisch sind dem Jungen auch ein Gräuel. „Diesen Mist", sagt er sich bockig, „brauchst du nie wieder!" Er träumt nämlich davon, Schriftsteller zu werden. Flaubert und Balzac sind seine

EIN KATALOG UND SEINE GESCHICHTE

Am 17. August 1949 meldet Werner Otto in Hamburg sein Gewerbe an. 1950 erscheint der erste Otto-Katalog: 300 Exemplare, 14 Seiten, handgebunden mit eingeklebten Fotos.

1957 ist der Katalog 150 Seiten stark

Zeitgenossen über Werner Otto

„Er hat eine gewisse Genialität"
Maren Otto

„Werner Otto ist nicht nur eine der bedeutendsten Unternehmerpersönlichkeiten der deutschen Nachkriegsgeschichte, sondern auch ein beeindruckendes Vorbild für viele Menschen – und ganz besonders für uns."
Michael und Alexander Otto

„Werner Otto bündelt in seiner Person die hellen Seiten der jüngeren deutschen Geschichte."
Altbundeskanzler Helmut Schmidt

„Die Wirtschaft braucht heute wieder dieselben Typen wie die Ottos."
Lothar Späth, ehemaliger Ministerpräsident Baden-Württembergs

*„Er blickt immer in die Zukunft, hat einen Spürsinn für neue Dinge.
Er hat eine gewisse Genialität."*
Maren Otto

„Werner Otto – das ist für mich Lust auf kalkuliertes Experiment unter Vermeidung großer Worte, großer Gesten, großer Gefühle – ein schnörkelloser, zielstrebiger Mann."
Helmut Schmidt

„Sein Einsatz sorgt dafür, dass die Gesellschaft nicht entmenschlicht wird."
Manfred Stolpe, ehemaliger Bundesbauminister

„Der Mann kann einfach nicht still sitzen."
Helmut Schmidt

„Werner Otto ist ein Mann, der wie kein anderer nach dem Krieg die soziale Marktwirtschaft umgesetzt hat."

Kurt Biedenkopf, langjähriger sächsischer Ministerpräsident

„Er verbindet Bescheidenheit mit kaufmännischer Genialität."

Karl Klasen, ehemaliger Bundesbankpräsident, Vertrauter Werner Ottos

„Für Werner Otto hat immer sein unternehmerisches Werk im Vordergrund gestanden, nie seine Person. Als sein größtes Glück neben Familie und Gesundheit sieht er die schöpferische Gestaltungsmöglichkeit des selbstständigen Unternehmers. (…) Es entspricht dem Naturell Werner Ottos, seinen Blick stets in die Zukunft zu richten und in großen Zusammenhängen zu denken."

Aus der Begründung der Jury für den Preis Soziale Marktwirtschaft der Konrad-Adenauer-Stiftung

„Werner Otto wusste die besten Seiten preußischer Tugenden und hanseatisches Kaufmannsgeschick aufs Glücklichste in seiner Person zu vereinen – und auf sein Unternehmen zu übertragen."

Hamburgs damaliger Bürgermeister Ortwin Runde, zum 50. Firmenjubiläum des Otto Versands

„Schönes zu erhalten und Sinnvolles zu fördern, das ist das Anliegen von Menschen wie Werner Otto."

Matthias Platzeck, Ministerpräsident von Brandenburg

„Sie haben nicht nur vielen leidenden Mitmenschen geholfen und dem wissenschaftlichen Fortschritt unschätzbare Hilfe gewährt, sondern durch Ihren Einsatz ein leuchtendes Beispiel gegeben. Wir alle sind Ihnen zu großem Dank verpflichtet."

Klaus von Dohnanyi, Hamburgs damaliger Bürgermeister, zum 75. Geburtstag Werner Ottos

Zeitgenossen über Werner Otto

„Er hat Fantasie. Er sieht hinter den Horizont. Er hat die Nase für die Zukunft. Er ist nicht nur begabt, sondern fleißig und von ungeheurer Disziplin. Er verlangt von anderen nichts, was er nicht selber leistet."

Rainer Barzel, ehemaliger CDU-Fraktionschef,
Bundestagspräsident, Vertrauter Werner Ottos

„Nehmen wir uns einfach ein Beispiel an Leben, Leistung, Maßstäben und Gemeinsinn dieses Jubilars, eines großen Mannes."

Hamburgs damaliger Bürgermeister Henning Voscherau,
zum 90. Geburtstag Werner Ottos

„Werner Otto steht auch für die Stadt an sich. Er ist Großstädter aus Überzeugung und setzt sich für eine menschengerechte Stadtentwicklung ein."

Wolfgang Peiner, früherer Mitarbeiter Werner Ottos
und ehemaliger Finanzsenator Hamburgs

„Es hat den Unternehmer Werner Otto immer ausgezeichnet, neue Ideen aufzugreifen und zügig umzusetzen, aber auch Fehlentwicklungen schnell zu korrigieren und wieder aufzugeben."

Heinrich Kraft, langjähriger ECE-Geschäftsführer

„Er ist mit seinem Bürgersinn ein Musterbeispiel für den engagierten Hanseaten."

Ole von Beust, Erster Bürgermeister Hamburgs

„Was für ein Unternehmer! (...) Sein kleines, 1949 gegründetes Versandgeschäft hat er zur weltgrößten Versandgruppe entwickelt. Das ist staunenswert. Aber noch mehr zu bewundern ist sein soziales Engagement. Die Gründung von Stiftungen und Instituten, die Finanzierung eines Museumsbaus – ja, wenn alle Unternehmer so wären."

Marion Gräfin Dönhoff, Publizistin

Werner Ottos Unternehmerprinzipien

„Bringe jedes Problem auf einen einfachen Nenner"

Wer Werner Ottos Handlungsweisen verstehen und den Schlüssel zu seinem beispiellosen Erfolg finden will, muss sich mit seinen zwölf Unternehmerprinzipien vertraut machen. Wer sie sorgfältig durchgeht, kann mit jedem Punkt einen anderen Handlungsschritt im Unternehmerleben Werner Ottos finden. Die Prinzipien haben ihn während seines ganzen Lebens begleitet und sind dabei immer als Ganzes zum Einsatz gekommen. Allerdings bietet auch jedes Prinzip für sich genommen wertvolle Lebens- und Handlungsanleitungen, die sich auch heute noch jeder Unternehmer ins Stammbuch schreiben kann.

1. Erkenne dich selbst

Erkenne deine Fehler! Versuche, deinen Fehlern, also dir selbst, ins Gesicht zu sehen! Wir können uns nur in der Leistung steigern, wenn wir uns gründlich mit unseren Schwächen auseinandersetzen. Tüchtige, aktive Menschen machen die meisten Fehler; aber sie unterscheiden sich von den unfähigen dadurch, dass sie sich mit ihren Fehlern auseinandersetzen. Sie wandeln sie in Erfahrung um. Sie holen aus dem entstandenen Schaden wenigstens das Positive, das Erfahrungsgut für sich heraus. Nur wer Wissen sammelt, kann sein Können steigern.

Manche Menschen haben panische Angst, sich selbst erkennen zu wollen; ihr Selbstbewusstsein ist so schwach entwickelt, dass sie bei jedem Fehler eine Gegenposition beziehen. Sie wollen eigenes Versagen nicht wahrhaben, weil sie glauben, dann nicht mehr vor sich selbst bestehen zu können. Damit ist ihnen der Aufstieg verwehrt. Nur wer sich selbst an die Stirn klopfen und zu sich sagen kann: „Wie war es möglich, dass mir dieser Fehler passiert ist?", wird weiser. Wer es erreicht, durch Beobachtung das Fehlermaß bei seinen Handlungen zu reduzieren, ist erfolgreich. Harte Selbsterziehung und eine Portion Selbstironie sind für den Erfolg wichtig: Selbstzufriedenheit löst keinen Fortschrittswillen aus. Erkenne dich selbst – das bedeutet auch, die eigene Begabung und die eigenen Stärken zu erkennen. Wie viele ungenutzte Talente mag es geben! Nicht etwa, weil der Betreffende keine Chancen hatte. Oft liegt es daran, dass die Gelegenheit fehlte, sich selbst zu erkennen, sich mit anderen zu vergleichen. Einer meiner fähigsten Mitarbeiter saß als Verwaltungsleiter im Otto Versand. Die Verwaltungskarriere hatte ihm nie Gelegenheit gegeben, seine wahren Fähigkeiten zu erkennen. Ich erinnere mich, dass er wie ein eingesperrter Löwe in seinem Arbeitszimmer auf und ab ging. Seine Leistung in der Verwaltung war nur durchschnittlich. Aber als er in unserem jungen Grundstücksunternehmen eingesetzt wurde, zeigte sich seine wahre Begabung. Über Nacht wurde er ein Vollblutunternehmer, der mit Elan und klarem Blick für die Realitäten in wenigen Jahren unsere Shoppingcenter-Gruppe aufbaute.

2. Sich freiarbeiten

Es ist ein Erfolg, wenn es wieder gelingt, einen Bereich in tüchtige Hände zu übergeben. Ein Unternehmensleiter soll ständig darum bemüht sein, sich freizuarbeiten. Es gilt, die richtigen Mitarbeiter zu suchen, die ihm die Aufgaben abnehmen. In ein Ressort, das von einem Vorgesetzten gut geleitet wird, soll man sich nicht einmischen. Der Mitarbeiter, der dafür verantwortlich ist, wird manches anders machen, manches nicht so gut, dafür vieles wieder umso besser. Nur, wer sich freigearbeitet hat, verfügt über Zeit, sich kreativ neuen Aufgaben zu widmen, die für das Wachstum des Unternehmens wichtig sind. Als ich Anfang der 60er Jahre eine einigermaßen funktionierende Geschäftsführung aufgebaut hatte, verlegte ich mein Büro aus dem Otto Versand heraus, um die Fäden zu den Leitern der verschiedenen Ressorts abzuschneiden, zu denen ich vorher engsten Kontakt hatte, die immer wieder unter Umgehung der neuen Geschäftsführer versuchten, Entscheidungen direkt von mir zu bekommen.

In der Praxis sah das so aus: Ich traf im Fahrstuhl einen meiner alten Mitarbeiter. Er schilderte mir ein neues Projekt, das mir sehr sinnvoll erschien. Wenn ich ihm dann auf die Schulter klopfte und gutes Gelingen wünschte, erlebte ich eine Stunde später eine Überraschung. Der zuständige Geschäftsführer kam zu mir und beschwerte sich, dass ich schon wieder andere Anweisungen gegeben hätte. Dabei stellte sich dann heraus, dass das Projekt aus vernünftigen Gründen abgelehnt worden war, der Mitarbeiter es aber nicht aufgeben wollte und aufgrund des Kontaktes mit mir dem Geschäftsführer erklärt hatte, es sei mein Wunsch, dass dieses Projekt doch durchgeführt werde.

Diese Fälle ereigneten sich ständig, auf den verschiedensten Ebenen in allen möglichen Variationen; ich hatte ja vorher selbst sämtliche Fäden in der Hand gehabt und alles angewiesen. Die Überleitung meiner Funktion an die Geschäftsführung hätte einige Jahre Reibereien und Ärger gekostet. Es blieb mir nichts anderes übrig, als durch meinen Auszug den persönlichen Kontakt zu den alten Mitarbeitern abzuschneiden, damit die Geschäftsführung ungestört durch Eingriffe arbeiten konnte.

Als fünf Jahre später in Hamburg-Wandsbek ein neuer Verwaltungsbau bezogen wurde, war die Geschäftsführung schon so gut eingespielt und hatte die Fäden so fest in der Hand, dass ich mit meinem Büro wieder in das gemeinsame Gebäude ziehen konnte. Die räumliche Distanz vom Otto Versand hatte mich vom Tagesgeschäft freigemacht, so dass ich mich den großen Problemen widmen konnte, deren Lösung das Unternehmen nach vorne brachte. Ich verfügte jetzt über die Zeit, um eine erstklassige Mannschaft aufbauen zu können. Mit Abstand konnte ich die Leistung der einzelnen Führungskräfte viel besser beobachten.

3. Diskutiere und informiere

Kein Gedanke ist so gut, dass er nicht in einer Diskussion verbessert werden könnte. Manche Unternehmer sind gescheitert, weil sie überheblich waren und glaubten, alles besser zu wissen. Auch angeblich „unwichtige“ Leute gilt es in die Diskussion mit einzubeziehen. Man erlebt manchmal Wunder, welche hervorragenden Gedanken von Mitarbeitern aus dem dritten Glied entwickelt werden.

Im Jahr 1969 besichtigten wir ein Grundstück, auf welchem wir einen Verbrauchermarkt errichten wollten. Die Geschäftsführer unserer „Realkauf“-Kette trugen ihr Konzept vor. Es gab eine Diskussion zwischen ihnen und den Vorstandsmitgliedern des Otto Versands. Die Debatte gefiel mir nicht, weil wir zu keiner klaren Aussage kamen. Es ging um die Lage des Grundstücks und damit um die Verkaufschancen in diesem Verbrauchermarkt. Die Ansichten waren sehr umstritten.

Ich drehte mich um und sah am Rande unserer Gruppe eine junge Mitarbeiterin aus unserer Marktforschungsabteilung. Sie war vermutlich mitgekommen, weil sie die Unterlagen für das Projekt mit erarbeitet hatte. Ich forderte sie auf, ihrerseits Stellung zu nehmen. Da gab sie einen so exzellenten, klaren Bericht, dass wir auf der Stelle die Entscheidung treffen konnten.

Ihre gründliche, fundierte Aussage hatte mich so beeindruckt, dass ich sie sofort zur Prokuristin machen wollte. Als sie am nächsten Tag in mein Arbeitszimmer kam und mein Angebot hörte, war ihre Antwort ungefähr so: „Das ehrt mich sehr, Herr Otto, dass Sie mir diese Position anbieten, aber ich habe mich gerade entschieden, die Firma zu verlassen. Ich will mich mit einem eigenen Marktforschungsinstitut selbstständig machen." Inzwischen ist Elisabeth Lange Inhaberin eines bekannten, erstklassigen Marktforschungsinstitutes.

Diskussion ist auch Information. Nur am praktischen Fall, der mit den Mitarbeitern durchgesprochen und gemeinsam erarbeitet wird, können Mitarbeiter geschult und für größere Aufgaben vorbereitet werden. Dabei ist es unerlässlich, eine Diskussion so zu führen, dass die Gesprächspartner zu Wort kommen. Mancher glaubt, eine Diskussion geführt zu haben, wenn er seine Meinung im Kreis seiner Mitarbeiter ausbreitet, die inzwischen so gedrillt sind, dass keiner zu widersprechen wagt. Eine richtige Diskussion bedeutet, dass man eine These in den Raum stellt, die Antithese von seinen Hörern erfahren muss und letztlich die Diskussion in einer Synthese enden lässt. Durch einen wirklich fruchtbaren Gesprächsverlauf ergibt sich ein besseres Ergebnis als die erste, von einem selbst vertretene Ansicht. Auch wenn die eigene Meinung von den übrigen Diskussionsteilnehmern durch andere wichtige Fakten untermauert wird, hat sich das Gespräch gelohnt; man ist dann sicherer.

Ich bin in Diskussionen so manches Mal auf die Linien der anderen eingeschwenkt, weil sie viel bessere Vorschläge vorbrachten. Da es immer um das Richtige und Beste für das Unternehmen geht, wurde der Vorschlag mit den besseren Argumenten angenommen. Wir sind dadurch dem Erfolg oft einen Schritt nähergekommen.

4. Vereinfache die Probleme

Bringe jedes Problem auf einen einfachen Nenner. Wir arbeiteten an einem Konzept für unsere Shoppingcenter. Dabei brachten wir das Vermietungsproblem auf einen einfachen Nenner: „Der Kunde, der unser Shoppingcenter besucht, muss jeden Artikel, den er mindestens einmal im Jahr kaufen möchte, bei uns vorfinden, und das wenigstens in zwei verschiedenen Geschäften, so dass eine Konkurrenz im Center besteht."

Mit dieser einfachen Regelung wurde die Voraussetzung für einen Branchenmix geschaffen, welcher sich ausschließlich auf die Center-Besucher ausrichtet und daher garantiert, dass sich das Center gut entwickelt. Es dürfen im Center nicht nur Juweliere aufgenommen werden, die hohe Mieten zu zahlen bereit sind; die Umsätze würden schnell zurückgehen. Der Kunde muss auch Bäckereien und Fischläden vorfinden, selbst wenn diese Geschäfte nur eine niedrige Quadratmetermiete zahlen können. Das Center ist mit dieser knappen Anweisung auf den Kunden ausgerichtet worden. Die erfolgreiche Entwicklung unserer Einkaufscenter hat die Richtigkeit dieser einfachen Regelung bewiesen.

Als wir im Jahr 1976 in New York unser erstes Bürohaus kauften, wagte es niemand, in New York zu investieren. Es hieß damals, New York sei bankrott. Die New Yorker Bankiers waren äußerst nervös und daher froh, wenn sie sich von den Gebäuden schnell trennen konnten, die sie zwangsweise zur Sicherung ihrer Hypotheken übernommen hatten. Deshalb konnte man Bürohäuser zu einmalig günstigen Preisen erwerben.

Das Schlagwort „Eine Weltstadt ist bankrott" hört sich erschreckend an. Es bedeutet aber nicht, dass die städtischen Einrichtungen wie Feuerwehr, Schule und Polizei ihre Aufgaben nicht mehr erfüllen würden. Die U-Bahn wird weiterfahren wie bisher. Über zehn Millionen Menschen müssen weiterhin versorgt werden. Auf den einfachen Nenner gebracht heißt es: Der Bankrott einer Stadt bedeutet nicht den Untergang einer Stadt; er kann noch nicht einmal den wirtschaftlichen Rückgang einer Stadt bedeuten, weil man nicht die Arbeitsplätze von Millionen Menschen gefährden kann. Man wird zwar Sparmaßnahmen einleiten, aber sie werden keine spürbare Belastung für die Bevölkerung bewirken. Auf keinen Fall wird man die Unternehmen mit Sondersteuern belegen. Eher ist mit dem Gegenteil zu rechnen: Man wird um jedes neue Unternehmen, das seinen Sitz in die Stadt verlegen möchte, kämpfen.

Wenn man es so einfach formuliert, wird klar, dass es problemlos war, sich in diese Stadt einzukaufen. Man hielt mich damals für mutig; dabei gehörte nicht viel Mut dazu. Ich habe nichts weiter getan, als das Problem auf einen einfachen Nenner gebracht.

Nach einigen Jahren hatte sich gezeigt, dass ausgerechnet unsere New Yorker Objekte die höchste Rendite unserer Anlagen erbrachten. Wir erlebten eine faszinierende Wertsteigerung unserer Bürogebäude.

5. Systematisiere und erhalte so der Firma wertvolles Know-how

Schaffe für wichtige, sich wiederholende Entscheidungen Checklisten. Wir haben Ende der 50er Jahre angefangen, Shoppingcenter zu bauen. Bei der Erstellung der ersten beiden Center habe ich selbst eine Checkliste entworfen. Diese Liste umfasste die wesentlichen Fragen, auf die wir eine Antwort haben mussten, um ein erfolgreiches Shoppingcenter zu erstellen. Als wir das dritte Center bauen wollten, überholten die Geschäftsführer unserer Shoppingcenter-Gruppe mit mir die Checkliste; jetzt war sie vollkommen und enthielt unser ganzes Know-how.

In vier Stufen mussten jedes Mal Vorlagen erarbeitet werden, die alles für die Entscheidung Wissenswerte beinhalteten: eine Vorstufe zur Analyse des Standortes, die nächste Stufe für den Grundstückskauf, die dritte für den Bau und die letzte Stufe war eine Nachkontrolle, ob sämtliche Daten erreicht worden waren.

In dieser Checkliste steckte unser umfassendes Wissen, unsere ganze Erfahrung. Auch ein neuer Mitarbeiter konnte nicht in den Fehler verfallen, einen wichtigen Punkt bei der Projektbearbeitung zu übersehen. Die Checkliste schrieb genau vor, welche Fakten untersucht und erarbeitet werden mussten. Es ging so, dass zum Beispiel in der Stufe 2, Absatz 3a, der Stadtplan mit Standorteinzeichnung vorliegen musste, unter b der

Umkreis mit den Standorten der Konkurrenzzentren. Die Tatsache, dass die Vorlage dieser Karten an dieser Stelle zu erfolgen hatte und nicht an einer anderen, war wohl überlegt. Was nützten die besten Stadtpläne, die vielleicht in der Stufe 1 verteilt wurden, wenn in der Stufe 2 Entscheidungen getroffen werden mussten, die dem Ausschussmitglied erst klar wurden, wenn er noch einmal auf die Landkarte sehen konnte.

Ich habe im Laufe meiner Unternehmertätigkeit sehr viele Richtlinien ausgearbeitet und bei späterer Durchsicht festgestellt, wie langfristig diese Richtlinien ihre Gültigkeit behielten.

Es ist immer lohnend, sich die Zeit zu nehmen, gewonnene Erkenntnisse klar zu fixieren. Das bedeutet die Erhaltung eines wertvollen Know-hows. Die Mitarbeiter, insbesondere die neuen, können jederzeit darauf zurückgreifen und müssen nicht erst wieder auf umständlichem Weg Erfahrungen neu sammeln.

6. Übe konstruktive Kritik durch Mängelanalyse

Wenn uns irgendeine Aktion, beispielsweise die Herausgabe eines neuen Sonderkatalogs oder die Aufnahme einer neuen Aktivität, wie sie der Einstieg ins Touristikgeschäft oder der Kauf einer Immobilie auf fragwürdigem Gelände darstellte, nicht gelungen war, haben wir uns zusammengesetzt und intensiv Ursachen und Gründe untersucht und diskutiert, warum dieses oder jenes nicht planmäßig verlaufen ist.

Das ständige Durchleuchten und Ausloten von Abläufen und Aktionen, die nicht unseren Vorstellungen entsprachen, also nicht so erfolgreich waren, wie wir es uns gewünscht hatten, verhalf uns in den vielen Jahren zu einem großen Erfahrungspotenzial. Wir haben eine hervorragende, exakt arbeitende Mannschaft aufgebaut, die über ein ausgezeichnetes Beurteilungssystem und über erstklassige analytische Fähigkeiten verfügt.

Kritik ist nicht ein Verdammen irgendeiner falschen Maßnahme; ihr eigentlicher Sinn besteht darin, die Leistungen unserer Entscheidungsgremien ständig durch Erkenntnisse aus Fehlern zu verbessern. Derartige Diskussionen müssen daher auf sachlicher Basis stattfinden.

Ein ähnliches Verfahren habe ich in einer befreundeten kanadischen Grundstücksgruppe vorgefunden. Sämtliche Fehler, die am Bau entstanden, wie zum Beispiel Dämmplatten, die Feuchtigkeit durchließen, nicht funktionierende Ventilatoren oder mangelhafte Badezimmerarmaturen wurden registriert. Einmal im Monat fand eine Diskussion des Vorstands über diese Fehler statt. Unwichtige strich man von der Liste, wichtige typische Mängel wurden in ein Fehlerbuch aufgenommen, das die zuständigen Stellen erhielten. Dadurch konnte eine ständige Optimierung erreicht werden. Das Unternehmen wurde durch den Bau sehr guter Apartments bekannt. Seine Qualitätsarbeit zeigte sich später auch auf anderen Bausektoren. Inzwischen ist diese Unternehmensgruppe einer der größten Grundstücksentwickler auf dem amerikanischen Kontinent geworden.

Eine Unternehmensleitung kann sich nur optimieren, wenn sie bereit ist, Mängel nicht als Schicksalsschlag oder böswilliges Versagen eines Mitarbeiters hinzunehmen, sondern als Lernmodell.

Bei meinen Besuchen von Lieferantenfirmen besichtigte ich gern die Betriebe und war oft erstaunt, wie empfindlich reagiert wurde, wenn ich auf irgendeinen Mangel hinwies. Mir ist diese Verhaltensweise unverständlich, da ich stets für die Kritik eines Außenstehenden dankbar war. Obwohl Betriebsfremde nicht über das Wissen des Insiders verfügen, sehen sie manchmal aus der Distanz Verbesserungsmöglichkeiten im Unternehmen, die der interne Spezialist aufgrund einer gewissen Betriebsblindheit nicht mehr wahrnimmt. Darum sollte jeder Unternehmer für einen wertvollen Ratschlag, den er umsonst erhält, dankbar sein.

7. Handle konsequent

Verfolge ein gesetztes Ziel mit aller Konsequenz, löse eine als notwendig erkannte Aufgabe zäh und zielstrebig. Wir brauchten für das Unternehmen einen erstklassigen Werbechef. Der war nach dem Krieg schwer zu bekommen. Zu viele Leute tummelten sich in der Werbebranche, die unseren Aufgaben nicht gewachsen waren. Ich verfolgte konsequent mein Ziel und habe mich laufend von den Mitarbeitern getrennt, die nicht in der Lage waren, diese Position meinen Erwartungen entsprechend auszufüllen. Der 13. Werbechef, der innerhalb von rund sieben Jahren eingestellt wurde, war der richtige Mann. Die meisten hätten schon beim dritten oder vierten

Mal kapituliert. Ich war konsequent. Dadurch bekamen wir Wolfgang Thill, der dann 20 Jahre lang die Werbung des Otto Versands gesteuert hat. Wir sahen es als unsere Hauptaufgabe an, den Kunden das Optimale zu bieten. Vom Einkauf wurde manchmal der Versuch gemacht, Preisbrecher in niedrigen Qualitäten aufzunehmen, um eine stärkere Umsatzsteigerung zu erzielen. Ich habe mich stets dafür eingesetzt, dass das Prinzip, nur vollwertige Ware für den Kunden zu kaufen, in allen Bereichen gewahrt wurde. Es bedeutete, kompromisslos und konsequent für die Qualität des Warenangebots zu kämpfen. Das Unternehmen konnte nur wachsen, wenn wir genügend gut ausgebildete Führungskräfte für die auf uns zukommenden Aufgaben zur Verfügung hatten. Bei Vorträgen und Ansprachen vor den Leitenden habe ich immer wieder darauf hingewiesen, dass es die wichtigste Aufgabe eines leitenden Mitarbeiters ist, sich selbst eine gute Mannschaft für seinen Bereich aufzubauen, dass er nur wachsen kann, wenn er selbst einen erstklassigen Unterbau hat. Mein ständiges „ceterum censeo" lautete: „Bauen Sie sich gute Mitarbeiter auf. Nur auf den Schultern tüchtiger Leute steigen Sie bei uns nach oben."

Heute verfügen wir über eine hervorragende Mannschaft. Wir haben ein ausgezeichnetes Ausbildungssystem. Meine Konsequenz hat sich gelohnt.

8. Vorsicht vor versteckten Risiken

Risiken werden besonders gefährlich, wenn sie aus einer Unternehmung kommen, die man selbst für völlig sicher hielt. So genannte Risikoobjekte haben mir noch nie eine schlaflose Nacht verursacht. Objekte, in denen wir Risiken sahen, wurden abgesichert; dafür hatten wir einen Rückzugsplan in der Tasche. Wir grenzten das Risiko ein, indem wir Alternativen für den Krisenfall erarbeiteten. Dagegen gab es manchmal Probleme mit todsicheren Geschäften.

Wir bauten unser erstes großes Shoppingcenter, das wir als unwahrscheinlich Erfolg versprechend einschätzten. Die Lage war einmalig. Wir erkannten es richtig, und die spätere Entwicklung des Centers hat es auch bewiesen. In dem Bewusstsein, dass man sich um diesen Standort reißen würde, bauten wir zwei Warenhäuser in dieses Center, ohne uns bei den in Frage kommenden Betreibern abgesichert zu haben. Friedrich Roesch, der ein sehr gutes Gespür für Marktverhältnisse und ihre Entwicklung besitzt, hatte die Qualität des Standortes sofort erkannt und übernahm das eine der Warenhäuser für den Kaufhof. Aber auf dem anderen saßen wir fest. Wir konnten andere geeignete Interessenten nicht überzeugen.

Zu jedem Geschäftsabschluss gehören zwei. Der andere muss auch den Vorteil für sich erkennen. Wie viel Möglichkeiten gibt es, dass der Partner an der anderen Seite des Verhandlungstisches den Vorteil nicht einsehen will oder kann! Es beginnt mit der Tatsache, dass ihm die Intelligenz dazu fehlt, bis zu der Zwangssituation, dass er gerade eine Pause in seinem Expansionsvorhaben einlegen muss. Es gibt viele Gründe, nein zu sagen oder nein sagen zu müssen.

Der Nichtverkauf dieses Warenhauses hätte unseren Ausbau damals ins Stocken bringen können, hätten wir nicht zufällig eine andere Lösung gefunden.

Große Gefahren stecken in so genannten risikolosen Bürgschaften. Man gibt die Bürgschaft in guten Zeiten für eine gute Sache, sonst gäbe man sie ja nicht. Wann wird man nun wegen dieser Bürgschaft zur Kasse gebeten? Natürlich dann, wenn die Unternehmung, für die man sich verbürgt hat, in Schwierigkeiten gerät. Wann passiert das? In schlechten Zeiten, also zu Zeiten, in denen man entweder selbst alles zusammenhalten muss, um den Sturm zu überdauern, oder aber die Chance nutzen möchte, mit eigenen flüssigen Mitteln irgendwo günstig zu investieren.

In der Bürgschaft für eine gute Unternehmung liegt ein verstecktes Risiko. Sie ist finanziell nicht so gut abgesichert, um eine Krise zu überstehen; sonst benötigte diese Unternehmung keine Bürgschaft. Andererseits ist sie so gut, dass erst eine Krise nötig ist, um sie in Schwierigkeiten zu bringen. Die Bürgschaft wird dann im ungünstigsten Augenblick fällig.

Das gleiche gilt für Firmen einer Unternehmensgruppe, die nicht untereinander haften sollten; das ergibt in einer kritischen Lage den so genannten Reißverschlusseffekt. Wir haben es bei einem guten, soliden Fabrikanten erlebt, dessen drei gesunde Firmen bei einer kleinen Schwierigkeit bei seiner vierten Firma insolvent wurden. Es kamen mehrere Faktoren zusammen. Die vierte Firma war aus einem Liquidationsfall hinzugekauft worden und noch nicht stabil genug. Die Branche befand sich in einer kleinen Krise, die Kredit gebende Bank war durch mehrere Konkurse, bei denen sie Geld verlieren musste, besonders hart. Der Finanzchef hatte aus Bequemlichkeit als Sicherheit für die Kredite der einzelnen Gesellschaften sämtliche Firmen gemeinsam haften lassen. So geriet eine gesunde Unternehmensgruppe unnötig in Konkurs.

9. Halte alles in Fluss

„Panta rhei – alles fließt" habe ich mir in der Jugend zum Wahlspruch gemacht, als ich im Griechischunterricht auf den Satz von Heraklit stieß. Ich hatte das Glück, in die heutige dynamische Epoche hineingeboren und von Natur aus veränderungsfreudig zu sein. Die hinter uns liegende Ära hat sich durch gewaltige Neuerungen auf allen Gebieten ausgezeichnet. Nur wer selbst bereit war, mit zu verändern, wer bereit war, in diesem Strom mit zu schwimmen, und nicht am Alten klebte, konnte Erfolg haben.

Wenn wir heute an die gute alte Zeit denken, empfinden wir sie als gemütlich und statisch, aber nur, weil wir sie mit Abstand sehen. In Wirklichkeit wird es in den letzten 2.000 Jahren kaum eine Zeit ohne Veränderungen gegeben haben. Lediglich das Tempo der Veränderungen dürfte unterschiedlich gewesen sein. Also auch die Veränderung war veränderlich. Bewegung ist alles. Ein Unternehmer muss sich auf die ständige Veränderung seiner Umwelt einstellen. Der Markt, die Produkte, die Wirtschaftspolitik, die Währungsverhältnisse – alles unterliegt einer ständigen Veränderung. Was morgen passiert, gilt es allerdings heute zu wissen. Man muss genügend Zeit mitbringen, um sich mit der Frage zu beschäftigen, wie die Umweltverhältnisse morgen aussehen werden. Damit das Unternehmen darauf vorbereitet werden kann.

Das Hauptaugenmerk eines Unternehmers muss auf die Zukunft gerichtet sein. Der Unternehmer darf sich nicht mit den Problemen von heute zu stark belasten. Er darf nie versuchen, etwas hundertprozentig zu erfüllen. Das hieße: ständig an alten Dingen kleben. Das kostet zu viel Nerven, Geld und Zeit. Der Unternehmer muss genug Zeit übrig haben, zu erkennen, welche Veränderungen in seinem Unternehmen vorgenommen werden müssen, um die Zukunft für sich zu gewinnen. Unter diesem Gesichtspunkt genügt es, wenn man eine Aufgabe schnell und ordentlich erfüllt, statt an ihrer Perfektionierung zu hängen. Es ist bedeutend wichtiger, neue Aufgaben in Angriff zu nehmen. Sie fallen ständig an. Es ist erstaunlich, wie manche Großunternehmen ihre gesamte Entwicklung in Fluss halten und sich stets auf dem neuesten Stand befinden, während es oft vorkommt, dass ein kleines Unternehmen erstarrt und zugrunde geht, weil der Inhaber die Zeichen der Zeit nicht erkannt hat.

Vergessen wir nie, dass alles um uns fließt. Wie sich unsere Lebensgewohnheiten und Sitten, Gesetze, Staatsformen und übernationale Bindungen in einem ständigen, evolutionären Prozess ändern, so müssen sich auch unsere Unternehmen verändern.

10. Teile und wachse

Manches Familienunternehmen könnte sich zu einem Großbetrieb entwickeln, wenn der Inhaber sich entschließen könnte, Partner in seine Firma aufzunehmen. Unsere Entwicklung wäre kaum möglich gewesen, wenn ich nicht immer die Bereitschaft zum Teilen gehabt hätte. Schon zeitig verkaufte ich Anteile am Otto Versand und verfügte damit über das Kapital, mit dem ich nicht nur die Grundlage für eine weitere Expansion schaffen, sondern auch eine Diversifikation vornehmen konnte, um der Unternehmensgruppe in Krisenzeiten mehr Sicherheit zu bieten.

Der zweite große Beteiligungsverkauf erfolgte, als ich aus unserer deutschen Shoppingcenter-Gruppe 50 Prozent der Anteile abgab und das Geld in unsere Übersee-Gesellschaften investierte. Beide Umschichtungen führten zu einer wesentlichen Stärkung der Otto-Gruppe.

Bei unseren Anteilsverkäufen stoßen meine Mitarbeiter oft auf Misstrauen und wir werden gefragt, warum wir derartig interessante Anteile überhaupt abgeben. Wir hätten es doch nicht nötig. Das stimmt allerdings nicht, wir haben es immer wieder nötig, Mittel freizubekommen. Denn der Expansionsdrang und die Fähigkeit, noch interessantere Aufgaben anzupacken, ist in unserer Firmengruppe stets größer gewesen als die Mittel, die uns zur Verfügung standen. Wer in seinem Unternehmen ein erstklassiges Know-how hat, darf dieses nicht ungenutzt lassen; sonst verblasst es. Eine tüchtige Mannschaft möchte gefordert sein, ihr Sportgeist muss durch Expansionsmöglichkeiten wachgehalten werden. Stillstand ist Rückgang. Trotz unserer Erfolge reichten die besten Gewinne nicht aus, um die vielfältigen Weiterentwicklungen zu finanzieren. Trotz hervorragender Kreditwürdigkeit habe ich mich immer gescheut, mit einem zu großen Kreditvolumen zu arbeiten.

Das Grundgesetz, genügend Eigenmittel zu besitzen, um krisenfest zu sein und Herr im Hause zu bleiben, kann man bei großem Expansionsdrang nur einhalten, indem man Partner am Eigenkapital beteiligt. Ich war stets bereit, wenn wir Mittel benötigten, Partner aufzunehmen.

11. Intelligenz ersetzt nicht Erfahrung

Vor 20 Jahren war ich bestimmt nicht weniger intelligent als heute. Wenn ich allerdings zurückdenke, wird mir bewusst, wie unsicher ich einigen Entscheidungen gegenüberstand. Damals habe ich manche Chancen nicht gesehen, manche Risiken nicht erkannt. Risiken und Chancen, die zu beurteilen heute für mich ein Leichtes wäre. Bin ich in diesen 20 Jahren intelligenter geworden? Ich glaube nicht. Nur der Wissensstand hat sich verbessert. Heute habe ich 20 Jahre mehr Erfahrung aufzuweisen.

Diese Erkenntnis gewann ich vor nicht allzu langer Zeit; dabei ist sie wichtig. Sie zeigt, wie wichtig es ist, Mitarbeiter richtig an neue Aufgaben heranzuführen. Das habe ich nicht immer beachtet und daher manchen Rückschlag erlebt. Oft war ich von der Intelligenz eines neuen Mitarbeiters beeindruckt und habe ihn zu zeitig größere Entscheidungen treffen lassen. Die negativen Auswirkungen blieben nicht aus.

Inzwischen, und das ist eine meiner Erfahrungen, vermeide ich nach Möglichkeit, in Positionen, die selbstständige Entscheidungen verlangen, Mitarbeiter einzusetzen, die noch nicht über unser spezifisches Wissen verfügen. In der Führungsgruppe unserer Unternehmen hat sich ein großes Erfahrungspotenzial gesammelt. Dieses wertvolle Know-how darf nicht durch Unkenntnis und Unerfahrenheit neuer Kräfte ungenutzt bleiben. Es ist für das Unternehmen vorteilhafter, wenn ein neuer Mitarbeiter im zweiten oder dritten Glied bei uns beginnt. So hat er genügend Zeit, um betriebsinterne Erfahrung zu sammeln, bevor er in die Spitze aufrückt und folgenschwere Entscheidungen trifft. Wir sind ständig bestrebt, den Führungsnachwuchs in unserem Haus heranzubilden. Unsere langjährigen Mitarbeiter haben einen bedeutenden Vorsprung vor den betriebsfremden. Sie verfügen über genau die Erfahrung, die sie bei uns benötigen. Die Dynamik unserer Unternehmensgruppe sorgt dafür, dass ihr Wissen immer auf dem neuesten Stand ist. Die folgenden zwei Beispiele sollen zeigen, wie wenig der Intellekt die Erfahrung ersetzen kann:

Ein neu eingestellter junger und auch vom Werdegang her tüchtiger Mitarbeiter sollte für unsere Überseegesellschaften Diversifikationsmöglichkeiten im Erdölgeschäft untersuchen. Das geschah in Form einer Beteiligung, die wir als Test ansahen. Er kam begeistert aus Kanada zurück und schilderte, wie sicher die Geologen in ihren Messungen seien, wie redlich es in der Ölbranche zugehe und dass ein Handschlag das Geschäft besiegele. Nach nicht allzu langer Zeit stellte er allerdings fest, dass es sich in dieser Branche genau umgekehrt verhält. Wir wurden nicht nur mit betrügerischen Geologen-Gutachten konfrontiert, sondern hatten darüber hinaus den Eindruck, dass das Ölgeschäft eines der härtesten und rücksichtslosesten ist. Nur unserer grundsätzlichen Vorsicht hatten wir es zu verdanken, dass dieser Ausflug ohne Erfahrung in ein neues Gebiet nicht zu viel Lehrgeld gekostet hat.

Das zweite Beispiel erlebte ich während der ersten großen Krise nach dem Krieg. Als ich diese Krise prophezeite, glaubte es mir keiner. Viele meiner Mitarbeiter und Geschäftsfreunde hielten meine Ansicht für übertrieben pessimistisch. Die Erkenntnis, dass dieser gewaltige Boom einmal ein Ende haben könnte, ging über ihre Vorstellungskraft. Sie waren kluge, intelligente Männer, aber ihnen fehlte die Erfahrung, die ich Anfang der 30er Jahre gewonnen hatte.

12. Behalte Überblick und Weitblick

In den vorhergehenden Ausführungen ist dieses Thema schon verschiedentlich angeklungen. Es ist wichtig, es als letztes Kapitel nochmals zusammenzufassen.

Wenn man vom Zusammenbruch eines vorher erfolgreichen Unternehmens hört und sich mit dem Hintergrund des Zusammenbruchs beschäftigt – und das sollte jeder tun –, um aus den Fehlern anderer zu lernen, lässt sich immer wieder feststellen, dass diesen Unternehmern eine weitsichtige Strategie fehlte. Die Unternehmensführung war vom Erfolg geblendet und betrieb mit Vehemenz das Tagesgeschäft. Es fehlte die Voraussicht. Man stellte sich nicht die Fragen: „Warum haben wir diesen Erfolg? Welche Konstellation hat uns diesen Erfolg beschert? Was würde passieren, wenn einige dieser Vorbedingungen entfallen würden? Wie sollen wir uns auf eine Veränderung der Grundbedingungen unseres Erfolges einstellen?" Sämtliche Kräfte waren der Expansion gewidmet. Antworten auf kritische Fragen wurden verschoben. Ohne Weitblick steuerte das Unternehmen in die Krise.

Ein großer Erfolg bringt bekanntlich Engpässe im Unternehmen mit sich. Diejenigen Vorgesetzten, die mit Mut ihre Abteilungen zügig und bedenkenlos ausbauten, beugten dadurch Engpässen vor; sie galten als besonders tüchtig und fanden eifrige Nachahmer. So entstand ein aufgebauschter Apparat, dessen steigende Kosten durch das schnelle Wachstum überspielt wurden. Als dann das Unternehmen in eine Stagnation eintrat, war es überdimensioniert und unübersichtlich.

Den Überblick über ein Unternehmen kann man behalten, wenn zeitig Konsolidierungsphasen eingebaut werden. Es gehört schon Disziplin dazu, im Rausch des Wachstums an die Ordnung des Erreichten zu denken und das Unternehmen zur rechten Zeit zu reorganisieren.

Im Leben eines Unternehmens gibt es nur selten lange Phasen ungestörten Wachstums. Was kann alles von außen störend einwirken! Geschickte Reaktionen der Konkurrenz, Veränderungen des Marktes, wirtschafts- oder geldpolitische Fehlentwicklungen, neue Gesetzgebungen und Erlasse, technische Neuerungen, Krisen- oder Boomstimmungen, neue Zins- oder Kreditverhältnisse.

Ein Unternehmen darf nie in eine Situation geraten, aus der es auf die soeben angeführten Einflüsse von außen nicht mehr reaktionsfähig ist.

Eine der Hauptaufgaben des Unternehmers besteht darin, für die Zukunft vorzudenken, abzuwägen, welche Risiken auf das Unternehmen zukommen können, und Vorsorge zu treffen, dass er auf Veränderungen der wirtschaftlichen Umwelt rechtzeitig reagieren kann.

Anhang

Literatur- und Quellenverzeichnis

Bücher

- Abelshauser, Werner. Deutsche Wirtschaftsgeschichte seit 1945, München 2005.
- Aly, Götz. Hitlers Volksstaat. Raub, Rassenkrieg und nationaler Sozialismus, Frankfurt a. M. 2005.
- Andreas-Friedrich, Ruth. Schauplatz Berlin. Tagebuchaufzeichnungen 1945 bis 1948, Frankfurt a. M. 1984.
- Barzel, Rainer. Auf dem Drahtseil, München 1978.
- Behr, Hermann. Vom Chaos zum Staat. Männer, die für uns begannen, 1945-1949, Frankfurt a. M. 1961.
- Bühler, Thomas. City-Center – Erfolgsfaktoren innerstädtischer Einkaufszentren, Wiesbaden 1990.
- Bürger und Gesellschaft. Stiftungen in Hamburg. Herausgegeben vom Initiativkreis Hamburger Stiftungen und der Freien und Hansestadt Hamburg, Hamburg 2003.
- Dönhoff, Marion Gräfin von. Namen, die keiner mehr nennt. Düsseldorf / Köln 1962.
- Eberenz, Mathias und Sven Tode. Genial in Hamburg. Hamburger Unternehmen zwischen Tradition und Innovation, Hamburg 2005.
- ECE Projektmanagement (Hg.). Redaktion: Ralf von der Heide. ECE Architektur 2004 bis 2008. Frankfurt a. M. / Hamburg 2008.
- Engel, Dorothée (Hg.). Der Jungfernstieg. Gestern – heute – übermorgen, Hamburg 2003.
- Erker, Paul. Dampflok, Daimler, Dax. Die deutsche Wirtschaft im 19. und 20. Jahrhundert, Stuttgart / München 2001.
- Falk, Bernd R. (Hg.). Das große Handbuch Shopping Center, Landsberg am Lech 1998.
- Derselbe. Shopping Center Handbuch, München 1973.
- Fontane, Theodor. Wanderungen durch die Mark Brandenburg. 7 Bde. (Große Brandenburgausgabe, hrsg. v. Gotthard Erler), Berlin 1992 (2).
- Glaser, Hermann. Kulturgeschichte der Bundesrepublik Deutschland. Zwischen Grundgesetz und großer Koalition, 1949 bis 1967, Bd. 2, München / Wien 1985.
- Grunenberg, Nina. Die Wundertäter. Netzwerke der deutschen Wirtschaft 1942 bis 1966, Berlin 2006.
- Haffner, Sebastian. Geschichte eines Deutschen. Die Erinnerungen 1914-1933, München 2006 (4).
- Heuser, Uwe Jean. Das Unbehagen im Kapitalismus. Die neue Wirtschaft und ihre Folgen, Berlin 2000.
- Derselbe und John F. Jungclaussen. Schöpfer und Zerstörer. Große Unternehmer und ihre Momente der Entscheidung, Reinbek 2004 (4).

– Hipp, Hermann. Freie und Hansestadt Hamburg – Geschichte, Kultur und Stadtbaukunst an Elbe und Alster, Köln 1996.
– Hochheim, Natalie. Entstehung der Shopping-Center in Hamburg. Unter besonderer Berücksichtigung der Shopping-Center Einkaufszentrum Hamburger Straße und Alstertal-Einkaufszentrum, Hamburg 2003.
– Höhne, Heinz. Mordsache Röhm. Hitlers Durchbruch zur Alleinherrschaft 1933-1934, Reinbek 1984.
– Jäckel, Eberhard. Hitlers Weltanschauung, Stuttgart 1991 (4).
– Kästner, Erich. Als ich ein kleiner Junge war, Zürich 1996 (1957).
– Kerr, Alfred. Mein Berlin. Schauplätze einer Metropole, Berlin 1999 (2).
– Derselbe. Wo liegt Berlin? Briefe aus der Reichshauptstadt 1895-1900, herausgegeben von Günther Rühle, Berlin 1998 (5).
– Kershaw, Ian. Hitler 1936-1945, Stuttgart 2000.
– Knoske, Gerhard. Mein Leben mit Otto, Hamburg 2006.
– Kohl, Helmut. Erinnerungen 1982-1990, München 2005.
– Krockow, Christian Graf von. Unser Kaiser. Glanz und Untergang der Monarchie, Braunschweig 1993.
– Leach, William. Land of Desire. Merchants, Power and the Rise of a New American Culture, New York City 1993.
– Lichter, Jörg, Neßhöver, Christoph, Slodczyk, Katharina (Hg.). Wunder, Pleiten und Visionen. Ein Streifzug durch 60 Jahre deutsche Wirtschaftsgeschichte, Berlin 2007.
– Mann, Klaus. Briefe und Antworten 1922-1949.
Herausgegeben von Martin Gregor-Dellin, Reinbek 1991.
– Derselbe. Kind dieser Zeit, Reinbek 1989 (1932).
– Mattner, Andreas (Autor) und Susanne Düwel-Lake. Die ECE-Gruppe, Bremen 1997.
– Derselbe (Redaktion). Faktor Einzelhandel in Deutschland. Festschrift für Werner Otto zum 90. Geburtstag, Frankfurt a. M. 1999.
– Derselbe und Robert Heinemann (Hg.). Die menschliche Marktwirtschaft. Unternehmer übernehmen Verantwortung. Festschrift zum 95. Geburtstag von Prof. Werner Otto, Frankfurt a. M. 2004.
– Müller-Marein, Josef. Deutschland im Jahre 1. Panorama 1946 bis 1948, Hamburg 1960.
– Noack, Paul. Deutschland von 1945 bis 1960. Ein Abriss der Innen- und Außenpolitik, München 1960.
– North, Michael. Deutsche Wirtschaftsgeschichte. Ein Jahrtausend im Überblick, München 2005 (2).
– Nossack, Hans Erich. Der Untergang, Hamburg 1981 (1948).
– Otto, Werner. Die Otto-Gruppe. Der Weg zum Großunternehmen, Düsseldorf / Wien 1982.
– Der Potsdamer Pfingstberg und seine Anlagen. Entstehung, Verfall, Wiederaufbau. Herausgegeben vom Förderverein Pfingstberg in Potsdam e. V., Potsdam 2003 (2).
– Porath, Gerhard und Michael Schimmel. 750 Jahre Seelow. Vier Kapitel Stadtgeschichte zum Jubiläum, Seelow / Bliesdorf 2002 (2).
– Prollius, Michael von. Deutsche Wirtschaftsgeschichte nach 1945, Göttingen 2006.
– Rother, Rainer (Hg.). Der Weltkrieg 1914-1918. Ereignis und Erinnerung, Berlin 2004.
– Schildt, Axel und Arnold Sywottek (Hg.). Modernisierung im Wiederaufbau – die westdeutsche Gesellschaft der 50er Jahre, Bonn 1998.

Literatur- und Quellenverzeichnis

- Schmidt, Helmut. Weggefährten. Erinnerungen und Reflexionen, Berlin 1996.
- Schultze, Johannes. Die Mark Brandenburg, Berlin 2004 (5).
- Seeler, Siegfried und Ingrid Seeler. Bramfeld Hellbrook Steilshoop. Vom Dorf zum Stadtteil, Hamburg 1989 (2).
- Simoneit, Ferdinand. Die neuen Bosse, Düsseldorf/Wien 1966.
- Söhling, Gabriele. Hans Erich Nossack, Hamburg o. J.
- Soldner, Helmut. Die City als Einkaufszentrum im Wandel von Wirtschaft und Gesellschaft, Berlin 1968.
- Spree, Reinhard. Geschichte der deutschen Wirtschaft im 20. Jahrhundert, München 2004.
- Täubrich, Hans-Christian. Zu Gast im alten Berlin, München 1997 (3).
- Vincke, Hermann. Die Bundesrepublik, Ravensburg 2009.
- Wehler, Hans-Ulrich. Deutsche Gesellschaftsgeschichte. Vom Beginn des Ersten Weltkriegs bis zur Gründung der beiden deutschen Staaten 1914-1949, Bd. 4, München 2003.
- Weimer, Wolfram. Deutsche Wirtschaftsgeschichte. Von der Währungsreform bis zum Euro, Hamburg 1998.

Zeitungen und Zeitschriften (Auswahl)

- Anonym. „Ausbau und Neuorientierung beim Otto Versand“. In: Die Welt, 20.6.2000.
- Anonym. „ECE baut Bürohaus für 30 Millionen Mark“. In: Hamburger Abendblatt, 28.11.1996.
- Anonym. „Ende eines Traums – Wie die Bundesrepublik Deutschland Anfang der siebziger Jahre ihre eigene Zukunft verpasste“. In: Der Spiegel, 19, 2005.
- Anonym. „Gefühl für die Front. In aller Stille hat Werner Otto seinen Versandhandel zu einer diversifizierten Unternehmensgruppe entwickelt. Jetzt zieht der Konzernpatriarch kritisch Bilanz“. In: Wirtschaftswoche, 10.8.1984.
- Anonym. „Gut angelegt. Werner Otto baute sich ein riesiges Immobilienreich auf“. In: Manager Magazin 11,1981.
- Anonym. „James-Simon-Preis. Unternehmerpaar Otto für soziales Engagement ausgezeichnet“. In: Berliner Morgenpost, 20.6.2008.
- Anonym. „Keiner spendet so großzügig“. In: Bunte, 2.10.2002.
- Anonym. „Otto baut an einer Unternehmensgruppe“. In: Frankfurter Allgemeine Zeitung, 6.8.1969.
- Anonym. „Stadtmenschen. Gründerzeiten im Zollernhof“. In: Der Tagesspiegel, 14.9.2006.
- Anonym. „Unternehmen ECE: Extremer Schritt an die Spitze: Deutschlands größter Betreiber von Einkaufszentren orientiert sich neu. Kann Gründersohn Alexander Otto das Unternehmen auf Erfolgskurs halten?“ In: Wirtschaftswoche, 15.6.2000.
- AP. „Otto ist wieder komplett in Familienbesitz. WAZ-Eigner verkaufen Anteile an Handelskonzern für eine Milliarde Euro“. In: Die Welt, 2.1.2008.
- Binder, Frank. „Deutliches Umsatzplus für die großen Hamburger Einkaufszentren – vier Objekte der ECE Projektmanagement GmbH erwirtschaften mit 506 Geschäften mehr als 1,2 Milliarden Mark“. In: Die Welt, 4.3.1999.
- Blecke, Ulrich. „Warenhäuser, Einkaufszentren, Industrial Parks. Werner Otto stellt seine Unternehmensgruppe der Öffentlichkeit vor“. In: Die Welt, 12.8.1969.

- Brors, Peter und Claus Larass. „Bürokratie erstickt den Pioniergeist. Wie Werner Otto seine Firma zum weltgrößten Versandhaus machte, ein Immobilienimperium schuf und warum er sich nach seinen verschollenen Romanen sehnt“. In: Handelsblatt, 29.11.2005.
- Dierig, Carsten. „Otto kann wieder ganz frei schalten und walten. Nun offiziell: Der Handelskonzern ist nach mehr als 45 Jahren wieder vollständig in der Hand der Gründerfamilie“. In: Die Welt, 3.1.2008.
- Eglau, Hans Otto. „Mit vierzig begann sein Leben – Werner Otto: Ein Versandhaus-Chef setzt auf Shopping-Center“. In: Die Zeit, 13.3.1970.
- Erdmann, Carsten und Carl Graf Hohenthal. „Ich hatte das Glück, Erfolg zu haben“ (Interview). In: Berliner Morgenpost, 10.7.2005.
- Fröndhoff, Bert. „Vorbild Otto: Viele Unternehmer entledigen sich ungeliebter Mitgesellschafter. Ihr Ziel: Unabhängigkeit und Kontrolle zurück in Familienhand“. In: Handelsblatt, 7.1.2008.
- Garling, Gonne. „Vision und Tradition – der Kanzler würdigt Otto“. In: Die Welt, 30.8.1999.
- Geg. „52 Millionen Deutsche bestellen im Versand“. In: Frankfurter Allgemeine Zeitung, 11.7.2006.
- Giersberg, Georg. „Aufgebrauchte Gemeinsamkeiten. Michael Otto holt die restlichen Anteile am Handels- und Dienstleistungskonzern wieder in die Familie zurück“. Frankfurter Allgemeine Zeitung, 3.1.2008.
- Görtz, Franz Josef. „Zeitgeist im XXL-Format“. In: Frankfurter Allgemeine Zeitung, 3.10.2004.
- Goldstein, Patrick. „Werner Otto… finden sie gut. Ole von Beust ehrt in der Hamburger Landesvertretung den Begründer des großen Versandhandels“. In: Die Welt, 12.7.2005.
- Gorgs, Claus. „Unternehmen ECE – extremer Schritt an die Spitze“. In: Wirtschaftswoche, Frankfurt am Main, 15.6.2000.
- Hasse, Edgar S. „Urbane Ästhetik im Herzen der Stadt. Hamburg feiert die Eröffnung des Jungfernstiegs – Otto: Projekt fordert politischen Mut heraus“. In: Die Welt, 22.5.2006.
- Jeske, Jürgen. „Das Wunder, das kein Wunder war“. Buchrezension in: Frankfurter Allgemeine Zeitung, 17.12.2006.
- Kammerer, Steffi. „Otto im Glück. Neuanfang mit 90 Jahren: Warum der Unternehmer Werner Otto nach Berlin gezogen ist“. In: Süddeutsche Zeitung, 22.11.2000.
- Kroll, Hans-Henning. „Der Mann, der wie Goethe ein Stehpult hat“. In: Hamburger Abendblatt, 12.12.1974.
- Otto. 50 Jahre jung – Das Magazin zum Geburtstag. Herausgegeben vom Otto Versand (Verantwortlich: Detlev von Livonius), Hamburg 1999.
- Otto, Werner. „Diese zwölf Prinzipien garantieren den Erfolg“. In: Welt am Sonntag, 9.1.1983.
- Derselbe. „Mehr Kompetenz. Otto-Versand-Gründer Werner Otto fordert professionelle Aufsichtsräte“ (Kommentar). In: Manager Magazin, Oktober 1996.
- Pischke, Theo. „Der Versender der Nation“. In: Die Woche, 13.8.1999.
- Pfeiffer, Paul. „Vom Einzelhändler zum Wirtschaftsriesen“. In: Der kaufmännische Angestellte (DAG Zeitschrift), März 1972.
- Richter, Sabine. „Die ECE zieht es nach Osteuropa. Deutschlands größter Betreiber von Einkaufszentren geht erstmals über die Grenze“. In: Welt am Sonntag, 9.7.2000.

Literatur- und Quellenverzeichnis

- Schmoock, Matthias. „Die Ottos – Familientreffen in Berlin“. In: Hamburger Abendblatt, 30.4.2003.
- Derselbe. „Helfen ist ihr Markenzeichen. Alsterdorf: Mit 8,4 Millionen Mark ließ Unternehmer Werner Otto das von ihm gegründete Institut erweitern und umbauen“. In: Hamburger Abendblatt, 8.12.2001, S. 16.
- Derselbe. „Immer nach vorn sehen“ (Interview). In: Hamburger Abendblatt, 11.7.2005.
- Derselbe. „Symbolträchtige Spende. Werner Otto lässt Kirchturm wieder aufbauen“. In: Hamburger Abendblatt, 18.11.1997.
- Simmersbach, Hans-Jürgen. „Gedanken am Stehpult“. In: Welt am Sonntag, 27.9.1976.
- Taube, Dagmar von. „Ich bin sehr gerne altmodisch“. In: Welt am Sonntag, 3.9.2000.
- Wolf, Peter Michael. „ECE expandiert in Innenstädten“. In: Die Welt, 30.11.1998.
- Derselbe. „Stiftung will Leben in die Innenstädte bringen“. In: Die Welt, 26.6.2000.
- Zehle, Sibylle. „Leben zählt mehr als Geld. Der Versandhausgründer Werner Otto warnt vor Börsengaunern und reinem Profitdenken“. In: Die Zeit, 19.8.1999.

- „Die Rampe“, diverse Ausgaben.
- „Otto Versand Report“, diverse Ausgaben.

Fernseh-sendungen

- „Der Versandhaus-König. Otto zwischen Hamburg und New York“. Von Raimund Kusserow (Co-Autorin: Michaela Barlach), NDR / SWR 1999.
- „Made in Germany. Glück auf Bestellung“. Porträt von Raimund Kusserow. Co-Produktion Manager Magazin, Deutsche Welle, tv Berlin, Süddeutscher Rundfunk, Haus der Geschichte der Bundesrepublik Deutschland 1994.
- „Otto, find ick jut – Werner Otto, eine märkische Traumkarriere“. Porträt von Gabriele Denecke, ORB 2001.
- Preisverleihung Werner Otto Stiftung. NDR 3, Hamburg Journal und Hamburg 1, 9.12.1999.

Sonstiges

- ECE-Gründer Werner Otto für Lebenswerk ausgezeichnet. CEE Real Estate Award für bedeutsamen Beitrag zum Immobilienmarkt in Mittel- und Osteuropa. Presseinformation der ECE Projektmanagement, 27.2.2009.
- ECE Projektmanagement: „Ohne Visionen gibt es keinen Erfolg“, Hamburg, 2000.
- Freie und Hansestadt Hamburg – Staatliche Pressestelle: Rede zur Eröffnung des Alstertal-Einkaufszentrums von Bürgermeister Professor Dr. Weichmann. Hamburg, 4.11.1970.
- 50 Jahre Otto Versand. Gala am 28. August 1999, Empfang, wesentliche Ausschnitte aus Festreden und Programm (Film). Herausgegeben vom Otto Versand, Direktion Wirtschaftspolitik und Kommunikation.

- „Jahrestagung des Kulturkreises der deutschen Wirtschaft“. Auszüge aus der Rede von Ministerpräsident Matthias Platzeck am 3.10.2003 in Potsdam. Pressemitteilung der Staatskanzlei des Landes Brandenburg.
- Munzinger Internationales Biographisches Archiv, Ravensburg 1949 ff.
- Otto, Alexander: „Fakten statt Vorurteile – wie sind Stadt-Galerien heute wirklich?“ In: ECE, Partner für die Städte, Informationen zum Thema Stadt-Galerien, Dez. 2006.
- Otto Versand Hamburg: „Werner Otto“. Beiträge für die Presse, 16.1.1974.
- Platzeck gratuliert Ehepaar Otto zum „James-Simon-Preis“. Pressemitteilung der Staatskanzlei des Landes Brandenburg, 1.7.2008.
- „Preisträger 2002. Werner Otto: Gründer und Visionär“. Mitteilung der Konrad-Adenauer-Stiftung e. V.
- „Professor Werner Otto erhält die Bürgermeister-Stolten-Medaille“. Mitteilung der Senatskanzlei, Pressestelle des Senats der Stadt Hamburg, 5.7.2005.
- „Rede von Finanzsenator Dr. Wolfgang Peiner anlässlich des 1. Hamburg Event der ECE Projektmanagement“. Mitteilung der Senatskanzlei, Pressestelle des Senats der Stadt Hamburg, 16.8.2002.
- „Unternehmerlegende Werner Otto wird 95. 150.000-Euro-Spende für Orgel der Potsdamer Oberlinkirche“. Presseinformation der ECE Projektmanagement G.m.b.H., 9.8.2004.
- „Werner Otto: Gründer und Visionär“ / Chronik der Unternehmensgeschichte. Presseinformation der Otto GmbH & Co. KG, Mai 2004.
- Werner-Otto-Graduate-Programm: 77 Stipendiatinnen in sechs Jahren. Information des Deutschen Förderkreises der Universität Haifa e. V., 2008.
- „Wiederaufbau von Kulturdenkmälern in Potsdam am Beispiel des Belvedere auf dem Pfingstberg“. Rede von Ministerpräsident Matthias Platzeck anlässlich der Stiftungsratssitzung der Stiftung „Lebendige Stadt“ am 26.3.2004 in Frankfurt am Main. Mitteilung der Staatskanzlei des Landes Brandenburg.
- „Wowereit überreicht Werner Otto Ernst-Reuter-Plakette“. Mitteilung des Presse- und Informationsamtes des Landes Berlin, 29.1.2003.

Bildnachweise

dfd Deutscher Fotodienst GmbH:	S. 138
dpa Picture-Alliance GmbH:	S. 151 rechts / S. 167 oben links / S. 167 zweites von oben links / S. 167 mitte rechts / S. 193 zweites von oben links / S. 194
Ingo Röhrbein:	S. 167 drittes von oben links
ullstein bild:	S. 25 links / S. 31 / S. 32 / S. 43 links / S. 43 rechts / S. 135 oben / S. 157 / S. 167 unten rechts / S. 200 / S. 210
Michael Zapf:	S. 151 links

Alle weiteren Bildmotive stammen aus dem Archiv der ECE Projektmanagement G.m.b.H. & Co. KG sowie dem Archiv der Otto GmbH & Co. KG.

Trotz größter Sorgfalt konnten die Urheber des Bildmaterials nicht in allen Fällen ermittelt werden. Es wird gegebenenfalls um Mitteilung gebeten.